大学语文

谷荣　主编

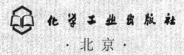

化学工业出版社
·北京·

本书是2021年度兰州石化职业技术学院课程思政示范项目——《大学语文》示范课程成果之一。本书分为三部分。第一部分古今美文，选取古今经典文本，每篇文章除介绍作家作品、正文、注释、评析之外，还专设扩展内容，选取与教授内容相关的文本，并配套多媒体内容，使学生扩大阅读面，激发阅读潜能，养成课下阅读习惯。第二部分和第三部分的目的在于训练学生的口语表达和书面写作能力，满足社会对高等职业技术人才的能力要求。

本书可以作为高等院校各专业学生的语文教材，也可供社会各行业人员使用和参考。

图书在版编目（CIP）数据

大学语文/谷荣主编．—北京：化学工业出版社，
2018.8（2023.3重印）
ISBN 978-7-122-32636-2

Ⅰ．①大…　Ⅱ．①谷…　Ⅲ．①大学语文课–高等
职业教育–教材　Ⅳ．①H193.9

中国版本图书馆CIP数据核字（2018）第155630号

责任编辑：王　可　窦　臻　　　　　　　　装帧设计：王晓宇
责任校对：王　静

出版发行：化学工业出版社（北京市东城区青年湖南街13号　邮政编码100011）
印　　装：三河市延风印装有限公司
787mm×1092mm　1/16　印张12　字数299千字　　2023年3月北京第1版第12次印刷

购书咨询：010-64518888　　　　　　　　售后服务：010-64518899
网　　址：http://www.cip.com.cn
凡购买本书，如有缺损质量问题，本社销售中心负责调换。

定　　价：36.00元

前言

　　理性，是科学素质的核心，理性思维的代表领域是科学，科学征服了世界；感性，是审美素质的核心，感性思维的代表领域是艺术，艺术美化了世界。理性素质给我们认识世界、征服世界的力量，感性素质是我们体验幸福人生、创造美好生活的前提。一个人想要获得一生的幸福，不仅要拥有谋生的手段，还要拥有体验幸福生活感受的素质。换言之，工作之余，朝看旭日东升，夜观满天星斗，夏日泛舟荷莲，冬月踏雪寻梅，悟造化之精神，沐宇宙之惠泽，体会天伦之间、夫妻之间、师生之间、友朋之间极大的乐趣和感受，这是文学给我们的价值和功用。一流高等职业大学要培养的绝不仅仅是一线生产所需的娴熟的技术人员，更需培养具有发现美、领悟美、践行美、创造美的"大国工匠"。从这个层面上来讲，大学语文课程显得尤为重要。

　　此外，除了普通高校《大学语文》课程需具备的基础性、工具性、审美性、人文性之外，职业教育的特点还要求高职学生具备在实际工作中的语文应用能力，这就需要在教学过程中，从内容上突出实用性价值，增加实践技能培养，结合学生的专业特点，进行有针对性的读、说、写训练，在实训中强化语文知识的学习、理解和运用。

　　正是出于以上两点考虑，编撰这本《大学语文》教材。一方面，我们力图在提升学生美的感悟和鉴别能力的同时，尽可能平衡地拉伸其思想的宽度和深度。另一方面，我们希望充分发挥语文的实用功效，使学生在完成这一学科的学习后，能在以后的工作中很好地应用语言文字为专业服务。

　　本书编撰任务由兰州石化职业技术学院语美教研部全体教师承担，谷荣任主编。参加编写的老师有：谷荣（第一部分第1、2、3、4、5、6、7、8、9、10、11、12、13、14、15、17、21、25、27）、于雪筠（第一部分第16、18、19、20、22、23、24、26）、米娜（第二部分）、王使璋（第三部分）。麻友平、周胜利、张帆老师负责多媒体内容的校对和审核。

　　在本书的编写过程中，参考了多位专家学者的著作。得到了兰州石化职业技术学院领导、人文学院领导和教务处同仁的大力支持，在此一并表示衷心的感谢。

　　北大教授陈平原曾说："准确、优雅地使用本国语言文字，对于任何一个国家任何一个时代的大学生都很重要，而这种能力的习得，不是一朝一夕的事"。作为一名高等职业大学语文教师，我对这样的话感同身受，虽然我们条件有限、资历有限、能力有限，但如若我们微薄的努力，能让学生含英咀华，领略经典文本的乐趣，能让学生落笔为文，享受高效语言沟通带来的便利，那种种的艰辛和努力都是值得的。

编者

2018年12月

目录

第一部分　古今美文

1. 诗经

《作家作品》

《诗经》是我国第一部诗歌总集，原名《诗》，或称"诗三百"，共有305篇。全书主要收集了周初至春秋中叶五百多年间的作品。作品主要兴盛于黄河流域，作者包括了从贵族到平民的社会各个阶层人士，绝大部分已不可考。

《诗经》各篇均可合乐歌唱，按照音乐的不同，分为风、雅、颂三类。"风"即各地区的乐调。"雅"即正，指朝廷正乐。"颂"是宗庙祭祀之乐，许多都是舞曲，音乐可能比较舒缓。

《诗经》中的作品，内容包括祭祖颂歌、周族史诗、农事诗、燕飨诗、怨刺诗、战争徭役诗、婚姻爱情诗等。深刻反映了殷周时期，尤其是西周初至春秋中叶社会生活的各个方面。《诗经》可以说是一轴巨幅画卷，当时的政治、经济、军事、文化以及世态人情、民俗风习等，在其中都有形象的表现。

《诗经》在中国文学史上具有崇高的地位和深远的影响，奠定了我国诗歌的基础，哺育了一代又一代诗人，我国诗歌艺术的民族特色由此肇端而形成。

《正文》

国风·邶风·击鼓[1]

击鼓其镗[2]，踊跃用兵[3]。土国城漕[4]，我独南行[5]。

从孙子仲[6]，平陈与宋[7]。不我以归，忧心有忡[8]。

爰居爰处[9]？爰丧其马？于以求之？于林之下。

死生契阔[10]，与子成说[11]。执子之手，与子偕老。

于嗟阔兮[12]，不我活兮[13]。于嗟洵兮[14]，不我信兮[15]。

M1-1 击鼓

《注释》

[1] 选自《诗经·邶风》。

[2] 镗：鼓声。

[3] 用兵：动用兵器，就是动武、开战之意。

[4] 土：动词，掘土方，修筑工事。国：指国都。城：动词，筑城。

[5] 南行：意思是说到南方去打仗。下文提到的陈国和宋国都在卫国的南方。

[6] 孙子仲：当时带兵南征的一个统帅。

[7] 平：平定，征讨。陈、宋都是春秋时期的小国，在卫国的南方。

[8] 忡（chōng）：忧虑不安。

［9］爱：于何，在哪里。居、处：指行军中的驻扎歇息，这里指战争环境的恶劣和将士疲于奔命。

［10］契阔：聚散。契：相合。阔：分离。

［11］成说：订约，指临别时候的盟誓。

［12］于（xū）：同"吁"，感叹词。

［13］不我：不让我。

［14］洵：这里是久远的意思。

［15］不我信兮：这句与"不我活兮"呼应，应解释为：不能让我信守承诺啊！

〈评析〉

这首诗写士兵厌战思归。

诗从出征南行写起，既写了战后未归的痛苦，也写了与妻子执手别离的回忆，最后对归期难望、信誓无凭发出强烈的控诉。脉络分明，情感依次渐进。叙事中推进着情感的表达，抒情中紧连着情节的发展，其中征夫对心上人的日夜思念更是描写爱情的千古绝唱。

〈扩展阅读〉

M1-2 关雎

M1-3 蒹葭

M1-4 子衿

M1-5 静女

M1-6 采薇

M1-7 式微

《讨论思考》

本诗与《采薇》同属于战争徭役诗，请谈谈二者在艺术表现手法上的不同。

2. 渔父[1]

屈 原

《作家作品》

屈原（约前340—前278），名平，字原，战国末期楚国人，先秦时期伟大诗人。

屈原"博闻强志，明于治乱，娴于辞令""入则与王图议国事，以出号令；出则接遇宾客，应对诸侯"，对内主张举贤任能，对外主张联齐抗秦，曾任左徒、三闾大夫等官职。早年曾深得楚怀王的信任，但屡遭保守势力诽谤、打击，被楚怀王疏远，遭到楚顷襄王放逐，最终因痛心国事危殆，理想无法实现，在绝望和悲愤之下投汨罗江而死。

屈原的一生是坚贞不屈、悲剧性的一生，他的《九歌》《离骚》《天问》《招魂》《九章》等，都印刻着他一生的心迹。

在艺术上，屈原运用了大量神话传说和新奇比喻，想象奇特，文辞绚烂，充分体现了浪漫主义的创作特点，开创了中国诗歌的优良传统。

《正文》

屈原既放，游于江潭[2]，行吟泽畔，颜色憔悴[3]，形容枯槁[4]。渔父见而问之曰："子非三闾大夫与！何故至于斯？"屈原曰："举世皆浊我独清，众人皆醉我独醒，是以见放。"渔父曰："圣人不凝滞于物[5]，而能与世推移。世人皆浊，何不淈其泥而扬其波[6]？众人皆醉，何不餔其糟而歠其醨[7]？何故深思高举，自令放为？"屈原曰："吾闻之，新沐者必弹冠，新浴者必振衣；安能以身之察察[8]，受物之汶汶者乎[9]？宁赴湘流，葬于江鱼腹中。安能以皓皓之白[10]，而蒙世俗之尘埃乎！"

渔父莞尔而笑[11]，鼓枻而去[12]，乃歌曰："沧浪之水清兮，可以濯吾缨；沧浪之水浊兮，可以濯吾足。"遂去，不复与言。

‹注释›

[1] 关于本文作者，汉王逸《楚辞章句》说是屈原，今人多持异议，认为本篇是楚人怀念屈原的作品。父（fǔ）：对从事某种行业之人的通称。一说是楚地对老年人的尊称。（《方言》："凡尊老，南楚谓之父。"）

[2] 潭：水深处。

[3] 颜色：脸色。

[4] 形容：形体和容貌。

[5] 凝滞：板结不解为凝，停留不前为滞；这里可引申为拘守、执着之意。

[6] 淈（gǔ）：浊，在这里应该理解为使之浊，有扰乱、搅浑之意。

[7] 餔（bǔ）：吃。糟：酒滓。歠（chuò）：饮用。醨（lí）：薄酒。

[8] 安能：怎能。察察：清洁的样子。

[9] 汶（mén）汶：昏暗不明的样子。

[10] 皓皓：洁白而有光彩的样子。

[11] 莞尔：微笑的样子。

[12] 鼓枻：叩击船舷，另说摇动船桨。枻：船旁板。

‹评析›

全文仅二百多字，却融记叙、议论、抒情为一体，既含哲理，又富诗意，是一篇言简意赅、精彩纷呈的佳作。

这篇文章以屈原遭到放逐为背景，通过对话形式，歌颂了屈原志尚高洁、不随流俗、忠贞为国、至死不渝的崇高品格。从文中可以看出：诗人与"渔父"对浊世的认识是一致的，但采取的态度是截然相反的。积极入世还是消极避世？弹冠振衣还是扬波歠醨？最终异途殊趋，屈原"伏清白以死直"的精神跃然纸上。

在对话中，作者多用对偶、比喻两种修辞手法。这些对偶句，不仅凝练集中、概括力强，充满哲理意味，而且节律匀称、音韵铿锵，读来朗朗上口。所用的清浊醒醉、扬波歠醨、弹冠振衣、濯缨涤足等比喻生动贴切，意蕴隽永。

‹扩展阅读›

M1-8 九歌·国殇

M1-9 吊屈原赋

M1-10 屈原贾生列传

‹讨论思考›

屈原之后的很多诗词中出现过"遁世隐者"的形象，比如大家比较熟悉的："人生在世不称意，明朝散发弄扁舟"（李白《宣州谢朓楼饯别校书叔云》）。"竹喧归浣女，莲动下渔舟"（王维《山居秋暝》）。"孤舟蓑笠翁，独钓寒江雪"（柳宗元《江雪》）。结合这些作品，谈谈屈原的《渔父》与这些作品的精神联系。

3.《论语》六则

孔 子

‹作家作品›

孔子（前551—前479），名丘，字仲尼，春秋时期鲁国人。孔子是我国古代伟大的思想家和教育家，儒家学派创始人。《论语》是孔子门人对孔子言行的记录，是先秦礼乐德治思想最集中的体现，表达了孔子对现实热切的关怀，它所昭示的儒家思想是中国传统文化的基石。《论语》文约旨博，言简意赅，极富韵味。

‹正文›

子曰："贤哉，回也！一箪食[1]，一瓢饮，在陋巷，人不堪其忧，回也不改其乐。贤哉，回也！"

子曰："饭疏食饮水[2]，曲肱而枕之[3]，乐亦在其中矣。不义而富且贵，于我如浮云。"

曾子曰[4]："吾日三省吾身[5]——为人谋而不忠乎？与朋友教而不信乎？传不习乎[6]？"

子曰："躬自厚而薄责于人，则远怨矣。"

子曰："益者三友，损者三友。友直，友谅，友多闻，益矣。友便辟，友善柔，友便佞，损矣。"

子曰："益者三乐，损者三乐。乐节礼乐，乐道人之善，乐多贤友，益矣。乐骄乐，乐佚游，乐宴乐，损矣。"

‹注释›

[1] 箪（dān）：古代盛饭用的竹器，圆形。

［2］疏食：粗粮，古时以稻粱为细粮，以稷为粗粮。水：冷水。古时常以"汤"和"水"对言，"汤"的意义是热水，"水"就是冷水。

［3］肱（gōng）：胳膊。

［4］曾子：孔子的学生，名参（shēn）。

［5］省（xǐng）：自我检查，反省，内省。

［6］传：动词作名词用，老师的传授。习：温习、实习、演习。

〈评析〉

《论语》集中体现了孔子的精神品格。这里选取的六则仅仅是其中的一小部分。第一、二则表现了孔子安贫乐道的品格。第三、四则表现了孔子和其弟子的处世之道。第五则和第六则表现了孔子对于朋友的理解和标准，含义隽永，引人深思。

〈扩展阅读〉

M1-11 《论语》心得

〈讨论思考〉

阅读《论语》的其他篇章，并具体谈谈它们对你学习、生活的启发。

4．大学（节选）

〈作家作品〉

《大学》原本是《礼记》第四十二篇，宋程颢、程颐将它从《礼记》中抽出，编次章句。朱熹将《大学》《中庸》《论语》《孟子》合编注释，称为"四书"。《大学》在儒家经典"四书"中具有特殊、重要的地位。它继承和发展了孔子修身的思想，完整的提出了儒家学说的人格公式：明明德、亲民、止于至善的三纲领；格物、致知、诚意、正心、修身、齐家、治国、平天下的八条目。是旧时儒生的必诵经典，是后世讲伦理、政治、哲学的基本纲领。对后世思想文化的影响深远。

〈正文〉

大学之道[1]，在明明德[2]，在亲民[3]，在止于至善[4]。知止而后有定[5]，定而后能静[6]，静而后能安[7]，安而后能虑[8]，虑而后能得[9]。物有本末[10]，事有终始[11]。知所先后，则近道矣[12]。

古之欲明明德于天下者，先治其国；欲治其国者，先齐其家[13]；欲齐其家者，先修其身；欲修其身者，先正其心[14]；欲正其心者，先诚其意[15]；欲诚其意者，先致其知[16]；致知在格物[17]。物格而后知至，知至而后意诚，意诚而后心正，心正而后身修，身修而后家齐，家齐而后国治，国治而后天下平。自天子以至庶人，壹是皆以修身为本。其本乱而末治者否矣。其所厚者薄，而其所薄者厚，未之有也。

〈注释〉

［1］大：旧读为"太"，太学，是古代高级学校的名称。

［2］明明德：使明德显明。明德：天生具备的善良光辉的品德。

［3］亲民：使民亲近。

［4］止于至善：以至善为立足点、行动原则和最终归宿。至善：符合大道，自然而然的善，无私无为的生生不息。止：达到且能够坚守不移。

［5］知止：知道如何立足，行动原则，知道最终归宿。有定：有坚定而正确的心态和志向。

［6］静：心的宁静，不浮躁妄动。

［7］安：心安于所处之事、所处之位。

［8］虑：通过思考而加以选取。

［9］得：得道，达到至善的境界。

［10］物：事物。本末：本来指树根和树枝，引申为先有根本而后有生长、花果。

［11］终始：先知道最终方向，然后重视从开头做起。

［12］之所先后：知道先后的顺序与步骤。

［13］齐：使人在道德修养上向圣贤君子看齐。家：士大夫的封地。修：从道德上修养。身：自身，自己。

［14］正其心：端正自己的心态。

［15］诚其意：使自己的心意真诚。

［16］致其知：使自己在知识与智慧上得到提高。

［17］格物：对天地万物及天地万物之道能够感知，目的是为了与心相通，认识自己的本性。

〈评析〉

本文为《大学》的第一章，集中阐述了儒家的求学之道：教育的宗旨、步骤及作用，是有志之士用以自励并为之奋斗的修身阶梯和人生目标。

<讨论思考>

结合学习内容，谈谈你对"格物、致知、诚意、正心、修身、齐家、治国、平天下"的看法。

5. 燕歌行（其二）

曹丕

<作家作品>

曹丕（187—226），字子桓，曹操次子。曹操逝世后继任丞相、魏王，后代汉自立，去世后谥文皇帝。曹丕爱好文学，少有逸才，在诗歌、辞赋、散文和文学批评方面都有成就，所撰《典论·论文》是一篇重要的文论作品，他提出"文以气为主"（《典论·论文》）的命题，适时地反映了当时人们对文学特性的认识与追求，在中国文学批评史上占有重要地位。存诗四十余首。《燕歌行》是第一首完整的文人七言诗。

<正文>

燕歌行

秋风萧瑟天气凉，草木摇落露为霜。
群燕辞归鹄南翔，念君客游思断肠。
慊慊思归恋故乡[1]，君何淹留寄他方？
贱妾茕茕守空房[2]，忧来思君不敢忘，
不觉泪下沾衣裳。
援琴鸣弦发清商，短歌微吟不能长。
明月皎皎照我床，星汉西流夜未央[3]。
牵牛织女遥相望，尔独何辜限河梁[4]。

M1-12 燕歌行

<注释>

[1] 慊慊：怨恨、不满、若有所思的样子。

［2］茕茕：孤独的样子。

［3］夜未央：夜色虽然深但尚未尽。央：尽。

［4］河梁：河之桥。相传牛、女二星为银河所限，每年七夕之夜方可通过鹊桥相会。

‹评析›

《燕歌行》属汉乐府相和之平调曲。歌题上冠之以地名——燕，主要表示乐曲声调的地方特色。燕为北方边地，常有征戍。《燕歌行》多用以抒写征夫、怨妇的别离之情。此为借旧题谱写新词，其内容颇与古辞相合。在所写的思妇之悲中，潜转这一个特定时代的感伤气韵。

这篇思妇诗写秋天的夜晚，思妇不能入眠，想念着远方的游子。全诗十五句，可分为三层意思。首二句为一层，写秋风以及秋风中的草木，主要在点明时令，交代主人公念远的大背景。以下九句为一层，由物景转向心境，展现主人公的情思变化及行为动作。从内心到行动，将主人公的相思情状表现得淋漓尽致。最后四句为一层，再由人写到自然景物，这是白天景物的转换，除了说明从白天苦思到深夜之外，也展现人物内心活动，结尾由此及彼，自己无法相聚，反倒责怪牛女不相聚，显得更加委婉。整首诗感情缠绵悱恻，描写细腻委婉，音韵和谐舒缓。

曹丕两首《燕歌行》的出现，标志着中国古代七言诗的成熟。

‹扩展阅读›

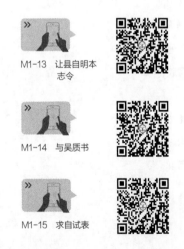

M1-13　让县自明本志令

M1-14　与吴质书

M1-15　求自试表

‹讨论思考›

将本文与《古诗十九首》中的《明月何皎皎》进行比较阅读，谈谈二者有何相似之处。

6. 垓下之围 [1]

司马迁

<作家作品>

　　司马迁（前145—？），字子长，生于夏阳龙门（今陕西韩城）。司马迁在史官家庭中长大，从小受到良好的文化熏陶。入仕之后，有过数段游历的经历，大大地拓展了他的视野，为《史记》的写作搜集了许多新鲜的材料。司马迁在漫游和在朝廷任职期间，还有机会接触到各个阶层的人物，从他们那里得到许多历史知识，进一步丰富了《史记》的材料来源，加深了对某些历史人物的印象和理解，从而使入传的人物惟妙惟肖，富有生活气息。天汉三年（前98），司马迁因"李陵事件"被捕入狱，并处以宫刑，出狱后，他忍辱含垢，继续写作《史记》。至征和二年（前91），《史记》的写作基本完成，从太初元年（前104）正式开始写作算起，前后经历了14年。司马迁修史过程中前后心态的巨大变化，赋予《史记》这部书丰富的内涵，它既是一部通史，又是作者带着心灵肉体创伤所作的倾诉。

　　《史记》是我国第一部纪传体通史，全书包括12本纪，10表，8书，30世家，70列传，共130篇，52万余字，第一次以人物传记的形式反映了自黄帝下至汉武帝初年，中华民族3000多年的奋斗史，塑造了众多栩栩如生的历史人物，被鲁迅誉为"史家之绝唱，无韵之《离骚》"。

<正文>

　　是时，汉兵盛，食多；项王兵罢[2]，食绝。汉遣陆贾说项王，请太公[3]，项王弗听。汉王复使侯公往说[4]项王，项王乃与汉约，中分天下。割鸿沟以西者为汉，鸿沟而东者为楚。项王许之。即归汉王父母妻子。军皆呼万岁。汉王乃封侯公为平国君。匿弗肯复见。曰："此天下辩士[5]，所居倾国，故号为平国君。"项王已约，乃引兵解而东归。

　　汉欲西归，张良、陈平说曰："汉有天下太半，而诸侯皆附之。楚兵罢，食尽，此天亡楚之时也，不如因其机而遂取之。今释弗击，此所谓'养虎自遗患'也。"汉王听之。

　　汉五年，汉王乃追项王至阳夏南，止军，与淮阴侯韩信、建成侯彭越期会[6]而击楚军。至固陵，而信、越之兵不会。楚击汉军，大破之。汉王复入壁[7]，深堑[8]而自守。谓张子房曰："诸侯不从约，为之奈何？"对曰："楚兵且破，信、越未有分地，其不至固宜。君王能与共分天下，今可立致也。即不能，事未可知也。君王能自陈以东傅海[9]，尽与韩信；睢阳以北至谷城，以与彭越。使各自为战，则楚易败也。"汉王曰："善。"于是乃发使者告韩信、彭越曰："并力击楚，楚破，自陈以东傅海与齐王，睢阳以北至谷城与彭相国。"使者至，韩信、彭越皆报曰："请今进兵。"韩信乃从齐往，刘贾军从寿春并行，屠城父[10]。至垓下。大司马周殷叛楚，以舒屠六，举九江兵，随刘贾、彭越皆会垓下，诣项王[11]。

　　项王军壁垓下，兵少食尽，汉军及诸侯兵围之数重。夜闻汉军四面皆楚歌，项王乃大惊曰："汉皆已得楚乎？是何楚人之多也！"项王则夜起，饮帐中。有美人名虞，常幸从；骏马名骓，常骑之。于是项王乃悲歌慷慨，自为诗曰："力拔山兮气盖世，时不利兮骓不逝。骓不逝兮可奈何？虞兮虞兮奈若何？"歌数阕[12]，美人和之。项王泣数行下，左右皆泣，莫能仰视。于是项王乃上马骑，麾下[13]壮士骑从者八百余人，直夜溃围南出，驰走。

平明[14]，汉军乃觉之，令骑将灌婴以五千骑追之。项王渡淮，骑能属者[15]百余人耳。项王至阴陵，迷失道，问一田父，田父绐[16]曰："左。"左，乃陷大泽中，以故汉追及之。项王自度不得脱，谓其骑曰："吾起兵至今八岁矣，身七十余战，所当者破，所击者服，未尝败北，遂霸有天下。然今卒困于此，此天之亡我，非战之罪也。今日固决死，愿为诸君快战，必三胜之，为诸君溃围，斩将，刈旗，令诸君知天亡我，非战之罪也。"乃分其骑以为四队，四向。汉军围之数重。项王谓其骑曰："吾为公取彼一将。"令四面骑驰下，期山东为三处。于是项王大呼驰下，汉军皆披靡，遂斩汉一将。是时，赤泉侯为骑将，追项王，项王瞋目而叱之，赤泉侯人马俱惊，辟易[17]数里。与其骑会为三处。汉军不知项王所在，乃分军为三，复围之。项王乃驰，复斩汉一都尉，杀数十百人，复聚其骑，亡其两骑耳。乃谓其骑曰："何如？"骑皆伏曰："如大王言。"

于是，项王乃欲东渡乌江。乌江亭长舣[18]船待，谓项王曰："江东虽小，地方千里，众数十万人，亦足王也。愿大王急渡。今独臣有船，汉军至，无以渡。"项王笑曰："天之亡我，我何渡为？且籍与江东子弟八千人渡江而西，今无一人还，纵江东父兄怜而王我[19]，我何面目见之？纵彼不言，籍独不愧于心乎？"乃谓亭长曰："吾知公长者。吾骑此马五岁，所当无敌，尝一日行千里，不忍杀之，以赐公。"乃令骑皆下马步行，持短兵接战。独籍所杀汉军数百人。项王身亦被十余创，顾见汉骑司马吕马童，曰："若非吾故人乎？"马童面之，指王翳曰："此项王也。"项王乃曰："吾闻汉购我头千金，邑万户，吾为若德[20]。"乃自刎而死。王翳取其头，余骑相蹂践争项王，相杀者数十人。最其后，郎中骑杨喜、骑司马吕马童、郎中吕胜、杨武各得其一体。五人共会其体，皆是。故分其地为五：封吕马童为中水侯，封王翳为杜衍侯，封杨喜为赤泉侯，封杨武为吴防侯，封吕胜为涅阳侯。

注释

[1] 选自《史记·项羽本纪》，中国友谊出版公司。

[2] 罢：同"疲"。

[3] 请太公：请求释放太公。太公：此指刘邦的父亲。

[4] 说（shuì）：游说。

[5] 辩士：能言善辩的人。

[6] 期会：约时会面。

[7] 壁：壁垒。

[8] 堑：壕沟。

[9] 傅海：靠海。傅：同"附"。

[10] 屠城父：在城父毁城杀人。

[11] 诣项王：与项羽会战。诣：见。

[12] 阕：同"曲"。

[13] 麾下：部下。麾：旗。

[14] 平明：天亮。

［15］骑能属者：骑马能追随的人。

［16］绐（dài）：欺骗。

［17］辟易：惊退。

［18］舣（yǐ）：附船靠岸。

［19］王我：拥戴我为王。

［20］德：恩惠，好处。

〈评析〉

郑板桥曾言："《史记》百三十篇中，以《项羽本纪》为最，而《项羽本纪》中，又以巨鹿之战、鸿门宴、垓下之围为最，反复诵观，可欣可泣，有此数段耳。"节选的这部分内容中的四面楚歌、霸王别姬、东城快战、乌江自刎等场面都荡气回肠，惊心动魄。"乌江自刎"更是通过拒渡、赠马、赐头三个场景来突出项羽敢作敢当、重情重义的英雄品格。

〈扩展阅读〉

观赏由冼杞然导演，吕良伟、张丰毅、巩俐、关之琳主演的电影《西楚霸王》（1994）。

〈讨论思考〉

（1）阅读三首古人评价项羽的诗，谈谈你对项羽的看法。

（2）《垓下之围》节选自《史记·项羽本纪》。按照《史记》的体例，"本纪"记帝王之事。《史记》记录的内容跨越三千年，其间帝王难以计数，而书中本纪仅十二篇。且项羽并未真正成就帝业，又是汉朝开国皇帝的死敌。想想看，司马迁为何这样设计？

7. 长相思[1]

李 白

〈作家作品〉

李白（701—762），字太白，号青莲居士，祖籍陇西成纪（今甘肃秦安），他的家世和出生地至今还是个谜。

李白是我国诗史上最富于传奇色彩的诗人。他的诗歌上承春秋战国之风骚，下接汉魏六朝之乐府，创造出种种比兴意象，构成诗歌瑰奇的意境；他的诗歌融庄屈于一体，汪洋恣肆，以气势取胜，如高山坠石，如大海回澜，其非凡的自负和自信，狂傲的独立人格，豪放洒脱的气度和自由创造的浪漫情怀，充分体现了盛唐士人的时代性格和精神风貌。李白的魅力，就是盛唐的魅力。

<正文>

长相思

长相思，在长安。
络玮秋啼金井阑[2]，微霜凄凄簟色寒[3]。
孤灯不明思欲绝，卷帷望月空长叹[4]。
美人如花隔云端[5]。
上有青冥之高天[6]，下有渌水之波澜[7]。
天长路远魂飞苦，梦魂不到关山难。
长相思，摧心肝。

M1-16 长相思

<注释>

[1] 长相思：乐府"杂曲歌辞"调名，旧辞多写思妇之怨。
[2] 络玮：昆虫名，俗称纺织娘；金井阑：雕饰华丽的井栏。
[3] 簟（diàn）：竹席。
[4] 帷：幔帐。
[5] 美人：古代常用美人指贤人；隔云端：隔着一层天，喻相距遥远。
[6] 青冥：高远的青天。
[7] 渌水：清澈的水。

<评析>

《长相思》是乐府旧题，从六朝刘宋时吴迈远起代有作者，李白用古题而又有创新：诗体由五言变化为七言为主的杂言，语言除了继承乐府诗质素有含的特点外，又融合了唐诗重象外之意的特点。且李白的诗歌，坦直俊快之中常有细腻婉曲的一面，道来自然，如从笔底流出，这种似直而曲、似近而远的境界，是李白乐府诗的胜境。

关于此诗的内容，前人多以为以情辞写君臣不遇之感，但没有确证。也有人认为此诗实写爱情。凡此种种，不必拘泥，细细玩味，体会诗歌之美即可。

<扩展阅读>

M1-17 长相思

M1-18 长干行

M1-19 将进酒

 M1-20 宣州谢朓楼饯别校书叔云

 M1-21 梦李白

《讨论思考》

你认为这首《长相思》的主题是写爱情的吗？说说为什么。

8. 蜀 相

杜 甫

《作家作品》

杜甫（712—770），字子美，祖籍襄阳（今湖北襄樊），生于河南巩义市。青年时曾漫游吴、越、齐、赵等地。三十五岁赴京应试不第，闲居长安十年。安史之乱中，他颠沛流离，为叛军所俘，脱险后至凤翔谒见肃宗，任左拾遗。乾元二年（759），弃官入蜀，筑草堂定居浣花溪畔。代宗大历三年（768）携家乘舟出游，漂泊于鄂、湘一带。大历五年（770）病死于赴郴州途中。

杜甫是我国古代伟大的现实主义诗人。他的诗以"沉郁浓重"为基调，上悯国难，下痛民艰，题材广泛，极为深刻，被称为"诗史"。有《杜工部集》。

《正文》

蜀相

丞相祠堂何处寻，锦官城外柏森森[1]。
映阶碧草自春色，隔叶黄鹂空好音。
三顾频烦天下计[2]，两朝开济老臣心[3]。
出师未捷身先死，长使英雄泪满襟[4]。

 M1-22 蜀相

‹注释›

[1] 丞相祠堂：今名武侯祠，在成都市南郊。锦官城：成都的别称。

[2] 这一句指刘备三顾茅庐于隆中，多次劳烦诸葛亮出山，想他请教天下大计。

[3] 指诸葛亮辅佐刘备开创蜀汉大业，又在后主刘禅朝中鞠躬尽瘁，匡计危时。

[4] 此句指诸葛亮于建兴十二年（234）春出兵伐魏，功未立而病死于渭水南五丈原军中。

‹评析›

此诗历来被誉为"七律正宗"。

作于唐肃宗上元元年（760）春，杜甫初至成都，对诸葛亮生平地位和事业进行了概括性的总结。诸葛亮所处的时代，后主庸懦，奸权用事，致使英雄志士无法成就功业。诗人之伤痛，正在于此。

此诗前四句写景，后四句论事，抒情贯穿前后。情境深邃，感慨无限。其中"出师未捷身先死，长使英雄泪满襟"更是时代传诵的名句。

‹扩展阅读›

M1-23 登高

M1-24 羌村

M1-25 新婚别

M1-26 自京赴奉先县
咏怀五百字

M1-27 闻官军收河南
河北

‹讨论思考›

阅读至少五首杜甫所做的诗歌，体会"沉郁浓重"的特点。

9. 嫦 娥

李商隐

＜作家作品＞

李商隐（812—858），字义山，号玉溪生，又号樊南生。原籍怀州河内（今河南沁阳市）。李家从商隐曾祖父起，父系中一连几代都过早病故。商隐十岁，父亲卒于幕府。孤儿寡母扶丧北回郑州，"四海无可归之地，九族无可倚之亲"（《祭裴氏姊文》），虽在故乡，却情同外来的逃荒者。或者正是由于家世的孤苦不幸，加之赢瘦文弱，形成他易于感伤的性格，但同时也促使他谋求通过科举，振兴家道。在"悬头苦学"中获得高度的文化艺术修养，锻炼了他坚忍执着的追求精神。

文宗大和三年（829），李商隐谒令狐楚，受到赏识。楚子令狐绹又在开成二年（837）帮助他中进士。但就在这一年底，令狐楚病逝。李商隐于次年春入泾原节度使王茂元幕。王茂元爱商隐之才，将最小的女儿嫁给他。当时朋党斗争激烈，令狐父子为牛党要员，王茂元被视为亲近李党的武人。李商隐转依王茂元，在牛党眼里是"背恩"的行为，从此为令狐绹所不满。党人的成见，加以李商隐个性孤介，他一直沉沦下僚，他最后一次赴梓州作长达五年的幕职之前，妻子王氏又不幸病故，子女寄居长安，更加重了精神痛苦。时世、家世、身世，从各方面促成了李商隐易于感伤的、内向型的性格与心态。他所禀赋的才情，他的悲剧性和内向型的性格，使他灵心善感，而且感情异常丰富细腻。国事家事、春去秋来、人情世态，以及与朋友、与异性的交往，均能引发他丰富的感情活动。

李商隐的诗歌创作，给在盛唐和中唐已经有过充分发展的唐诗，以重大的推进，使其再次出现高峰。清代吴乔云："唐人能自辟宇宙者，惟李、杜、昌黎、义山。"（《西昆发微序》）李商隐确实是继李白、杜甫、韩愈之后，再次为诗国开疆辟土的大家。

＜正文＞

嫦娥[1]

云母屏风烛影深[2]，长河渐落晓星沉[3]。
嫦娥应悔偷灵药[4]，碧海青天夜夜心[5]。

M1-28　嫦娥

＜注释＞

[1] 嫦娥：古代神话传说中的人物。《淮南子·览冥训》："羿请不死之药于西王母，未及服之，姮娥窃以奔月。"姮娥即嫦娥。这个故事即本诗抒情议论的依据。

[2] 云母：一种矿物，既薄且轻，古人用以制作屏风。

［3］长河：指银河。

［4］灵药：即后羿从王母处求来的不死药。

［5］碧海：青碧的大海。明月晚间从碧海升起，历青天而复入碧海。

＜评析＞

李商隐一生有许多高远的追求，但结果是流落不偶，孤独寂寞。这首诗设想嫦娥会因为天上孤寂而后悔偷吃了灵药。可是按常理，嫦娥吃了不死之药，得成月中仙子，本是常人羡慕之事。因此，对于这首诗所寄寓的旨意，历来有着多种说法，有人认为它以嫦娥喻指名士，抒发作者自己的苦闷孤单和一生不得志的幽怨；也有人认为这是悼亡之作，以嫦娥偷吃灵药升天比喻自己的妻子离开人间；也有人认为它摹写的是遁入空门受到清规戒律的束缚而生出苦闷与怅恨的女道士的孤凄之情。众多评论也多拥趸，争议不下。

注家对诗旨的猜测纷纷，其实恰好说明这一典故经过反用之后，那种高远清寂之境和永恒的寂寞感，沟通了不同类型人物某种近似的心理，从而使诗可以从不同角度加以解读。这正是李商隐的魅力。

＜扩展阅读＞

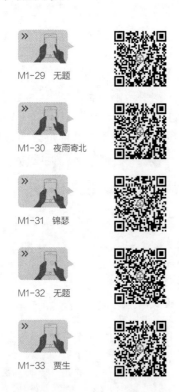

M1-29 无题

M1-30 夜雨寄北

M1-31 锦瑟

M1-32 无题

M1-33 贾生

＜讨论思考＞

（1）阅读相关的评论文章，说说你对"嫦娥应悔偷灵药，碧海青天夜夜心"这句话的理解。

（2）阅读李商隐的其他作品，并谈谈李商隐诗歌的艺术特点。

10.虞美人

李 煜

＜作家作品＞

李煜（937—978），字重光，25岁嗣位南唐国主，39岁国破为宋军所俘，囚居汴京三年，被宋太宗赐药毒死。今存词三十余首。他多才多艺，诗文书画音乐均有很高造诣。

李煜词按照题材内容可分前后两期。前期多写宫廷歌舞、簇拥美人的奢靡生活，后期多写亡国之恨和故国之思。但无论前期后期，这位"生于深宫之中，长于妇人之手"，阅世甚浅的词人，始终保有较为纯真的性格。他在亡国后不曾冷静地自省，而是直悟人生苦难无常之悲哀，真正用血泪写出了亡国破家的不幸，且多用口语和白描，词篇虽美，却是丽质天成，不靠容饰和辞藻，把自身所经历的一段破国亡家的惨痛遭遇泛化，获得一种广泛的形态与意义。

＜正文＞

虞美人

春花秋月何时了[1]，往事知多少？
小楼昨夜又东风[2]，故国不堪回首月明中。
雕栏玉砌应犹在[3]，只是朱颜改[4]。
问君能有几多愁，恰似一江春水向东流。

M1-34 虞美人

＜注释＞

［1］了：完结。
［2］小楼：指作者被俘后在汴京的住所。东风：春风。
［3］雕栏玉砌：指南唐故都的宫苑建筑。
［4］朱颜改：指自己的脸色失去往日的红润，兼指江山易主。

＜评析＞

此词大约作于李煜归宋后的第三年，词中流露了不加掩饰的故国之思，据说是促使宋太宗下令毒死李煜的原因之一。

从思想内容来说，作者为失去政权和享乐生活的悲伤当然不足取，但是这种忧思已经从一身一己的身世之感，扩展升华为对整个人生的怀疑和悲悯，直抒胸臆，不假寄托，不用典故，使李煜后期的词作有了一种前所未有的郁结又奔放、沉着又飞动的词风。

<扩展阅读>

M1-35 相见欢

M1-36 相见欢

M1-37 浪淘沙

<讨论思考>

阅读李煜的其他作品，分析它们的艺术特点。

11.醉花阴

李清照

<作家作品>

　　李清照（1084—?），号易安居士，济南（今山东济南）人。以词著名，兼工诗文，并著有词论，提出了词"别是一家"的理论，在文学之林中占有独立的地位。早年生活安定、优裕，词多写相思之情，闺房绣户是她的生活世界，美满的婚姻爱情便是她主要的人生理想。靖康之难后，遭家国巨变，词作多感慨身世飘零。表现颠沛流离的生活历程和内心感受，具有很强的现实意义和艺术感染力。

<正文>

醉花阴

薄雾浓云愁永昼[1]，瑞脑销金兽[2]。

佳节又重阳，玉枕纱橱[3]，半夜凉初透。

东篱把酒黄昏后[4]，有暗香盈袖[5]。

莫道不消魂，帘卷西风，人比黄花瘦！

M1-38 醉花阴

＜注释＞

[1]永昼：长日。

[2]瑞脑：一种香料。金兽：一种刻着兽形的铜香炉。

[3]玉枕：磁制的凉枕。纱橱：纱帐。

[4]东篱：陶渊明《饮酒》："采菊东篱下，悠然见南山。"东篱泛指采菊之地。

[5]暗香：幽香，本指梅花。林逋《山园小梅》："疏影横斜水清浅，暗香浮动月黄昏"。这句承上句"东篱把酒"，指菊花。

＜评析＞

这首词是作者早期和丈夫赵明诚分别之后所写，通过悲秋伤别来抒写词人的寂寞与相思情怀。在自然景物的描写中加进自己浓重的感情色彩，创造了以她为主体的人物形象。

首二句就白昼来写"薄雾浓云"不仅布满整个天宇，更罩满词人心头。"瑞脑消金兽"，写出了时间的漫长无聊，同时又烘托出环境的凄寂。后三句从夜间着笔，先点明节令："佳节又重阳"。随之，又从"玉枕纱厨"这样一些具有特征性的事物与词人特殊的感受中写出了透人肌肤的秋寒，暗示词中女主人公的心境。深秋的节候、物态、人情，已宛然在目。随后写重九感怀。赏菊依旧，但人的情状却有所不同了："莫道不消魂，帘卷西风，人比黄花瘦"。上下对比，大有物是人非，今昔异趣之感。用黄花比喻人的憔悴，以消瘦暗示相思之深，形象与环境显得非常调和，令人印象深刻。

＜扩展阅读＞

M1-39 如梦令

M1-40 如梦令

M1-41 一剪梅

M1-42 凤凰台上忆
吹箫

M1-43 武陵春

M1-44 声声慢

《讨论思考》

阅读李清照前后两期的作品，谈谈在艺术手法、创作心境上的异同。

12.定风波

苏 轼

《作家作品》

苏轼（1037—1101），字子瞻，号东坡居士，北宋著名文学家。他22岁中进士，26岁又中制科优入三等（宋代的最高等），入仕后奋厉有用世之志，但命运多舛，在王安石厉行新法时持反对态度，当司马光废除新法时又持不同意见，结果多次受到排斥打击。一生仕途坎坷，屡遭贬谪，在44岁时遭遇"乌台诗案"，险遭不测。晚年更被一贬再贬，直到荒远的海南，食芋饮水。

苏轼对苦难并非麻木不仁，对加诸其身的迫害也不是逆来顺受，他以一种全新的人生态度来对待接踵而至的不幸，把儒家固穷的坚毅精神、老庄轻视有限时空和物质环境的超越态度以及禅宗以平常心对待一切变故的观念有机地结合起来，从而做到了蔑视丑恶，消解痛苦。这种执着于人生而又超然物外的生命范式蕴含着坚定、沉着、乐观、旷达的精神，因而苏轼在逆境中照样能保持浓郁的生活情趣和旺盛的创作活力。

《正文》

定风波[1]

三月七日，沙湖道中遇雨[2]。雨具先去，同行皆狼狈，余独不觉。已而遂晴，故作此。

莫听穿林打叶声，何妨吟啸且徐行[3]。竹杖芒鞋轻胜马[4]，谁怕？一蓑烟雨任平生。

料峭春风吹酒醒[5]，微冷。山头斜照却相迎，回首向来萧瑟处[6]，归去，也无风雨也无晴。

M1-45 定风波

《注释》

［1］此词作于宋神宗元丰五年（1082），即苏轼因"谤讪朝廷"罪被贬谪黄州的第三年。

［2］沙湖：在黄州（今湖北黄冈）东南三十里。

［3］吟啸：吟咏，歌啸。

［4］芒鞋：草鞋。

［5］料峭：形容春天的微寒。

［6］萧瑟处：风雨凄凉处。

＜评析＞

此词是苏轼被贬黄州时期所作，通过野外途中偶遇风雨，在雨中吟唱长啸、从容娴雅、漫步行走的经历和感受，塑造出一个祸福不惊、随遇而安的抒情主人公形象。表现出作者旷达超脱的胸襟，寄寓着超凡超俗的人生理想，体现了他对社会人生的独特体验和感悟。于简朴中见深意，于寻常处生奇警。本词语言参差错落，全篇流动顿挫。纵观全词，一种醒醉全无、无喜无悲、胜败两忘的人生哲学和处世态度呈现在读者面前。读罢全词，人生的沉浮、情感的忧乐，在我们的理念中自会有一番全新的体悟。

＜扩展阅读＞

M1-46 前赤壁赋

M1-47 江城子

M1-48 水调歌头

M1-49 念奴娇·
赤壁怀古

M1-50 江城子

M1-51 水龙吟·次韵
章质夫杨花词

＜讨论思考＞

利用课余时间阅读林语堂先生所著的《苏东坡传》，观看康震主讲的《百家讲坛——苏轼》，了解苏轼的一生。

13. 双调·夜行船

马致远

〈作家作品〉

马致远（约1250—1324），号东篱，大都（今北京）人。元代杂剧、散曲作家。曾任江浙行省务官，晚年退隐山林，诗酒自娱。马致远著有杂剧15种，以《汉宫秋》最为著名。他在散曲创作上成就很高，有"曲状元"的称号。作品内容主要有三类：叹世讽世，描写景色，歌咏恋情。他融诗词意境入散曲，清雅而不失真率。现存散曲120余首，今人辑为《东篱乐府》。

〈正文〉

双调·夜行船[1]

百岁光阴如梦蝶[2]，重回首往事堪嗟。今日春来，明朝花谢。急罚盏夜阑灯灭。

[乔木查] 想秦宫汉阙，都做了衰草牛羊野。不恁渔樵无话说。纵荒坟横断碑，不辨龙蛇。

[庆宣和] 投至狐踪与兔穴，多少豪杰。鼎足三分半腰折[3]，魏耶？晋耶？

[落梅风] 天教富，莫太奢。无多时好天良夜。看钱奴硬将心似铁，空辜负锦堂风月。

[风入松] 眼前红日又西斜，疾似下坡车。晓来清镜添白发，上床与鞋履相别。莫笑鸠巢计拙[4]，葫芦提一向装呆[5]。

[拨不断] 名利竭，是非绝。红尘不向门前惹，绿树偏宜屋角遮，青山正补墙头缺，竹篱茅舍。

[离亭宴煞] 蛩吟一觉方宁贴[6]，鸡鸣万事无休歇。争名利，何年是彻？密匝匝蚁排兵，乱纷纷蜂酿蜜，急攘攘蝇争血。裴公绿野堂[7]，陶令白莲社[8]。爱秋来那些：和露摘黄花，带霜烹紫蟹，煮酒烧红叶。人生有限杯，几个登高节[9]？嘱咐俺顽童记者：便北海探吾来[10]，道东篱醉了也[11]。

〈注释〉

[1] 双调：这套散曲的共同宫调名。夜行船：套曲中第一首的曲牌名。

[2] 梦蝶：《庄子·齐物论》有"昔者庄周梦为蝴蝶，……俄然觉，则蘧蘧然周也之说。"这里是短暂、梦幻之意。

[3] 鼎足三分：指三国时期魏、蜀、吴彼此抗衡，争夺天下。半腰折：指三方英雄人物都没有得到最后的胜利。

[4] 鸠巢计拙：《禽经》张华注引《方言》："（鸠）蜀谓之拙鸟，不善营巢。"后来比喻生性笨拙，不善营生，多为自谦、自嘲之词。

［5］葫芦提：宋元俗语，糊里糊涂。

［6］蛩（qióng）：蟋蟀。宁贴：安宁，安稳。

［7］裴公：裴度，字中立，唐宪宗时任宰相，削除藩镇有政绩。晚年因宦官专权，辞官退隐洛阳。绿野堂：裴度别墅名，他常常与白居易、刘禹锡等人在此作诗酒之会，不问政事。

［8］陶令：即陶渊明，曾任彭泽令。白莲社：东晋僧人慧远曾于庐山东林寺修行，掘池种白莲，故称白莲社。陶渊明和慧远相契，时常参与社事，但因好酒疏懒，未曾入社。

［9］登高节：即重阳节，古代有登高饮宴的习俗。

［10］北海：东汉末年文学家孔融曾任北海相，市称孔北海，有惜才好客的名声。

［11］东篱：作者的自称。

《评析》

这套散曲由七支曲子组成，按照思想内容可以分为四个层次：第一曲是引子，由秋来花谢想到人生的短暂虚幻，从而引发出下面对人生价值的思考和对痴迷者的批判。《乔木查》等三支曲子为第二层，分别描写了帝王、豪杰、富翁的富贵无常。五、六两曲为第三层，写自己看破红尘、与世无争、自得其乐的人生态度。最后一曲则总括上文，再次把名利之徒与山林高士的生活进行比较，表达了不为物役的心志。

这套散曲的艺术魅力突出表现在语言、形象与情趣三个方面。语言俗中透雅，既明快率直，又富于韵味。别致的设色字、精巧的鼎足对，都显示出作者驾驭语言的能力。曲中意象准确生动而有代表性，以"衰草牛羊野""荒坟横断碑"表现帝业成空，以"蚁排兵""蜂酿蜜""蝇争血"比喻名利场等，都给人留下了深刻的印象。在自我写照时，字里行间情趣盎然，如"青山正补墙头缺"的调侃意味、"道东篱醉了"的潇洒任性，皆可发读者会心一笑。纵观全篇，指点今古，俯察人生，笔墨挥洒飘逸，有如天马驰骋，是"万中无一"的佳作。

《扩展阅读》

M1-52 汉宫秋

M1-53 窦娥冤

《讨论思考》

这首作品描写了哪两种人生态度，表现了作者怎样的情趣与胸襟？

14. 木兰花令·拟古决绝词

纳兰性德

《作家作品》

纳兰性德（1655—1685），原名成德，因避皇太子胤礽（小名保成）之讳，改名性德，字容若，号楞伽山人，满族正黄旗人。大学士明珠长子。自幼天资聪颖，公元1676年中进士，授乾清门三等侍卫，后循迁至一等。常随从康熙巡行，为人谨慎，避涉世事。工诗词，有"满洲第一词人"之誉，多写闲愁哀怨。年31病卒。有《饮水词》。

《正文》

木兰花令·拟古决绝词[1]

人生若只如初见，何事秋风悲画扇[2]？
等闲变却故人心，却道故人心易变。
骊山语罢清宵半[3]，泪雨霖铃终不怨。
何如薄幸锦衣郎，比翼连枝当日愿。

M1-54 木兰花令·
拟古决绝词

《注释》

[1] 拟古：诗词中常用的体裁，即在诗文创作中仿效古人的风格和形式。决绝词：指的是以女子的口吻控诉对方薄情，从而与之决绝。古诗《白头吟》有"闻君有两意，故来相决绝。"这里借用汉唐典故抒发闺怨之情，凄婉缠绵。

[2] 画扇：这里指西汉班婕妤被汉成帝抛弃的典故。班婕妤为汉成帝宠妃，赵飞燕姐妹入宫后，退居冷宫。成帝死后，她请求看守陵园，孤单冷清地度过了一生。后有《团扇诗》，以秋扇闲置为喻抒发被弃之怨情。南北朝梁刘孝绰《班婕妤怨》诗又有"妾身似秋扇"句，后遂以秋扇见捐喻女子被弃。

[3] 骊山：指唐明皇与杨玉环的爱情典故。《太真外传》载，唐明皇与杨玉环曾于七夕时在骊山华清宫长生殿里盟誓，愿世世为夫妻。白居易《长恨歌》："在天愿作比翼鸟，在地愿作连理枝。"对此作了生动的描写。后安史乱起，明皇入蜀，于马嵬坡赐死杨玉环。杨死前云："妾诚负国恩，死无恨矣。"明皇此后于途中闻雨声、铃声而悲伤，遂作《雨霖铃》曲以寄哀思。这里借用此典说即使是最后作决绝之别，也不生怨。

《评析》

纳兰性德的这首拟作是借用汉唐典故而抒发"闺怨"之情。以一个女子的口吻，抒写了被丈夫抛弃的幽怨之情。词情哀怨凄婉。也有后人认为"闺怨"只是一种假托，背后似乎更有着深层的痛楚，词人是用男女间的爱情为喻，说明与朋友也应该始终如一，生死不渝。

＜扩展阅读＞

M1-55　长相思　

M1-56　金缕曲　

M1-57　蝶恋花　

＜讨论思考＞

举例说明你还读过哪些作家写过的"悼亡"作品。

15. 黛玉葬花[1]

曹雪芹

＜作家作品＞

曹雪芹（1715—1763），祖籍辽阳，是我国伟大的现实主义作家。自曾祖起，曹家三代四人（曾祖父曹玺，祖父曹寅，伯父曹颙，父亲曹頫）相继担任江宁织造达60余年。康熙六次南巡，四次住在曹家。雍正即位后，曹頫获罪革职，家产抄没，曹家从此败落。晚年的曹雪芹基本上过着穷困潦倒的生活。"满径蓬蒿""绳床瓦灶""举家食粥"。他以坚忍不拔的毅力，完成了《红楼梦》的写作和修订。乾隆二十七年，幼子夭亡，曹雪芹感伤成疾，卧床不起。到这一年的除夕，终于因贫病无医，"泪尽而逝"。《红楼梦》是他"批阅十载，增删五次""字字看来皆是血，十年辛苦不寻常"的产物。

＜正文＞

却说那林黛玉听见贾政叫了宝玉去了，一日不回来，心中也替他忧虑。至晚饭后，闻听宝玉来了，心里要找他问问是怎么样了。一步步行来，见宝钗进宝玉的院内去了，自己也便随后走了来。刚到了沁芳桥，只见各色水禽都在池中浴水，也认不出名色来，但见一个个文彩炫耀，好看异常，因而站住看了一会儿。再往怡红院来，只见院门关着，黛玉便以手叩门。

谁知晴雯和碧痕正拌了嘴，没好气，忽见宝钗来了，那晴雯正把气移在宝钗身上，正在院内抱怨说："有事没事跑了来坐着，叫我们三更半夜的不得睡觉！"忽听又有人叫门，晴雯越发动了气，也并不问是谁，便说道："都睡下了，明儿再来罢！"

林黛玉素知丫头们的情性，他们彼此顽耍惯了，恐怕院内的丫头没听真是他的声音，只当是别的丫头们来了，所以不开门，因而又高声说道："是我，还不开么？"晴雯偏生还没听出来，便使性子说道："凭你是谁，二爷吩咐的，一概不许放人进来呢！"林黛玉听了，不觉气怔在门外，待要高声问他，逗起气来，自己又回思一番："虽说是舅母家如同自己家一样，到底是客边。如今父母双亡，无依无靠，现在他家依栖。如今认真恼气，也觉没趣。"一面想，一面又滚下泪珠来。真是回去不是，站着不是。正没主意，只听里面一阵笑语之声，细听一听，竟是宝玉、宝钗二人。林黛玉心中益发动了气，左思右想，忽然想起了早起的事来："必竟是宝玉恼我要告他的原故。但只我何尝告你了，你也不打听打听，就恼我到这步田地。你今儿不叫我进来，难道明儿就不见面了！"越想越伤感起来，也不顾苍苔露冷，花径风寒，独立墙角边花阴之下，悲悲戚戚呜咽起来。

原来这林黛玉秉绝代姿容，具稀世俊美，不期这一哭，那附近柳枝花朵上的宿鸟栖鸦一闻此声，俱"忒楞楞"飞起远避，不忍再听。真是：

花魂默默无情绪，鸟梦痴痴何处惊。

因有一首诗道：

颦儿才貌世应希，独抱幽芳出绣闺，

呜咽一声犹未了，落花满地鸟惊飞。……

话说林黛玉正自悲泣，忽听院门响处，只见宝钗出来了，宝玉袭人一群人送了出来。待要上去问着宝玉，又恐当着众人问羞了宝玉不便，因而闪过一旁，让宝钗去了，宝玉等进去关了门，方转过来，犹望着门洒了几点泪。自觉无味，方转身回来，无精打彩的卸了残妆。

紫鹃雪雁素日知道林黛玉的情性：无事闷坐，不是愁眉，便是长叹，且好端端的不知为了什么，常常的便自泪道不干的。先时还有人解劝，怕他思父母，想家乡，受委曲，用话宽慰解劝。谁知后来一年一月的，竟常常的如此，把这个样儿看惯，也都不理论了。所以也没人理，由他闷坐，只管睡觉去了。那林黛玉倚着床栏杆，两手抱着膝，眼睛含着泪，好似木雕泥塑的一般，直坐到二更多天，方才睡了。一宿无话。

……

如今且说林黛玉因夜间失寐，次日起来迟了，闻得众姊妹都在园中作饯花会，恐人笑他痴懒，连忙梳洗了出来。刚到了院中，只见宝玉进门来了，笑道："好妹妹，你昨儿可告我了不曾？教我悬了一夜心。"林黛玉便回头叫紫鹃道："把屋子收拾了，下一扇纱屉，看那大燕子回来，把帘子放下来，拿狮子倚住，烧了香就把炉罩上。"一面说，一面又往外走。宝玉见他这样，还认作是昨日中晌的事，那知晚间的这段公案，还打躬作揖的。林黛玉正眼也不看，各自出了院门，一直找别的姊妹去了。宝玉心中纳闷，自己猜疑：看起这个光景来，不像是为昨日的事，但只昨日我回来的晚了，又没有见他，再没有冲撞了他的去处了。一面想，一面由不得随后追了来。

……

宝玉因不见了林黛玉，便知他躲了别处去了，想了一想，索性迟两日，等他的气息一息再去也罢了。因低头看见许多凤仙石榴等各色落花，锦重重地落了一地，因叹道："这是他心里生了气，也不收拾这花儿来了。待我送了去，明儿再问着他。"说着，只见宝钗约着他们往外头去。宝玉道："我就来。"等他二人去远，便把那花兜了起来，登山渡水，过树穿花，一直奔了那日同林黛玉葬桃花的去处来。

　　将已到了花冢，犹未转过山坡，只听山坡那边有呜咽之声，一行数落着，哭得好不伤感。宝玉心下想道："这不知是那房里的丫头，受了委屈，跑到这个地方来哭。"一面想，一面刹住脚步，听他哭道是：

花谢花飞花满天，红消香断有谁怜？
游丝软系飘春谢，落絮轻沾扑绣帘。

闺中女儿惜春暮，愁绪满怀无释处，
手把花锄出绣帘，忍踏落花来复去。

柳丝榆荚自芳菲，不管桃飘与李飞。
桃李明年能再发，明年闺中知有谁？

三月香巢已垒成，梁间燕子太无情！
明年花发虽可啄，却不道人去梁空巢也倾。

一年三百六十日，风刀霜剑严相逼，
明媚鲜妍能几时，一朝漂泊难寻觅。

花开易见落难寻，阶前闷杀葬花人，
独把花锄泪暗洒，洒上空枝见血痕。

杜鹃无语正黄昏，荷锄归去掩重门。
青灯照壁人初睡，冷雨敲窗被未温。

怪侬底事倍伤神，半为怜春半恼春：
怜春忽至恼忽去，至又无言去不闻。

昨宵庭外悲歌发，知是花魂与鸟魂？
花魂鸟魂总难留，鸟自无言花自羞。

愿侬胁下生双翼，随花飞到天尽头。
天尽头，何处有香丘？

未若锦囊收艳骨，一抔净土掩风流。
质本洁来还洁去，强于污淖陷渠沟。

尔今死去侬收葬，未卜侬身何日丧？
侬今葬花人笑痴，他年葬侬知是谁？

试看春残花渐落，便是红颜老死时。
一朝春尽红颜老，花落人亡两不知！

　　宝玉听了不觉痴倒。

　　……

话说林黛玉只因昨夜晴雯不开门一事，错疑在宝玉身上。至次日又可巧遇见饯花之期，正是一腔无明，正未发泄，又勾起伤春愁思，因把些残花落瓣去掩埋，由不得感花伤己，哭了几声，便随口念了几句。不想宝玉在山坡上听见，先不过点头感叹，次后听到"侬今葬花人笑痴，他年葬侬知是谁""一朝春尽红颜老，花落人亡两不知"等句，不觉恸倒山坡之上，怀里兜的落花撒了一地。试想林黛玉的花颜月貌，将来亦到无可寻觅之时，宁不心碎肠断！既黛玉终归无可寻觅之时，推之于他人，如宝钗、香菱、袭人等，亦可到无可寻觅之时矣。宝钗等终归无可寻觅之时，则自己又安在哉？且自身尚不知何在何往，则斯处、斯园、斯花、斯柳，又不知当属谁姓矣！因此一而二，二而三，反复推求了去，真不知此时此际，如何解释这段悲伤。正是：花影不离身左右，鸟声只在耳东西。

那林黛玉正自伤感，忽听山坡上也有悲声，心下想道："人人都笑我有痴病，难道还有一个痴子不成？"抬头一看，见是宝玉。林黛玉看见，便啐道："我道是谁，原来是这个狠心短命的……"刚说到"短命"二字，又把口掩住，长叹一声，自己抽身便走了。

这里宝玉悲恸了一回，抬头不见了黛玉，便知黛玉看见他，躲开了，自己也觉无味，抖抖土起来，下山寻归旧路，往怡红院来。可巧看见林黛玉在前头走，连忙赶上去，说道："你且站住。我知你不理我，我只说一句话，从今后撂开手。"林黛玉回头看见是宝玉，待要不理他，听他说"只说一句话"，便道："请说来。"宝玉笑道："两句话，说了你听不听？"黛玉听说，回头就走。宝玉在身后面叹道："既有今日，何必当初！"林黛玉听见这话，由不得站住，回头道："当初怎么样？今日怎么样？"宝玉叹道："当初姑娘来了，那不是我陪着玩笑？凭我心爱的，姑娘要，就拿去；我爱吃的，听见姑娘也爱吃，连忙干干净净收着等姑娘吃。一桌子上吃饭，一个床儿上睡觉。丫头们想不到的，我怕姑娘生气，替丫头们都想到。我心里想着：姊妹们从小儿长大，亲也罢，热也罢，和气到了，才见得比人好。如今谁承望姑娘人大心大，不把我放在眼睛里，倒把外四路的什么'宝姐姐''凤姐姐'的放在心坎儿上，倒把我三日不理、四日不见的。我又没个亲兄弟、亲姊妹。虽然有两个，你难道不知道是和我隔母的？我也和你似的独出，只怕同我的心一样。谁知我是白操了这一番心，有冤无处诉！"说着，不觉滴下眼泪来。

黛玉耳内听了这话，眼内见了这光景，心内不觉灰了大半，也不觉滴下泪来，低头不语。宝玉见他这般形象，遂又说道："我也知道我如今不好了，但只任凭着怎么不好，万不敢在妹妹跟前有错处。便有一二分错处，你或教导我，戒我下次，或骂我两句，打我几下，我都不灰心。谁知你总不理我，叫我摸不着头脑，少魂失魄，不知怎么样才是。就便死了，也是个屈死鬼，任凭高僧高道忏悔也不能超脱，还得你申明了缘故，我才得托生呢！"

黛玉听了这个话，不觉将昨晚的事都忘在九霄云外了，便说道："你既这么说，昨儿为什么我去了，你不叫丫头开门？"宝玉诧异道："这话从那里说起？我要是这么样，立刻就死了！"林黛玉啐道："大清早起死呀活的，也不忌讳。你说有呢就有，没有就没有，起什么誓呢。"宝玉道："实在没有见你去。就是宝姐姐坐了一坐，就出来了。"

林黛玉想了一想，笑道："是了。想必是你的丫头们懒怠动，丧声歪气的，也是有的。"宝玉道："想必是这个原故。等我回去问了是谁，教训教训他们就好了。"黛玉道："你的那些姑娘们也该教训教训，只是我论理不该说。今儿得罪了我的事小，倘或明儿'宝姑娘'来，什么'贝姑娘'来，也得罪了，事情岂不大了。"说着抿着嘴笑。宝玉听了，又是咬牙，又是笑。

<注释>

[1] 选自《红楼梦》，人民文学出版社，2008年出版。收录时按内容需要做部分删节。

<评析>

这是宝黛生活中的一次误会，是二人感情的又一次真情表达。而这段文字的核心就是《葬花吟》。这首长诗是林黛玉感叹自世遭遇的全部衰音的代表，在抒情上淋漓尽致，艺术上是很成功的。

林黛玉从落花联想到自己的身世，花就像自己的纯洁美丽，而自己所处的环境像污泥一样肮脏，花谢了终究要落到污泥里击，所以吟花是自怜，葬花就是自爱。薛宝钗、史湘云不会去葬花，黛王的身世、处境、性格决定了她对花的特殊感情。并且，这首诗并非一味哀伤凄恻，其中仍然有着一种抑塞不平之气。"柳丝榆英自芳菲，不管桃飘与李飞"，就寄有时世态炎凉、人情冷暖的愤懑；"一年三百六十日，风刀霜剑严相逼"，岂不是对长期迫害着她的冷酷无无情的现实的控诉？"愿侬胁下生双翼，随花飞到天尽头。天尽头，何处有香丘？未若锦囊收艳骨，一抔净土掩风流。质本洁来还洁去，强于污淖陷渠沟。"则是在幻想自由幸福而不可得时所表现出来的那种不愿受辱被污，不甘低头屈服的孤傲不阿的性格。这首诗实际上就是林黛玉自作的诗谶。

<扩展阅读>

观看87版《红楼梦》电视剧。

<讨论思考>

阅读《红楼梦》前80回中的诗歌作品。

16. 伤逝 [1]

——涓生的手记
鲁 迅

<作家作品>

鲁迅（1881年9月25日—1936年10月19日），中国文学家、思想家和革命家。原名周树人，字豫才，浙江绍兴人。出身于破落封建家庭。青年时代受进化论、尼采超人哲学和托尔斯泰博爱思想的影响。1902年去日本留学，原在仙台医学院学医，后从事文艺工作，企图用以改变国民精神。1905—1907年，参加革命党人的活动，发表了《摩罗诗力说》《文化偏执论》等论文。1909年，与其弟周作人一起合译《域外小说集》，介绍外国文学。同年回国，先后在杭州、绍兴任教。1918年5月，首次用"鲁迅"的笔名，发表中国现代文学史上第一

篇白话小说《狂人日记》，奠定了新文学运动的基石。五四运动前后，参加《新青年》杂志工作，成为五四新文化运动的主将。1918年到1926年间，陆续创作出版了小说集《呐喊》《彷徨》论文集《坟》、散文诗集《野草》、散文集《朝花夕拾》、杂文集《热风》《华盖集》《华盖集续编》等专集。其中，1921年12月发表的中篇小说《阿Q正传》，是中国现代文学史上的不朽杰作。从1927年到1936年，创作了历史小说集《故事新编》中的大部分作品和大量的杂文，收辑在《而已集》《三闲集》《二心集》《南腔北调集》《伪自由书》《准风月谈》《花边文学》《且介亭杂文》《且介亭杂文二编》《且介亭杂文末编》《集外集》和《集外集拾遗》等专辑中。

鲁迅的一生，对中国文化事业作出了巨大的贡献，他领导、支持了"未名社""朝花社"等文学团体；主编了《国民新报副刊》（乙种）《莽原》《语丝》《奔流》《萌芽》《译文》等文艺期刊；热忱关怀、积极培养青年作者；大力翻译外国进步文学作品和介绍国内外著名的绘画、木刻；搜集、研究、整理大量的古典文学，编著《中国小说史略》《汉文学史纲要》，整理《嵇康集》，辑录《会稽郡故书杂录》《古小说钩沈》《唐宋传奇录》《小说旧闻钞》等。

鲁迅1936年10月19日病逝于上海。1938年出版《鲁迅全集》（二十卷）。中华人民共和国成立后，鲁迅著译已分别编为《鲁迅全集》（十卷）《鲁迅译文集》（十卷）《鲁迅日记》（二卷）《鲁迅书信集》，并重印鲁迅编校的古籍多种。1981年出版了《鲁迅全集》（十六卷）。鲁迅的小说、散文、诗歌、杂文共数十篇（首）被选入中、小学语文课本。小说《祝福》《阿Q正传》《药》等先后被改编成电影。

〈正文〉

如果我能够，我要写下我的悔恨和悲哀，为子君，为自己。

会馆[2]里的被遗忘在偏僻里的破屋是这样地寂静和空虚。时光过得真快，我爱子君，仗着她逃出这寂静和空虚，已经满一年了。事情又这么不凑巧，我重来时，偏偏空着的又只有这一间屋。依然是这样的破窗，这样的窗外的半枯的槐树和老紫藤，这样的窗前的方桌，这样的败壁，这样的靠壁的板床。深夜中独自躺在床上，就如我未曾和子君同居以前一般，过去一年中的时光全被消灭，全未有过，我并没有曾经从这破屋子搬出，在吉兆胡同创立了满怀希望的小小的家庭。

不但如此。在一年之前，这寂静和空虚是并不这样的，常常含着期待；期待子君的到来。在久待的焦躁中，一听到皮鞋的高底尖触着砖路的清响，是怎样地使我骤然生动起来呵！于是就看见带着笑涡的苍白的圆脸，苍白的瘦的臂膊，布的有条纹的衫子，玄色的裙。她又带了窗外的半枯的槐树的新叶来，使我看见，还有挂在铁似的老干上的一房一房的紫白的藤花。

然而现在呢，只有寂静和空虚依旧，子君却决不再来了，而且永远，永远地！……

子君不在我这破屋里时，我什么也看不见。在百无聊赖中，顺手抓过一本书来，科学也好，文学也好，横竖什么都一样；看下去，看下去，忽而自己觉得，已经翻了十多页了，但是毫不记得书上所说的事。只是耳朵却分外地灵，仿佛听到大门外一切往来的履声，从中便有子君的，而且橐橐地逐渐临近，——但是，往往又逐渐渺茫，终于消失在别的步声的杂沓中了。我憎恶那不像子君鞋声的穿布底鞋的长班[3]的儿子，我憎恶那太像子君鞋声的常常穿着新皮鞋的邻院的搽雪花膏的小东西！

莫非她翻了车么？莫非她被电车撞伤了么？……

我便要取了帽子去看她，然而她的胞叔就曾经当面骂过我。

蓦然，她的鞋声近来了，一步响于一步，迎出去时，却已经走过紫藤棚下，脸上带着微笑的酒窝。她在她叔子的家里大约并未受气；我的心宁帖了，默默地相视片时之后，破屋里便渐渐充满了我的语声，谈家庭专制，谈打破旧习惯，谈男女平等，谈伊孛生[4]，谈泰戈尔，谈雪莱……。她总是微笑点头，两眼里弥漫着稚气的好奇的光泽。壁上就钉着一张铜板的雪莱半身像，是从杂志上裁下来的，是他的最美的一张像。当我指给她看时，她却只草草一看，便低了头，似乎不好意思了。这些地方，子君就大概还未脱尽旧思想的束缚，——我后来也想，倒不如换一张雪莱淹死在海里的纪念像或是伊孛生的罢；但也终于没有换，现在是连这一张也不知那里去了。

"我是我自己的，他们谁也没有干涉我的权利！"

这是我们交际了半年，又谈起她在这里的胞叔和在家的父亲时，她默想了一会儿之后，分明地，坚决地，沉静地说了出来的话。其时是我已经说尽了我的意见，我的身世，我的缺点，很少隐瞒；她也完全了解的了。这几句话很震动了我的灵魂，此后许多天还在耳中发响，而且说不出的狂喜，知道中国女性，并不如厌世家所说那样的无法可施，在不远的将来，便要看见辉煌的曙色的。

送她出门，照例是相离十多步远；照例是那鲇鱼须的老东西的脸又紧贴在脏的窗玻璃上了，连鼻尖都挤成一个小平面；到外院，照例又是明晃晃的玻璃窗里的那小东西的脸，加厚的雪花膏。她目不斜视地骄傲地走了，没有看见；我骄傲地回来。

"我是我自己的，他们谁也没有干涉我的权利！"这彻底的思想就在她的脑里，比我还透彻，坚强得多。半瓶雪花膏和鼻尖的小平面，于她能算什么东西呢？

我已经记不清那时怎样地将我的纯真热烈的爱表示给她。岂但现在，那时的事后便已模糊，夜间回想，早只剩了一些断片了；同居以后一两月，便连这些断片也化作无可追踪的梦影。我只记得那时以前的十几天，曾经很仔细地研究过表示的态度，排列过措辞的先后，以及倘或遭了拒绝以后的情形。可是临时似乎都无用，在慌张中，身不由己地竟用了在电影上见过的方法了。后来一想到，就使我很愧恧，但在记忆上却偏只有这一点永远留遗，至今还如暗室的孤灯一般，照见我含泪握着她的手，一条腿跪了下去……

不但我自己的，便是子君的言语举动，我那时就没有看得分明；仅知道她已经允许我了。但也还仿佛记得她脸色变成青白，后来又渐渐转作绯红，——没有见过，也没有再见的绯红；孩子似的眼里射出悲喜，但是夹着惊疑的光，虽然力避我的视线，张皇地似乎要破窗飞去。然而我知道她已经允许我了，没有知道她怎样说或是没有说。

她却是什么都记得：我的言辞，竟至于读熟了的一般，能够滔滔背诵；我的举动，就如有一张我所看不见的影片挂在眼下，叙述得如生，很细微，自然连那使我不愿再想的浅薄的电影的一闪。夜阑人静，是相对温习的时候了，我常是被质问，被考验，并且被命复述当时的言语，然而常须由她补足，由她纠正，像一个丁等的学生。

这温习后来也渐渐稀疏起来。但我只要看见她两眼注视空中，出神似的凝想着，于是神色越加柔和，笑窝也深下去，便知道她又在自修旧课了，只是我很怕她看到我那可笑的电影的一闪。但我又知道，她一定要看见，而且也非看不可的。

然而她并不觉得可笑。即使我自己以为可笑，甚而至于可鄙的，她也毫不以为可笑。这事我知道得很清楚，因为她爱我，是这样的热烈，这样的纯真。

去年的暮春是最为幸福，也是最为忙碌的时光。我的心平静下去了，但又有别一部分和身体一同忙碌起来。我们这时才在路上同行，也到过几回公园，最多的是寻住所。我觉得在路上时时遇到探索，讥笑，猥亵和轻蔑的眼光，一不小心，便使我的全身有些瑟缩，只得即刻提起我的骄傲和反抗来支持。她却是大无畏的，对于这些全不关心，只是镇静地缓缓前行，坦然如入无人之境。

寻住所实在不是容易事，大半是被托词拒绝，小半是我们以为不相宜。起先我们选择得很苛酷，——也非苛酷，因为看去大抵不像是我们的安身之所；后来，便只要他们能相容了。看了二十多处，这才得到可以暂且敷衍的处所，是吉兆胡同一所小屋里的两间南屋；主人是一个小官，然而倒是明白人，自住着正屋和厢房。他只有夫人和一个不到周岁的女孩子，雇一个乡下的女工，只要孩子不啼哭，是极其安闲幽静的。

我们的家具很简单，但已经用去了我的筹来的款子的大半；子君还卖掉了她唯一的金戒指和耳环。我拦阻她，还是定要卖，我也就不再坚持下去了；我知道不给她加入一点股份去，她是住不舒服的。

和她的叔子，她早经闹开，至于使他气愤到不再认她做侄女；我也陆续和几个自以为忠告，其实是替我胆怯，或者竟是嫉妒的朋友绝了交。然而这倒很清静。每日办公散后，虽然已近黄昏，车夫又一定走得这样慢，但究竟还有二人相对的时候。我们先是沉默的相视，接着是放怀而亲密的交谈，后来又是沉默。大家低头沉思着，却并未想着什么事。我也渐渐清醒地读遍了她的身体，她的灵魂，不过三星期，我似乎于她已经更加了解，揭去许多先前以为了解而现在看来却是隔膜，即所谓真的隔膜了。

子君也逐日活泼起来。但她并不爱花，我在庙会[5]时买来的两盆小草花，四天不浇，枯死在壁角了，我又没有照顾一切的闲暇。然而她爱动物，也许是从官太太那里传染的罢，不一月，我们的眷属便骤然加得很多，四只小油鸡，在小院子里和房主人的十多只在一同走。但她们却认识鸡的相貌，各知道哪一只是自家的。还有一只花白的叭儿狗，从庙会买来，记得似乎原有名字，子君却给它另起了一个，叫作阿随。我就叫它阿随，但我不喜欢这名字。

这是真的，爱情必须时时更新，生长，创造。我和子君说起这，她也领会地点点头。

唉唉，那是怎样的宁静而幸福的夜呵！

安宁和幸福是要凝固的，永久是这样的安宁和幸福。我们在会馆里时，还偶有议论的冲突和意思的误会，自从到吉兆胡同以来，连这一点也没有了；我们只在灯下对坐的怀旧谭中，回味那时冲突以后的和解的重生一般的乐趣。

子君竟胖了起来，脸色也红活了；可惜的是忙。管了家务便连谈天的工夫也没有，何况读书和散步。我们常说，我们总还得雇一个女工。

这就使我也一样地不快活，傍晚回来，常见她包藏着不快活的颜色，尤其使我不乐的是她要装作勉强的笑容。幸而探听出来了，也还是和那小官太太的暗斗，导火线便是两家的小油鸡。但又何必硬不告诉我呢？人总该有一个独立的家庭。这样的处所，是不能居住的。

我的路也铸定了，每星期中的六天，是由家到局，又由局到家。在局里便坐在办公桌前抄、抄、抄些公文和信件；在家里是和她相对或帮她生白炉子、煮饭、蒸馒头。我的学会了煮饭，就在这时候。

但我的食品却比在会馆里时好得多了。做菜虽不是子君的特长，然而她于此却倾注着全力；对于她的日夜的操心，使我也不能不一同操心，来算作分甘共苦。况且她又这样地终日汗流满面，短发都粘在脑额上；两只手又只是这样地粗糙起来。

况且还要饲阿随，饲油鸡，……都是非她不可的工作。我曾经忠告她：我不吃，倒也罢了；却万不可这样地操劳。她只看了我一眼，不开口，神色却似乎有点凄然；我也只好不开口。然而她还是这样地操劳。

我所预期的打击果然到来。双十节的前一晚，我呆坐着，她在洗碗。听到打门声，我去开门时，是局里的信差，交给我一张油印的纸条。我就有些料到了，到灯下去一看，果然，印着的就是：

奉

局长谕史涓生着毋庸到局办事

秘书处启　十月九号

这在会馆里时，我就早已料到了；那雪花膏便是局长的儿子的赌友，一定要去添些谣言，设法报告的。到现在才发生效验，已经要算是很晚的了。其实这在我不能算是一个打击，因为我早就决定，可以给别人去抄写，或者教读，或者虽然费力，也还可以译点书，况且《自由之友》的总编辑便是见过几次的熟人，两月前还通过信。但我的心却跳跃着。那么一个无畏的子君也变了色，尤其使我痛心；她近来似乎也较为怯弱了。

"那算什么。哼，我们干新的。我们……"她说。

她的话没有说完；不知怎地，那声音在我听去却只是浮浮的；灯光也觉得格外黯淡。人们真是可笑的动物，一点极微末的小事情，便会受着很深的影响。我们先是默默地相视，逐渐商量起来，终于决定将现有的钱竭力节省，一面登"小广告"去寻求抄写和教读，一面写信给《自由之友》的总编辑，说明我眼下的遭遇，请他收用我的译本，给我帮一点艰辛时候的忙。

"说做，就做罢！来开一条新的路！"

我立刻转身向了书案，推开盛香油的瓶子和醋碟，子君便送过那黯淡的灯来。我先拟广告；其次是选定可译的书，迁移以来未曾翻阅过，每本的头上都满漫着灰尘了；最后才写信。

我很费踌躇，不知道怎样措辞好，当停笔凝思的时候，转眼去一瞥她的脸，在昏暗的灯光下，又很见得凄然。我真不料这样微细的小事情，竟会给坚决的，无畏的子君以这么显著的变化。她近来实在变得很怯弱了，但也并不是今夜才开始。我的心因此更缭乱，忽然有安宁的生活的影像——会馆里的破屋的寂静，在眼前一闪，刚刚想定睛凝视，却又看见了昏暗的灯光。

许久之后，信也写成了，是一封颇长的信；很觉得疲劳，仿佛近来自己也较为怯弱了。于是我们决定，广告和发信，就在明日一同实行。大家不约而同地伸直了腰肢，在无言中，似乎又都感到彼此的坚忍倔强的精神，还看见从新萌芽起来的将来的希望。

外来的打击其实倒是振作了我们的新精神。局里的生活，原如鸟贩子手里的禽鸟一般，仅有一点小米维系残生，决不会肥胖；日子一久，只落得麻痹了翅子，即使放出笼外，早已不能奋飞。现在总算脱出这牢笼了，我从此要在新的开阔的天空中翱翔，趁我还未忘却了我的翅子的扇动。

小广告是一时自然不会发生效力的；但译书也不是容易事，先前看过，以为已经懂得的，一动手，却疑难百出了，进行得很慢。然而我决计努力地做，一本半新的字典，不到半月，边上便有了一大片乌黑的指痕，这就证明着我的工作的切实。《自由之友》的总编辑曾经说过，他的刊物是决不会埋没好稿子的。

可惜的是我没有一间静室，子君又没有先前那么幽静，善于体贴了，屋子里总是散乱着碗碟，弥漫着煤烟，使人不能安心做事，但是这自然还只能怨我自己无力置一间书斋。然而又加以阿随，加以油鸡。加以油鸡们又大起来了，更容易成为两家争吵的引线。

加以每日的"川流不息"的吃饭；子君的功业，仿佛就完全建立在这吃饭中。吃了筹钱，筹来吃饭，还要喂阿随，饲油鸡；她似乎将先前所知道的全都忘掉了，也不想到我的构思就常常为了这催促吃饭而打断。即使在坐中给看一点怒色，她总是不改变，仍然毫无感触似的大嚼起来。

使她明白了我的工作不能受规定的吃饭的束缚，就费去五星期。她明白之后，大约很不高兴罢，可是没有说。我的工作果然从此较为迅速地进行，不久就共译了五万言，只要润色一回，便可以和做好的两篇小品，一同寄给《自由之友》去。只是吃饭却依然给我苦恼。菜冷，是无妨的，然而竟不够；有时连饭也不够，虽然我因为终日坐在家里用脑，饭量已经比先前要减少得多。这是先去喂了阿随了，有时还并那近来连自己也轻易不吃的羊肉。她说，阿随实在瘦得太可怜，房东太太还因此嗤笑我们了，她受不住这样的奚落。

于是吃我残饭的便只有油鸡们。这是我积久才看出来的，但同时也如赫胥黎[6]的论定"人类在宇宙间的位置"一般，自觉了我在这里的位置：不过是叭儿狗和油鸡之间。

后来，经多次的抗争和催逼，油鸡们也逐渐成为肴馔，我们和阿随都享用了十多日的鲜肥；可是其实都很瘦，因为它们早已每日只能得到几粒高粱了。从此便清静得多。只有子君很颓唐，似乎常觉得凄苦和无聊，至于不大愿意开口。我想，人是多么容易改变呵！

但是阿随也将留不住了。我们已经不能再希望从什么地方会有来信，子君也早没有一点食物可以引它打拱或直立起来。冬季又逼近得这快，火炉就要成为很大的问题；它的食量，在我们其实早是一个极易觉得的很重的负担。于是连它也留不住了。

倘使插了草标[7]到庙市去出卖，也许能得几文钱罢，然而我们都不能，也不愿这样做。终于是用包袱蒙着头，由我带到西郊去放掉了，还要追上来，便推在一个并不很深的土坑里。

我一回寓，觉得又清静得多多了；但子君的凄惨的神色，却使我很吃惊。那是没有见过的神色，自然是为阿随。但又何至于此呢？我还没有说起推在土坑里的事。

到夜间，在她的凄惨的神色中，加上冰冷的分子了。

"奇怪。——子君，你怎么今天这样儿了？"我忍不住问。

"什么？"她连看也不看我。

"你的脸色……"

"没有什么，——什么也没有。"

我终于从她言动上看出，她大概已经认定我是一个忍心的人。其实，我一个人，是容易生活的，虽然因为骄傲，向来不与世交来往，迁居以后，也疏远了所有旧识的人，然而只要能远走高飞，生路还宽广得很。现在忍受着这生活压迫的苦痛，大半倒是为她，便是放掉阿随，也何尝不如此。但子君的识见却似乎只是浅薄起来，竟至于连这一点也想不到了。

我拣了一个机会，将这些道理暗示她；她领会似的点头。然而看她后来的情形，她是没有懂，或者是并不相信的。

天气的冷和神情的冷，逼迫我不能在家庭中安身。但是，往哪里去呢？大道上，公园里，虽然没有冰冷的神情，冷风究竟也刺得人皮肤欲裂。我终于在通俗图书馆里觅得了我的天堂。

那里无须买票；阅书室里又装着两个铁火炉。纵使不过是烧着不死不活的煤的火炉，但单是看见装着它，精神上也就总觉得有些温暖。书却无可看：旧的陈腐，新的是几乎没有的。

好在我到那里去也并非为看书。另外时常还有几个人，多则十余人，都是单薄衣裳，正如我，各人看各人的书，作为取暖的口实。这于我尤为合式。道路上容易遇见熟人，得到轻蔑的一瞥，但此地却绝无那样的横祸，因为他们是永远围在别的铁炉旁，或者靠在自家的白炉边的。

那里虽然没有书给我看，却还有安闲容得我想。待到孤身枯坐，回忆从前，这才觉得大半年来，只为了爱，——盲目的爱，——而将别的人生的要义全盘疏忽了。第一，便是生活。人必生活着，爱才有所附丽。世界上并非没有为了奋斗者而开的活路；我也还未忘却翅子的扇动，虽然比先前已经颓唐得多……

屋子和读者渐渐消失了，我看见怒涛中的渔夫，战壕中的兵士，摩托车[8]中的贵人，洋场上的投机家，深山密林中的豪杰，讲台上的教授，昏夜的运动者和深夜的偷儿……。子君，——不在近旁。她的勇气都失掉了，只为着阿随悲愤，为着做饭出神；然而奇怪的是倒也并不怎样瘦损……

冷了起来，火炉里的不死不活的几片硬煤，也终于烧尽了，已是闭馆的时候。又须回到吉兆胡同，领略冰冷的颜色去了。近来也间或遇到温暖的神情，但这却反而增加我的苦痛。记得有一夜，子君的眼里忽而又发出久已不见的稚气的光来，笑着和我谈到还在会馆时候的情形，时时又很带些恐怖的神色。我知道我近来的超过她的冷漠，已经引起她的犹疑来，只得也勉力谈笑，想给她一点慰藉。然而我的笑貌一上脸，我的话一出口，却即刻变为空虚，这空虚又即刻发生反响，回向我的耳目里，给我一个难堪的恶毒的冷嘲。子君似乎也觉得的，从此便失掉了她往常的麻木似的镇静，虽然竭力掩饰，总还是时时露出犹疑的神色来，但对我却温和得多了。

我要明告她，但我还没有敢，当决心要说的时候，看见她孩子一般的眼色，就使我只得暂且改作勉强的欢容。但是这又即刻来冷嘲我，并使我失却那冷漠的镇静。

她从此又开始了往事的温习和新的考验，逼我做出许多虚伪的温存的答案来，将温存示给她，虚伪的草稿便写在自己的心上。我的心渐被这些草稿填满了，常觉得难以呼吸。我在苦恼中常常想，说真实自然须有极大的勇气的；假如没有这勇气，而苟安于虚伪，那也便是不能开辟新的生路的人。不独不是这个，连这人也未尝有！

子君有怨色，在早晨，极冷的早晨，这是从未见过的，但也许是从我看来的怨色。我那时冷冷地气愤和暗笑了；她所磨炼的思想和豁达无畏的言论，到底也还是一个空虚，而对于这空虚却并未自觉。她早已什么书也不看，已不知道人的生活的第一着是求生，向着这求生的道路，是必须携手同行，或奋身孤往的了，倘使只知道捶着一个人的衣角，那便是虽战士也难于战斗，只得一同灭亡。

我觉得新的希望就只在我们的分离；她应该决然舍去，——我也突然想到她的死，然而立刻自责，忏悔了。幸而是早晨，时间正多，我可以说我的真实。我们的新的道路的开辟，便在这一遭。

我和她闲谈，故意地引起我们的往事，提到文艺，于是涉及外国的文人，文人的作品：《诺拉》，《海的女人》[9]。称扬诺拉的果决……。也还是去年在会馆的破屋里讲过的那些话，但现在已经变成空虚，从我的嘴传入自己的耳中，时时疑心有一个隐形的坏孩子，在背后恶意地刻毒地学舌。

她还是点头答应着倾听，后来沉默了。我也就断续地说完了我的话，连余音都消失在虚空中了。

"是的。"她又沉默了一会儿，说，"但是，……涓生，我觉得你近来很两样了。可是的？你，——你老实告诉我。"

我觉得这似乎给了我当头一击，但也立即定了神，说出我的意见和主张来：新的路的开辟，新的生活的再造，为的是免得一同灭亡。

临末，我用了十分的决心，加上这几句话：

"……况且你已经可以无须顾虑，勇往直前了。你要我老实说；是的，人是不该虚伪的。我老实说罢：因为，因为我已经不爱你了！但这于你倒好得多，因为你更可以毫无挂念地做事……"

我同时预期着大的变故的到来，然而只有沉默。她脸色陡然变成灰黄，死了似的；瞬间便又苏生，眼里也发了稚气的闪闪的光泽。这眼光射向四处，正如孩子在饥渴中寻求着慈爱的母亲，但只在空中寻求，恐怖地回避着我的眼。

我不能看下去了，幸而是早晨，我冒着寒风径奔通俗图书馆。

在那里看见《自由之友》，我的小品文都登出了。这使我一惊，仿佛得了一点生气。我想，生活的路还很多，——但是，现在这样也还是不行的。

我开始去访问久已不相闻问的熟人，但这也不过一两次；他们的屋子自然是暖和的，我在骨髓中却觉得寒冽。夜间，便蜷伏在比冰还冷的冷屋中。

冰的针刺着我的灵魂，使我永远苦于麻木的疼痛。生活的路还很多，我也还没有忘却翅子的扇动，我想。——我突然想到她的死，然而立刻自责、忏悔了。

在通俗图书馆里往往瞥见一闪的光明，新的生路横在前面。她勇猛地觉悟了，毅然走出这冰冷的家，而且，——毫无怨恨的神色。我便轻如行云，飘浮空际，上有蔚蓝的天，下是深山大海，广厦高楼，战场，摩托车，洋场，公馆，晴明的闹市，黑暗的夜……。

而且，真的，我预感得这新生面便要来到了。

我们总算度过了极难忍受的冬天，这北京的冬天；就如蜻蜓落在恶作剧的坏孩子的手里一般，被系着细线，尽情玩弄，虐待，虽然幸而没有送掉性命，结果也还是躺在地上，只争着一个迟早之间。

写给《自由之友》的总编辑已经有三封信，这才得到回信，信封里只有两张书券[10]：两角的和三角的。我却单是催，就用了九分的邮票，一天的饥饿，又都白挨给予已一无所得的空虚了。

然而觉得要来的事，却终于来到了。

这是冬春之交的事，风已没有这么冷，我也更久地在外面徘徊；待到回家，大概已经昏黑。就在这样一个昏黑的晚上，我照常没精打采地回来，一看见寓所的门，也照常更加丧气，使脚步放得更缓。但终于走进自己的屋子里了，没有灯火；摸火柴点起来时，是异样的寂寞和空虚!

正在错愕中，官太太便到窗外来叫我出去。

"今天子君的父亲来到这里，将她接回去了。"她很简单地说。

这似乎又不是意料中的事，我便如脑后受了一击，无言地站着。

"她去了么？"过了些时，我只问出这样一句话。

"她去了。"

"她，——她可说什么？"

"没说什么。单是托我见你回来时告诉你，说她去了。"

我不信；但是屋子里是异样的寂寞和空虚。我遍看各处，寻觅子君；只见几件破旧而黯淡的家具，都显得极其清疏，在证明着它们毫无隐匿一人一物的能力。我转念寻信或她留下的字迹，也没有；只是盐和干辣椒，面粉，半株白菜，却聚集在一处了，旁边还有几十枚铜圆。这是我们两人生活材料的全副，现在她就郑重地将这留给我一个人，在不言中，教我借此去维持较久的生活。

我似乎被周围所排挤，奔到院子中间，有昏黑在我的周围；正屋的纸窗上映出明亮的灯光，他们正在逗着孩子推笑。我的心也沉静下来，觉得在沉重的压迫中，渐渐隐约地现出脱走的路径：深山大泽，洋场，电灯下的盛筵；壕沟，最黑最黑的深夜，利刃的一击，毫无声响的脚步……

心地有些轻松，舒展了，想到旅费，并且嘘一口气。

躺着，在合着的眼前经过的预想的前途，不到半夜已经现尽；暗中忽然仿佛看见一堆食物，这之后，便浮出一个子君的灰黄的脸来，睁了孩子气的眼睛，恳托似的看着我。我一定神，什么也没有了。

但我的心却又觉得沉重。我为什么偏不忍耐几天，要这样急急地告诉她真话的呢？现在她知道，她以后所有的只是她父亲——儿女的债主——的烈日一般的严威和旁人的赛过冰霜的冷眼。此外便是虚空。负着虚空的重担，在严威和冷眼中走着所谓人生的路，这是怎么可怕的事呵！而况这路的尽头，又不过是——连墓碑也没有的坟墓。

我不应该将真实说给子君，我们相爱过，我应该永久奉献她我的说谎。如果真实可以宝贵，这在子君就不该是一个沉重的空虚。谎语当然也是一个空虚，然而临末，至多也不过这样地沉重。

我以为将真实说给子君，她便可以毫无顾虑，坚决地毅然前行，一如我们将要同居时那样。但这恐怕是我错误了。她当时的勇敢和无畏是因为爱。

我没有负着虚伪的重担的勇气，却将真实的重担卸给她了。她爱我之后，就要负了这重担，在严威和冷眼中走着所谓人生的路。

我想到她的死……。我看见我是一个卑怯者，应该被摈于强有力的人们，无论是真实者，虚伪者。然而她却自始至终，还希望我维持较久的生活……

我要离开吉兆胡同，在这里是异样的空虚和寂寞。我想，只要离开这里，子君便如还在我的身边；至少，也如还在城中，有一天，将要出乎意表地访我，像住在会馆时候似的。

然而一切请托和书信，都是一无反响；我不得已，只好访问一个久不问候的世交去了。他是我伯父的幼年的同窗，以正经出名的拔贡[11]，寓京很久，交游也广阔的。

大概因为衣服的破旧罢，一登门便很遭门房的白眼。好容易才相见，也还相识，但是很冷落。我们的往事，他全都知道了。

"自然，你也不能在这里了，"他听了我托他在别处觅事之后，冷冷地说，"但那里去呢？很难。——你那，什么呢，你的朋友罢，子君，你可知道，她死了。"

我惊得没有话。

"真的？"我终于不自觉地问。

"哈哈。自然真的。我家的王升的家，就和她家同村。"

"但是，——不知道是怎么死的？"

"谁知道呢。总之是死了就是了。"

我已经忘却了怎样辞别他，回到自己的寓所。我知道他是不说谎话的；子君总不会再来的了，像去年那样。她虽是想在严威和冷眼中负着虚空的重担来走所谓人生的路，也已经不能。她的命运，已经决定她在我所给予的真实——无爱的人间死灭了！

自然，我不能在这里了；但是，"那里去呢？"

四围是广大的空虚，还有死的寂静。死于无爱的人们的眼前的黑暗，我仿佛一一看见，还听得一切苦闷和绝望的挣扎的声音。

我还期待着新的东西到来，无名的，意外的。但一天一天，无非是死的寂静。

我比先前已经不大出门，只坐卧在广大的空虚里，一任这死的寂静侵蚀着我的灵魂。死的寂静有时也自己战栗，自己退藏，于是在这绝续之交，便闪出无名的，意外的，新的期待。

一天是阴沉的上午，太阳还不能从云里面挣扎出来；连空气都疲乏着。耳中听到细碎的步声和咻咻的鼻息，使我睁开眼。大致一看，屋子里还是空虚；但偶然看到地面，却盘旋着一匹小小的动物，瘦弱的，半死的，满身灰土的……

我一细看，我的心就一停，接着便直跳起来。

那是阿随。它回来了。

我的离开吉兆胡同，也不单是为了房主人们和他家女工的冷眼，大半就为着这阿随。但是，"那里去呢？"新的生路自然还很多，我约略知道，也间或依稀看见，觉得就在我面前，然而我还没有知道跨进那里去的第一步的方法。

经过许多回的思量和比较，也还只有会馆是还能相容的地方。依然是这样的破屋，这样的板床，这样的半枯的槐树和紫藤，但那时使我希望，欢欣，爱，生活的，却全都逝去了，只有一个虚空，我用真实去换来的虚空存在。

新的生路还很多，我必须跨进去，因为我还活着。但我还不知道怎样跨出那第一步。有时，仿佛看见那生路就像一条灰白的长蛇，自己蜿蜒地向我奔来，我等着，等着，看看临近，但忽然便消失在黑暗里了。

初春的夜，还是那么长。长久的枯坐中记起上午在街头所见的葬式，前面是纸人纸马，后面是唱歌一般的哭声。我现在已经知道他们的聪明了，这是多么轻松简洁的事。

然而子君的葬式却又在我的眼前，是独自负着虚空的重担，在灰白的长路上前行，而又即刻消失在周围的严威和冷眼里了。

我愿意真有所谓鬼魂，真有所谓地狱，那么，即使在孽风怒吼之中，我也将寻觅子君，当面说出我的悔恨和悲哀，祈求她的饶恕；否则，地狱的毒焰将围绕我，猛烈地烧尽我的悔恨和悲哀。

我将在孽风和毒焰中拥抱子君，乞她宽容，或者使她快意……

但是，这却更虚空于新的生路；现在所有的只是初春的夜，竟还是那么长。我活着，我总得向着新的生路跨出去，那第一步，——却不过是写下我的悔恨和悲哀，为子君，为自己。

　　我仍然只有唱歌一般的哭声，给子君送葬，葬在遗忘中。

　　我要遗忘；我为自己，并且要不再想到这用了遗忘给子君送葬。

　　我要向着新的生路跨进第一步去，我要将真实深深地藏在心里的创伤中，默默地前行，用遗忘和说谎做我的前导……

一九二五年十月二十一日毕

《注释》

　　[1] 本文选自《鲁迅全集》（第二卷），人民文学出版社，2005年出版。

　　[2] 会馆：旧时都市中同乡会或同业公会设立的馆舍，供同乡或同业旅居、聚会之用。

　　[3] 长班：旧时官员的随身仆人，也用来称呼一般的"听差"。

　　[4] 伊孛生（H.Ibsen，1828—1906），通译易卜生，挪威剧作家。泰戈尔（R.Tagore，1861—1941），印度诗人。一九二四年曾来过我国。当时他的诗作译成中文的有《新月集》《飞鸟集》等。雪莱（P.B.Shelley，1792—1822），英国诗人。曾参加爱尔兰民族独立运动，因传播革命思想和争取婚姻自由屡遭迫害。后在海里覆舟淹死。他的《西风颂》《云雀颂》等著名短诗，五四后被介绍到我国。

　　[5] 庙会：又称"庙市"，旧时在节日或规定的日子，设在寺庙或其附近的集市。

　　[6] 赫胥黎（T.Huxley，1825—1895），英国生物学家。他的《人类在宇宙间的位置》（今译《人类在自然界的位置》），是宣传达尔文的进化论的重要著作。

　　[7] 草标：旧时在被卖的人身或物品上插置的草秆，作为出卖的标志。

　　[8] 摩托车：当时对小汽车的称呼。

　　[9] 《诺拉》：通译《娜拉》（又译作《玩偶之家》）；《海的女人》：通译《海的夫人》，都是易卜生的著名剧作。

　　[10] 书券：购书用的代价券，可按券面金额到指定书店选购。旧时有的报刊用它代替现金支付稿酬。

　　[11] 拔贡：清代科举考试制度，在规定的年限（原定六年，后改为十二年）选拔"文行计优"的秀才，保送到京师，贡入国子监，称为"拔贡"，是贡生的一种。

《评析》

　　《伤逝》选自鲁迅小说集《彷徨》，是鲁迅唯一的以青年的恋爱和婚姻为题材的作品。恋爱自由、婚姻自主是五四以后青年所普遍关心的一个问题。《伤逝》以独特角度，描写了涓生和子君的恋爱及其破灭过程。

　　小说从正面着力刻画的不是黑暗势力的破坏和迫害，而是作品主人公涓生和子君本身的思想弱点。从涓生和子君冲破阻力争得了自主婚姻，婚后社会迫害的继续存在及由此产生的矛盾，到最后这自主婚姻破灭的整个过程，深刻地指出了在黑暗社会里，恋爱和婚姻问题不可能是一个孤立的问题，它的最终解决，不能仅靠着个性的解放，它只能是整个社会解放的一个组成部分。

　　作品采取"涓生手记"的形式，回顾从恋爱到感情破灭一年的经历，以小说主人公的切身感受来抒发他曾有的炽热的爱情、深切的悲痛和愿入地狱的悔恨，具有很浓的抒情性。小说的细节描写也颇具匠心，油鸡和阿随的命运同子君感情变化的呼应，收到了以小见大的效果。

《扩展阅读》

观赏由桑弧导演，白杨主演的电影《祝福》(1956)。

17.金锁记（节选）

张爱玲

《作家作品》

张爱玲（1921—1995），原名张瑛，祖籍河北丰润，生于上海。她的祖父张佩纶是清末著名"清流派"的代表人物，祖母是李鸿章的女儿。父亲为纨绔子弟，母亲是西洋化的南京黄军门的小姐，后因感情不和而离异。张爱玲七岁时就提笔写小说，后就读于香港大学，因战事影响1942年返沪，1943年登上上海文坛。其主要作品有《沉香屑第一炉香》《沉香屑第二炉香》《红玫瑰与白玫瑰》《半生缘》《心经》《倾城之恋》《金锁记》等。

傅雷曾认为，《金锁记》是张爱玲最完美的作品，是文坛最美的收获之一。美国汉学家夏志清则认为《金锁记》是中国有史以来最伟大的中篇小说。虽有片面之嫌，但可以窥见张爱玲作品在中国文坛上的地位。

《正文》

风从窗子里进来，对面挂着的回文雕漆长镜被吹得摇摇晃晃，磕托磕托敲着墙。七巧双手按住了镜子。镜子里反映着的翠竹帘子和一副金绿山水屏条依旧在风中来回荡漾着，望久了，便有一种晕船的感觉。再定睛看时，翠竹帘子已经褪了色，金绿山水换了一张她丈夫的遗像，镜子里的人也老了十年。

去年她戴着丈夫的孝，今年婆婆又过世了。现在正式挽了叔公九老太爷出来为他们分家。今天是她嫁到姜家来之后一切幻想的集中点。这些年了，她戴着黄金的枷锁，可是连金子的边都啃不到，这以后就不同了。七巧穿着白香云纱衫，黑裙子，然而她脸上像抹了胭脂似的，从那揉红了的眼圈儿到烧热的颧骨。她抬起手来揾了揾脸，脸上烫，身子却冷得打战。她叫祥云倒了杯茶来。（小双早已嫁了，祥云也配了个小厮。）茶给喝了下去，沉重地往腔子里流，一颗心便在热茶里扑通扑通跳。她背向着镜子坐下了，问祥云道："九老太爷来了这一下午，就在堂屋里跟马师爷查账？"祥云应了一声是。七巧又道："大爷大奶奶三爷三奶奶都不在跟前？"祥云又应了一声是。七巧道："还到谁的屋里去过？"祥云道："就到哥儿们的书房里兜了一兜。"七巧道："好在咱们白哥儿的书倒不怕他查考……今年这孩子就吃亏在他爸爸他奶奶接连着出了事，他若还有心念书，他也不是人养的！"她把茶吃完了，吩咐祥云下去看看堂屋里大房三房的人可都齐了，免得自己去早了，显得性急，被人耻笑。恰巧大房里也差了一个丫头出来探看，和祥云打了个照面。

七巧终于款款下楼来了。当屋里临时布置了一张镜面乌木大餐台，九老太爷独当一面坐了，面前乱堆着青布面，梅红签的账簿，又搁着一只瓜棱茶碗。四周除了马师爷之外，又有特地邀请的"公亲"，近于陪审员的性质。各房只派了一个男子作代表，大房是大爷，二房二爷没了，是二奶奶，三房是三爷。季泽很知道这总清算的日子于他没有什么好处，因此他到得最迟。然而来既来了，他决不愿意露出焦灼懊丧的神气，腮帮子上依旧是他那点丰肥的，红色的笑。眼睛里依旧是他那点潇洒的不耐烦。

九老太爷咳嗽了一声，把姜家的经济状况约略报告了一遍，又翻着账簿子读出重要的田地房产的所在与按年的收入。七巧两手紧紧扣在肚子上，身子向前倾着，努力向她自己解释他的每一句话，与她往日调查所得一一印证。青岛的房子，天津的房子，原籍的地，北京城外的地，上海的房子……三爷在公账上拖欠过巨，他的一部分遗产被抵销了之后，还净欠六万，然而大房二房也只得就此算了，因为他是一无所有的人。他所仅有的那一幢花园洋房，他为一个姨太太买的，也已经抵押了出去。其余只有老太太陪嫁过来的首饰，由兄弟三人均分，季泽的那一份也不便充公，因为是母亲留下的一点纪念。七巧突然叫了起来道："九老太爷，那我们太吃亏了！"

堂屋里本就肃静无声，现在这肃静却是沙沙有声，直锯进耳朵里去，像电影配音机器损坏之后的锈轧。九老太爷睁了眼望着她道："怎么？你连他娘丢下的几件首饰也舍不得给他？"七巧道："亲兄弟，明算账，大哥大嫂不言语，我可不能不老着脸开口说句话。我须比不得大哥大嫂——我们死掉的那个若是有能耐出去做两任官，手头活便些，我也乐得放大方些，哪怕把从前的旧账一笔勾销呢？可怜我们那一个病病哼哼一辈子，何尝有过一文半文进账，丢下我们孤儿寡妇，就指着这两个死钱过活。我是个没脚蟹，长白还不满十四岁，往后苦日子有得过呢！"说着，流下泪来。九老太爷道："依你便怎样？"七巧呜咽道："哪儿由得我出主意呢？只求九老太爷替我们做主！"季泽冷着脸只不做声，满屋子的人都觉不便开口。九老太爷按捺不住一肚子的火，哼了一声道："我倒想替你出主意呢，只怕你不爱听！二房里有田地没人照管，三房里有人没有地，我待要叫三爷替你照管，你多少贴他些，又怕你不要他！"七巧冷笑道："我倒想依你呢，只怕死掉的那个不依！来人哪！祥云你把白哥儿给我找来！长白，你爹好苦呀！一下地就是一身的病，为人一场，一天舒坦日子也没过着，临了丢下你这点骨血，人家还看不得你，千方百计图谋你的东西！长白谁叫你爹拖着一身病，活着人家欺负他，死了人家欺负他的孤儿寡妇！我还不打紧，我还能活个几十年么？至多我到老太太灵前把话说明白了，把这条命跟人拼了。长白你可是年纪小着呢，就是喝西北风你也得活下去呀！"九老太爷气得把桌子一拍道："我不管了！是你们求爹爹拜奶奶邀了我来的，你道我喜欢自找麻烦么？"站起来一脚踢翻了椅子，也不等人挽扶，一阵风走得无影无踪。众人面面相觑，一个个悄没声儿溜走了。唯有那马师爷忙着拾掇账簿子，落后了一步，看看屋里人全走光了，单剩下二奶奶一个人坐在那里捶着胸脯号啕大哭，自己若无其事地走了，似乎不好意思，只得走上前去，打躬作揖叫道："二太太！二太太！……二太太！"七巧只顾把袖子遮住脸，马师爷又不便把她的手拿开，急得把瓜皮帽摘下来扇着汗。

维持了几天的僵局，到底还是无声无臭照原定计划分了家。孤儿寡妇还是被欺负了。

‹评析›

《金锁记》以一个日趋衰败的世家望族为背景，成功地塑造了一位由人变为性格乖戾、沦为金钱奴隶的曹七巧的形象。她是一位由爱情悲剧走向精神裂变而不自觉的悲剧性人物，是别人毁了她的一生。不幸的婚姻害了她，而她又自觉不自觉地断送了儿女的幸福。正如傅雷曾在《论张爱玲的小说》中指出："爱情在一个人身上不得满足，便需要三四个人的幸福与生命来抵偿。""悲剧变成了丑史，血泪变成了罪状；还有什么更悲惨的？"

本文节选的部分就是曹七巧在丈夫婆婆相继去世之后分家的情况。在这部分中，读者可以领略到张爱玲小说塑造人物形象，展现人物心理时所运用的多方面的艺术技巧，如对人物服饰和房屋摆设的描写颇有《红楼梦》的神韵；蒙太奇镜头切换般的对时光流逝的叙写，以及由作者独特文学感情凝练成艺术化的人性体验。

‹扩展阅读›

观看《倾城之恋》电影。

18. 日 出（节 选）[1]

曹 禺

‹作家作品›

曹禺（1910—1996），剧作家、戏剧教育家。原名万家宝，字小石，生于天津，祖籍湖北潜江，"曹禺"是他在1926年发表小说时第一次使用的笔名。曹禺是中国话剧史上继往开来的作家，在他之前的话剧先驱者们大都是以话剧作为宣传民主革命思想的工具，因此没有机会更多推敲话剧的艺术问题。曹禺继承了先驱者们反帝反封建的民主精神，同时广泛借鉴和吸收了中国古典戏曲和欧洲近代戏剧的表现方法，把中国的话剧艺术提到了一个新的高度。

曹禺的《雷雨》成为中国话剧艺术成熟的标志，其后的《日出》《北京人》《家》也都是杰出作品。曹禺的作品，对导演、表演艺术和舞台美术也发生了深刻的影响，使话剧成为真正的综合性艺术，为话剧争取了更多的观众，从而发展提高了剧场艺术。特别是《雷雨》和《日出》是50多年来演出场次最多的剧目，一直是剧团的保留剧目和院校的实验演出剧目，同时被译成多国文字在国外上演。

曹禺的作品除《雷雨》（1933）《日出》（1935）外，还有《原野》（1937）《蜕变》（1939）《北京人》（1941）《家》（1942，根据巴金同名小说改编）《艳阳天》（1947，电影剧本）《明朗的天》（1952）《胆剑篇》（1961）《王昭君》（1978）。此外，曹禺还翻译了英国剧作家莎士比亚的《罗密欧与朱丽叶》等。

［黄省三由中门进。］

黄省三　（胆小地）李……李先生。

李石清　怎么？（吃了一惊）是你！

黄省三　是，是，李先生。

李石清　又是你，谁叫你到这儿来找我的？

黄省三　（无力地）饿，家里的孩子大人没有饭吃。

李石清　（冷冷地）你到这儿就有饭吃么？这是旅馆，不是粥厂。

黄省三　李，李先生，可当的都当干净了。我实在没有法子，不然，我绝不敢再找到这儿来麻烦您。

李石清　（烦恶地）味，我跟你是亲戚？是老朋友？或者我欠你的，我从前占过你的便宜？你这一趟一趟地，我走哪儿你跟哪儿，你这算怎么回事？

黄省三　（苦笑，很凄凉地）您说哪儿的话，我都配不上。李先生，我在银行里一个月才用您十三块来钱，我这儿实在是无亲无故，您辞了我之后，我在哪儿找事去？银行现在不要我等于不叫我活着。

李石清　（烦厌地）照你这么说，银行就不能辞人啦。银行用了你，就算跟你保了险，你一辈子就可以吃上银行啦，嗯？

黄省三　（又卷弄他的围巾）不，不，不是，李先生，我……我，我知道银行待我不错。我不是不领情。可是……您是没有瞅见我家里那一堆孩子，活蹦乱跳的孩子，我得每天找东西给他们吃。银行辞了我，没有进款，没有米，他们都饿得直叫。并且房钱有一个半月没有付，眼看着就没有房子住。（嗳嗳地）李先生，您没有瞅见我那一堆孩子，我实在没有路走，我只好对他们——哭。

李石清　可是谁叫你们一大堆一大堆养呢？

黄省三　李先生，我在银行没做过一件错事。我总天亮就去上班，夜晚才回来，我一天干到晚，李先生——

李石清　（不耐烦）得了，得了，我知道你是个好人，你是安分守己的。可是难道不知道现在市面萧条，经济恐慌？我跟你说过多少遍，银行要裁员减薪，我并不是没有预先警告你！

黄省三　（踌躇地）李先生，银行现在不是还盖着大楼，银行里面还添人，添了新人。

李石清　那你管不着！那是银行的政策，要繁荣市面。至于裁了你，又添了新人，我想你做了这些年的事，你难道这点世故还不明白？

黄省三　我……我明白，李先生。（很凄楚地）我知道我身后面没有人挺住腰。

李石清　那就得了。

黄省三　不过我当初想，上天不负苦心人，苦干也许能补救我这个缺点。

李石清　所以银行才留你四五年，不然你会等到现在？

黄省三　（乞求）可是，李先生，我求求您，您行行好。我求您跟潘经理说说，只要他老人家再让我回去。就是再累一点，再加点工作，就是累死我，我也心甘情愿的。

李石清　你这个人真麻烦。经理会管你这样的事？你们这样的人，就是这点毛病。总把自己看得太重，换句话，就是太自私。你想潘经理这样忙，会管你这样小的事，不过，奇怪，你干了三四年，就一点存蓄也没有？

黄省三　（苦笑）存蓄？一个月十三块来钱，养一大家子人？存蓄？

李石清　我不是说你的薪水。从薪水里，自然是挤不出油水来。可是——在别的地方，你难道没有得到一点的好处？

黄省三　没有，我做事凭心，李先生。

李石清　我说——你没有从笔墨纸张里找出点好处？

黄省三　天地良心，我没有，您可以问庶务刘去。

李石清　哼，你这个傻子，这时候你还讲良心！怪不得你现在这么可怜了。好吧，你走吧。

黄省三　（着慌）可是，李先生——

李石清　有机会，再说吧。（挥挥手）现在是毫无办法。你走吧。

黄省三　李先生，您不能——

李石清　并且，我告诉你，你以后再要狗似地老跟着我，我到哪儿，你到哪儿，我就不跟你这么客气了。

黄省三　李先生，那么，事还是一点办法也没有？

李石清　快走吧！回头，一大堆太太小姐们进来，看到你跑到这儿找我，这算是怎么回事？

黄省三　好啦！（泪汪汪的，低下头）李先生，真对不起您老人家。（苦笑）一趟一趟地来麻烦您，我走啦。

李石清　你看你这个麻烦劲儿，走就走得啦。

黄省三　（长长地叹一口气，走了两步，忽然跑回来，沉痛地）可是，您叫我到哪儿去？您叫我到哪儿去？我没有家，我拉下脸跟你说吧，我的女人都跟我散了，没有饭吃，她一个人受不了这样的苦，他跟人跑了。家里有三个孩子，等着我要饭吃。我现在口袋里只有两毛钱，我身上又有病，（咳嗽）我整天地咳嗽！李先生，您叫我回到哪儿去？您叫我回到哪儿去？

李石清　（可怜他，但又厌恶他的软弱）你愿意上哪儿去，就上哪儿去吧。我跟你讲，我不是不想周济你，但是这个善门不能开，我不能为你先开了例。

黄省三　我没有求您周济我，我只求您赏给我点事情做。我为着我这群孩子，我得活着！

李石清　（想了想，翻着白眼）其实，事情很多，就看你愿意不愿意做。

黄省三　（燃着了一线希望）真的？

李石清　第一，你可以出去拉洋车去。

黄省三　（失望）我……我拉不动（咳嗽）您知道我有病。医生说我这边的肺已经（咳）——靠不住了。

李石清　哦，那你还可以到街上要——

黄省三　（脸红，不安）李先生我也是个念过书的人，我实在有——

李石清　你还有点叫不出口，是么？那么你还有一条路走，这条路最容易，最痛快，——你可以到人家家里去（看见黄的嘴喃喃着）——对，你猜得对。

黄省三　哦，您说，（嘴唇颤动）您说，要我去——（只见唇动，听不见声音）

李石清　你大声说出来，这怕什么，"偷！""偷！"这有什么做不得，有钱的人的钱可以从人家手里大把地抢，你没有胆子，你怎么不能偷？

黄省三　李先生，真的我急的时候也这么想过。

李石清　哦，你也想过去偷？

黄省三　（惧怕地）可是，我怕，我怕，我下不了手。

李石清　（愤慨地）怎么你连偷的胆量都没有，那你叫我怎么办？你既没有好亲戚，又没有好朋友，又没有了不得的本领。好啦，叫你要饭，你要顾脸，你不肯做；叫你拉洋车，你没有力气，你不能做；叫你偷，你又胆小，你不敢做。你满肚子的天地良心，仁义道德，你只想凭着老实安分，养活你的妻儿老小，可是你连自己一个老婆都养不住，你简直就是个大废物，你还配养一大堆孩子！我告诉你，这个世界不是替你这样的人预备的。（指窗外）你看见窗户外面那所高楼么？那是新华百货公司，十三层高楼，我看你走这一条路是最稳当的。

黄省三　（不明白）怎么走，李先生？

李石清　（走到黄面前）怎么走？（魔鬼般地狞笑着）我告诉你，你一层一层地爬上去。到了顶高的一层，你可以迈过栏杆，站在边上。你只再向空，向外多走一步，那时候你也许有点心跳，但是你只要过一秒钟，就一秒钟，你就再也不可怜了，你再也不愁吃，不愁穿了。——

黄省三　（呆若木鸡，低得几乎听不见的声音）李先生，您说顶好我"自——"（忽然爆发地悲声）不，不，我不能死，李先生，我要活着！我为着我的孩子们，为我那没了妈的孩子们我得活着！我的望望，我的小云，我的——哦，这些事，我想过。可是，李先生，您得叫我活着！（拉着李的手）您得帮帮我，帮我一下！我不能死，活着再苦我也死不得，拼命我也得活下去啊！（咳嗽）

[左门大开。里面有顾八奶奶、胡四、张乔治等的笑声。潘月亭露出半身，面向里面，说："你们先打着。我就来。"]

李石清　（甩开黄的手）你放开我。有人进来，不要这样没规矩。

[黄只得立起，倚着墙，潘月亭进。]

潘月亭　啊？

黄省三　经理！

潘月亭　石清，这是谁？他是干什么的？

黄省三　经理，我姓黄，我是大丰的书记。

李石清　他是这次被裁的书记。

潘月亭　你怎么跑到这里来，（对李）谁叫他进来的？

李石清　不知道他怎么找进来的。

黄省三　（走到潘面前，哀痛地）经理，您行行好，您要裁人也不能裁我，我有三个小孩子，我不能没有事。经理，我跟您跪下，您得叫我活下去。

潘月亭　岂有此理！这个家伙，怎么能跑到这儿来找我求事。（厉声）滚开！

黄省三　可是，经理，——

李石清　起来！起来！走！走！走！（把他一推倒在地上）你要再这样麻烦，我就叫人把你打出去。

[黄望望李，又望望潘。]

潘月亭　滚，滚，快滚！真岂有此理！

黄省三　好，我起来，我起来，你们不用打我！（慢慢立起来）那么，你们不让我再活下去了！你！（指潘）你！（指李）你们两个说什么也不叫我再活下去了。（疯狂似地又哭又笑地抽咽起来）哦，我太冤了。你们好狠的心哪！你们给我一个月不过十三块来钱，可是你们左扣右扣的，一个月我实在领下的才十块二毛五。我为着这辛辛苦苦的十块二毛五，我整天地写，整天给你们伏在书桌上写；我抬不起头，喘不出一口气地写；我从早到晚地写；我背上出着冷汗，眼睛发着花，还在写；刮风下雨，我跑到银行也来写！（做势）五年哪！我的潘经理！五年的工夫，你看看，这是我！（两手捶着胸）几根骨头，一个快死的人！我告诉你们，我的左肺已经坏了，哦，医生说都烂了！（尖锐的声音，不顾一切地）我跟你说，我是快死的人，我为着我的可怜的孩子，跪着来求你们。叫我还能够跟你们写，写，写，——再给我一碗饭吃。把我这个不值钱的命再换几个十块二毛五。可是你们不答应我！你们不答应我！你们自己要弄钱，你们要裁员，你们一定要裁我！（更沉痛地）可是你们要这十块二毛五干什么呀！我不是白拿你们的钱，我是拿命跟你们换哪！（苦笑）并且我也拿不了你们几个十块二毛五，我就会死的。（愤恨地）你们真是没有良心哪，你们这样对待我，——是贼，是强盗，是鬼呀！你们的心简直比禽兽还不如——

潘月亭　你这个混蛋，还不跟我滚出去！

黄省三　（哭着）我现在不怕你们啦！我不怕你们啦！（抓着潘经理的衣服）我太冤了，我非要杀了——

潘月亭　（很敏捷地对着黄的胸口一拳）什么！　（黄立刻倒在地下）

[半晌。]

李石清　经理，他是说他要杀他自己——他这样的人是不会动手害人的。

潘月亭　（擦擦手）没有关系，他这是晕过去了。福升！福升！

[福升上。]

潘月亭　把他拉下去。放在别的屋子里面，叫金八爷的人跟他拍拍捏捏，等他缓过来，拿三块钱给他，叫他滚蛋！

王福升　是！

[福升把黄省三拖下去。]

《注释》

[1] 本文选自《雷雨·日出》，人民文学出版社，2010年出版。本文节选自《日出》第二幕。

《评析》

《日出》是曹禺先生的代表作。剧本通过对都市群丑和下层被侮辱被剥夺者的描写，反映了20世纪30年代半殖民地中国大都市光怪陆离的社会生活图景，一方面是剥削者、"有余者"贪得无厌，醉生梦死；另一方面是被损害者、"不足者"备受侮辱。"有余者"和"不足者"形成强烈对比，表达了控诉"损不足以奉有余"的黑暗社会的主题。

该剧采用了横断面的描写，力求表现社会生活的真实面貌。本文的节选部分主要表现了潘月亭与李石清之间的明争暗斗，在人物对话中鲜明地表现出两个人不同的性格特点。故事情节并不复杂，却写得波澜起伏，扣人心弦。

M1-58 雷雨（节选）

谈谈曹禺的《日出》和《雷雨》在戏剧结构上各有什么特点。

19. 萧 萧[1]

沈从文

《作家作品》

沈从文（1902—1988），原名沈岳焕，字崇文，湖南凤凰县人。现代著名作家、历史文物研究家、京派小说代表人物，二十世纪最优秀的中国文学家之一。他一生笔耕不辍，著作颇丰，作品结集约有八十多部，是现代作家中成书最多的一位。主要作品有小说《边城》《长河》《八骏图》，散文集《从文自传》《湘行散记》，文论集《烛虚》《云南看云集》等。

沈从文的作品以擅长描写湘西风土人情著称，创作风格趋向浪漫主义，他追求小说的诗意效果，融写实、纪梦、象征于一体，语言格调古朴，句式简峭，主干凸出，单纯而又厚实，朴纳而又传神，具有浓郁的地方色彩，凸现出乡村人性特有的风韵与神采。他的作品充满了对人性的隐忧和对生命的哲学思考，给人教益和启示。凭借独特的创作风格，沈从文在中国文坛中被誉为"乡土文学之父"。

《正文》

乡下人吹唢呐接媳妇，到了十二月是成天会有的事情。

唢呐后面一顶花轿，四个侠子平平稳稳地抬着。轿中人被铜锁锁在里面，虽穿了平时不上过身的体面红绿衣裳，也仍然得荷荷大哭。在这些小女人心中，做新娘子，从母亲身边离开，且准备作他人的母亲，从此将有许多新事情等待发生。像做梦一样，将同一个陌生男子汉在一个床上睡觉，做着承宗接祖的事情，这些事想起来，当然有些害怕，所以照例觉得要哭哭，于是就哭了。

也有做媳妇不哭的人。萧萧做媳妇就不哭。这小女子没有母亲，从小寄养到伯父种田的庄子上，出嫁只是从这家转到那家。因此到那一天这小女人还只是笑。她又不害羞，又不怕，她是什么事也不知道，就做了人家的媳妇了。

萧萧做媳妇时年纪十二岁，有一个小丈夫，年纪还不到三岁。丈夫比她年少九岁，断奶还不多久。地方规矩如此，过了门，她喊他做弟弟。她每天应做的事是抱弟弟到村前柳树下去玩，到溪边去玩，饿了，喂东西吃，哭了，就哄他，摘南瓜花或狗尾草戴到小丈夫头上，或者亲嘴，一面说，"弟弟，哪，再来。"在那肮脏的小脸上亲了又亲，孩子于是便笑了。

孩子一欢喜兴奋，行动粗野起来，会用短短的小手乱抓萧萧的头发。那是平时不大能收拾蓬蓬松松在头上的黄发。有时候，垂到脑后那条小辫儿被拉得太久，把红绒线结也弄松了，生气了，就挞那弟弟，弟弟自然哇地哭出声来，萧萧便也装成要哭的样子，用手指着弟弟的哭脸，说，"哪，人不讲理，可不行！"

天晴落雨日子混下去，每日抱抱丈夫，也帮家中作点杂事，能动手的就动手。又时常到溪沟里去洗衣，搓尿片，一面还捡拾有花纹的田螺给坐到身边的丈夫玩。到了夜里睡觉，便常常做这种年龄人所做的梦，梦到后门角落或别的什么地方捡得大把大把铜钱，吃好东西，爬树，自己变成鱼到水中各处溜。或一时仿佛身子很小很轻，飞到天上众星中，没有一个人，只是一片白，一片金光，于是大喊"妈！"人就吓醒了。醒来心还只是跳。吵了隔壁的人，不免骂着，"疯子，你想什么！白天疯玩，晚上就做梦！"萧萧听着却不作声，只是咕咕的笑。也有很好很爽快的梦，为丈夫哭醒的事。那丈夫本来晚上在自己母亲身边睡，有时吃多了，或因另外情形，半夜大哭，起来放水拉稀是常有的事。丈夫哭到婆婆无可奈何，于是萧萧轻脚轻手爬起床来，睡眼朦胧走到床边，把人抱起，给他看月亮，看星光。或者互相觑着，孩子气的"嗨嗨，看猫呵"那样喊着哄着，于是丈夫笑了，玩了一会儿，慢慢合上眼。人睡了，放上床，站在床边看着，听远处一递一声的鸡叫，知道天快到什么时候了，于是仍然蜷到小床上睡去。天亮了，虽不做梦，却可以无意中闭眼开眼，看一阵在面前空中变幻无端的黄边紫心葵花，那是一种真正的享受。

萧萧嫁过了门，做了拳头大丈夫的小媳妇，一切并不比先前受苦，这只看她半年来身体发育就可明白。风里雨里过日子，像一株长在园角落不为人注意的蓖麻，大叶大枝，日增茂盛。这小女人简直是全不为丈夫设想那么似的，一天比一天长大起来了。

夏夜光景说来如做梦。大家饭后坐到院中心歇凉，挥摇蒲扇，看天上的星同屋角的萤，听南瓜棚上纺织娘子咯咯咯拖长声音纺车，远近声音繁密如落雨，禾花风悠悠吹到脸上，正是让人在各种方便中说笑话的时候。

萧萧好高，一个人常常爬到草料堆上去，抱了已经熟睡的丈夫在怀里，轻轻地轻轻地随意唱着那自编的山歌，唱来唱去却把自己也催眠起来，快要睡去了。

在院坝中，公公婆婆，祖父祖母，另外还有帮工汉子两个，散乱地坐在小板凳上，摆龙门阵学古，轮流下去打发上半夜。

祖父身边有个烟包，在黑暗中放光。这用艾蒿做成的烟包，是驱逐长脚蚊的得力东西，蜷在祖父脚边，就如一条乌梢蛇。间或又拿起来晃那么几下。

想起白天场上的事，那祖父开口说话：

"听三金说，前天又有女学生过身。"

大家就哄然笑了。

这笑的意义何在？只因为大家印象中，都知道女学生没有辫子，留下个鹌鹑尾巴，像个尼姑，又不完全像。穿的衣服像洋人又不像洋人，吃的，用的……总而言之事事不同，一想起来就觉得怪可笑！

萧萧不大明白，她不笑。所以老祖父又说话了。他说："萧萧，你长大了，将来也会做女学生！"

大家于是更哄然大笑起来。

萧萧为人并不愚蠢，觉得这一定是不利于己的一件事情，所以接口便说："爷爷，我不做女学生！"

"你像个女学生，不做可不行。"

"我不做。"

众人有意取笑，异口同声说："萧萧，爷爷说得对，你非做女学生不行！"

萧萧急得无可奈何，"做就做，我不怕。"其实做女学生有什么不好，萧萧全不知道。

女学生这东西，在本乡的确永远是奇闻。每年一到六月天，据说放"水假"日子一到，照例便有三三五五女学生，由一个荒谬不经的热闹地方来，到另一个远地方去，取道从本地过身。从乡下人眼中看来，这些人都近于另一世界中活下的人，装扮奇奇怪怪，行为更不可思议。这种女学生过身时，使一村人都可以说一整天的笑话。

祖父是当地一个人物，因为想起所知道的女学生在大城中的生活情形，所以说笑话要萧萧也去作女学生。一面听到这话就感觉一种打哈哈趣味，一面还有那被说的萧萧感觉一种惶恐，说这话的不为无意义了。

女学生由祖父方面所知道的是这样一种人：她们穿衣服不管天气冷热，吃东西不问饥饱，晚上交到子时才睡觉，白天正经事全不作，只知唱歌打球，读洋书。她们都会花钱，一年用的钱可以买十六只水牛。她们在省里京里想往什么地方去时，不必走路，只要钻进一个大匣子中，那匣子就可以带她到地。她们在学校，男女一处上课，人熟了，就随意同那男子睡觉，也不要媒人，也不要财礼，名叫"自由"。她们也做州县官，带家眷上任，男子仍然喊作老爷，小孩子叫少爷。

她们自己不喂牛，却喝牛奶羊奶，如小牛小羊：买那奶时是用铁罐子盛的。她们无事时到一个唱戏地方去，那地方完全像个大庙，从衣袋中取出一块洋钱来（那洋钱在乡下可买五只母鸡），买了一小方纸片儿，拿了那纸片到里面去，就可以坐下看洋人扮演影子戏。她们被冤了，不赌咒，不哭。她们年纪有老到二十四岁还不肯嫁人的，有老到三十四十还好意思嫁人的。她们不怕男子，男子不能使她们受委屈，一受委屈就上衙门打官司，要官罚男子的款，这笔钱她有时独占自己花用，有时同官平分。她们不洗衣煮饭，也不养猪喂鸡；有了小孩子也只花五块钱、十块钱一月，雇人专管小孩，自己仍然整天看戏打牌，读那些没有用处的闲书……总而言之，说来事事都稀奇古怪，和庄稼人不同，有的简直可以说岂有此理。这时经祖父一为说明，听过这话的萧萧，心中却忽然有了一种模模糊糊的愿望，以为倘若她也是个女学生，她是不是照祖父说的女学生一个样子去做那些事？

不管好歹，做女学生并不可怕，因此一来却已为这乡下姑娘体念到了。

因为听祖父说起女学生是怎样的人物，到后萧萧独自笑得特别久。笑够了时，她说："祖爹，明天有女学生过路，你喊我，我要看看。"

"你看，她们捉你去作丫头。"

"我不怕她们。"

"她们读洋书念经你也不怕？"

"念观音菩萨消灾经，念紧箍咒，我都不怕。"

"她们咬人，和做官的一样，专吃乡下人，吃人骨头渣渣也不吐，你不怕？"

萧萧肯定的回答说："也不怕。"

可是这时节萧萧手上所抱的丈夫，不知为什么，在睡梦中哭了，媳妇于是用作母亲的声势，半哄半吓说，"弟弟，弟弟，不许哭，不许哭，女学生咬人来了。"

丈夫还仍然哭着，得抱起各处走走。萧萧抱着丈夫离开了祖父，祖父同人说另外一样古话去了。

萧萧从此以后心中有个"女学生"。做梦也便常常梦到女学生，且梦到同这些人并排走路。仿佛也坐过那种自己会走路的匣子，她又觉得这匣子并不比自己跑路更快。在梦中那匣子的形体同谷仓差不多，里面有小小灰色老鼠，眼珠子红红的，各处乱跑，有时钻到门缝里去，把个小尾巴露在外边。

因为有这样一段经过，祖父从此喊萧萧不喊"小丫头"，不喊"萧萧"，却唤作"女学生"。在不经意中萧萧答应得很好。

乡下的日子也如世界上一般日子，时时不同。世界上人把日子糟蹋，和萧萧一类人家把日子吝惜是同样的，各有所得，各属分定。许多城市中文明人，把一个夏天全消磨到软绸衣服、精美饮料以及种种好事情上面。萧萧的一家，因为一个夏天的劳作，却得了十多斤细麻，二三十担瓜。

作小媳妇的萧萧，一个夏天中，一面照料丈夫，一面还绩了细麻四斤。到秋八月工人摘瓜，在瓜间玩，看硕大如盆上面满是灰粉的大南瓜，成排成堆摆到地上，很有趣味。时间到摘瓜，秋天真的已来了，院子中各处有从屋后林子里树上吹来的大红大黄木叶。萧萧在瓜旁站定，手拿木叶一束，为丈夫编小笠帽玩。

工人中有个名叫花狗，年纪二十三岁，抱了萧萧的丈夫到枣树下去打枣子。小小竹竿打在枣树上，落枣满地。

"花狗大[2]，莫打了，太多了吃不完。"

虽听这样喊，还不停手。到后，仿佛完全因为丈夫要枣子，花狗才不听话。萧萧于是又喊他那小丈夫："弟弟，弟弟，来，不许捡了。吃多了生东西肚子痛！"

丈夫听话，兜了一堆枣子向萧萧身边走来，请萧萧吃枣子。

"姐姐吃，这是大的。"

"我不吃。"

"要吃一颗！"

她两手哪里有空！木叶帽正在制边，工夫要紧，还正要个人帮忙！

"弟弟，把枣子喂我口里。"

丈夫照她的命令做事，做完了觉得有趣，哈哈大笑。

她要他放下枣子帮忙捏紧帽边，便于添加新木叶。

丈夫照她吩咐做事，但老是顽皮的摇动，口中唱歌。这孩子原来像一只猫，欢喜时就得捣乱。

"弟弟，你唱的是什么？"

"我唱花狗大告我的山歌。"

"好好地唱一个给我听。"

丈夫于是就唱下去，照所记到的歌唱：

天上起云云起花，

苞谷林里种豆荚，

豆荚缠坏苞谷树，

娇妹缠坏后生家。

天上起云云重云，

地下埋坟坟重坟，

娇妹洗碗碗重碗，

娇妹床上人重人。

歌中意义丈夫全不明白，唱完了就问好不好。萧萧说好，并且问跟谁学来的。她知道是花狗教的，却故意盘问他。

"花狗大告我，他说还有好歌，长大了再教我唱。"

听说花狗会唱歌，萧萧说：

"花狗大，花狗大，您唱一个好听的歌我听听。"

那花狗，面如其心，生长得不很正气，知道萧萧要听歌，人也快到听歌的年龄了，就给她唱"十岁娘子一岁夫"。那故事说的是妻年大，可以随便到外面作一点不规矩事情，夫年小，只知道吃奶，让他吃奶。这歌丈夫完全不懂，懂到一点儿的是萧萧。把歌听过后，萧萧装成"我全明白"那种神气，她用生气的样子，对花狗说："花狗大，这个不行，这是骂人的歌！"

花狗分辩说："不是骂人的歌。"

"我明白，是骂人的歌。"

花狗难得说话，歌已经唱过了，错了赔礼，只有不再唱。他看她已经有点懂事了，怕她回头告祖父，会挨一顿臭骂，就把话支开，扯到"女学生"上头去。他问萧萧，看没看过女学生习体操唱洋歌的事情。

若不是花狗提起，萧萧几乎已忘却了这事情。这时又提到女学生，她问花狗近来有没有女学生过路，她想看看。

花狗一面把南瓜从棚架边抱到墙角去，告她女学生唱歌的事，这些事的来源还是萧萧的那个祖父。他在萧萧面前说了点大话，说他曾经到官路上见到四个女学生，她们都拿得有旗子，走长路流汗喘气之中仍然唱歌，同军人所唱的一模一样。不消说，这自然完全是胡诌的笑话。可是那故事把萧萧可乐坏了。因为花狗说这个就叫做"自由"。

花狗是"起眼动眉毛，一打两头翘"会说会笑的一个人。

听萧萧带着歆羡口气说，"花狗大，你膀子真大。"他就说，"我不止膀子大。"

"你身个子也大。"

"我全身无处不大。"

到萧萧抱了她的丈夫走去以后，同花狗在一起摘瓜，取名字叫哑巴的，开了平时不常开的口，他说："花狗，你少坏点。人家是十三岁黄花女，还要等十年才圆房！"

花狗不做声，打了那伙计一掌，走到枣树下捡落地枣去了。

到摘瓜的秋天，日子计算起来，萧萧过丈夫家有一年了。

几次降霜落雪，几次清明谷雨，一家人都说萧萧是大人了。天保佑，喝冷水，吃粗粝饭，四季无疾病，倒发育得这样快。婆婆虽生来像一把剪子，把凡是给萧萧暴长的机会都剪去了，但乡下的日头同空气都帮助人长大，却不是折磨可以阻拦得祝萧萧十五岁时高如成人，心却还是一颗糊糊涂涂的心。

人大了一点，家中做的事也多了一点。绩麻、纺车、洗衣、照料丈夫以外，打猪草推磨一些事情也要作，还有浆纱织布。凡事都学，学学就会了。乡下习惯，凡是行有余力的都可从劳作中攒点私房，两三年来仅仅萧萧个人分上所聚集的粗细麻和纺就的棉纱，已够萧萧坐到土机上抛三个月的梭子了。

丈夫早断了奶。婆婆有了新儿子，这五岁儿子就像归萧萧独有了。不论做什么，走到什么地方去，丈夫总跟到身边。

丈夫有些方面很怕她，当她如母亲，不敢多事。他们俩"感情不坏"。

地方稍稍进步，祖父的笑话转到"萧萧你也把辫子剪去好自由"那一类事上去了。听着这话的萧萧，某个夏天也看过一次女学生，虽不把祖父笑话认真，可是每一次在祖父说过这笑话以后，她到水边去，必用手捏着辫子梢梢，设想没有辫子的人那种神气，那点趣味。

因为打猪草，带丈夫上螺蛳山的山阴是常有的事。

小孩子不知事，听别人唱歌也唱歌。一唱歌，就把花狗引来了。

花狗对萧萧生了另外一种心，萧萧有点明白了，常常觉得惶恐不安。但花狗是男子，凡是男子的美德恶德都不缺少，劳动力强，手脚勤快，又会玩会说，所以一面使萧萧的丈夫非常欢喜同他玩，一面一有机会即缠在萧萧身边，且总是想方设法把萧萧那点惶恐减去。

山大人小，到处树木蒙茸，平时不知道萧萧所在，花狗就站在高处唱歌逗萧萧身边的丈夫；丈夫小口一开，花狗穿山越岭就来到萧萧面前了。

见了花狗，小孩子只有欢喜，不知其他。他原要花狗为他编草虫玩，做竹箫哨子玩，花狗想方法支使他到一个远处去找材料，便坐到萧萧身边来，要萧萧听他唱那使人开心红脸的歌。她有时觉得害怕，不许丈夫走开；有时又像有了花狗在身边，打发丈夫走去反倒好一点。终于有一天，萧萧就这样给花狗把心窍子唱开，变成个妇人了。

那时节，丈夫走到山下采刺莓去了，花狗唱了许多歌，到后却向萧萧唱：娇家门前一重坡，别人走少郎走多，铁打草鞋穿烂了，不是为你为哪个？

末了却向萧萧说："我为你睡不着觉"。他又说他赌咒不把这事情告给人。听了这些话仍然不懂什么的萧萧，眼睛只注意到他那一对粗粗的手膀子，耳朵只注意到他最后一句话。

末了花狗大便又唱歌给她听。她心里乱了。她要他当真对天赌咒，赌了咒，一切好像有了保障，她就一切尽他了。到丈夫返身时，手被毛毛虫蜇伤，肿了一片，走到萧萧身边。萧萧捏紧这一只小手，且用口去呵它，吮它，想起刚才的糊涂，才仿佛明白自己做了一点不大好的糊涂事。

花狗诱她做坏事情是麦黄四月，到六月，李子熟了，她喜欢吃生李子。她觉得身体有点特别，在山上碰到花狗，就将这事情告给他，问他怎么办。

讨论了多久，花狗全无主意。虽以前自己当天赌得有咒，也仍然无主意。这家伙个子大，胆量校个子大容易做错事，胆量小做了错事就想不出办法。

到后，萧萧捏着自己那条乌梢蛇似的大辫子，想起城里了，她说："花狗大，我们到城里去自由，帮帮人过日子，不好么？"

"那怎么行？到城里去做什么？"

"我肚子大了。"

"我们找药去。场上有郎中卖药。"

"你赶快找药来，我想……"

"你想逃到城里去自由，不成的。人生面不熟，讨饭也有规矩，不能随便！"

"你这没有良心的，你害了我，我想死！"

"我赌咒不辜负你。"

"负不负我有什么用？帮我个忙，赶快拿去肚子里这块肉罢。我害怕！"

花狗不再做声，过了一会儿，便走开了。不久丈夫从他处回来，见萧萧一个人坐在草地上哭，眼睛红红的。丈夫心中纳罕，看了一会儿，问萧萧："姐姐，为什么哭？"

"不为什么，灰尘落到眼睛里，痛。"

"我吹吹吧。"

"不要吹。"

"你瞧我，得这些。"

他把从溪中捡来的小蚌小石头陈列在萧萧面前，萧萧泪眼婆娑地看了一会儿，勉强笑着说，"弟弟，我们要好，我哭你莫告家中。告我可要生气。"到后这事情家中当真就无人知道。

过了半个月，花狗不辞而行，把自己所有的衣裤都拿去了。祖父问同住的哑巴知不知道他为什么走路，走哪儿去。哑巴只是摇头，说花狗还欠了他两百钱，临走时话都不留一句，为人少良心。哑巴说他自己的话，并没有把花狗走的理由说明。因此这一家稀奇一整天，谈论一整天。不过这工人既不偷走物件，又不拐带别的，这事过后不久，自然也就把他忘掉了。

萧萧仍然是往日的萧萧。她能够忘记花狗就好了。但是肚子真有些不同了，肚中东西总在动，使她常常一个人干着急，尽做怪梦。

她脾气坏了一点，这坏处只有丈夫知道，因为她对丈夫似乎严厉苛刻了好些。

仍然每天同丈夫在一处，她的心，想到的事自己也不十分明白。她常想，我现在死了，什么都好了。可是为什么要死？她还很高兴活下去，愿意活下去。

家中人不拘谁在无意中提起关于丈夫弟弟的话，提起小孩子，提起花狗，都像使这话如拳头，在萧萧胸口上重重一击。

到八月，她担心人知道更多了，引丈夫庙里去玩，就私自许愿，吃了一大把香灰。吃香灰被她丈夫见到了，丈夫问这是做什么，萧萧就说肚子痛，应当吃这个。虽说求菩萨许愿，菩萨当然没有如她的希望，肚子中长大的东西仍在慢慢地长大。

她又常常往溪里去喝冷水，给丈夫见到了，丈夫问她她就说口渴。

一切她所想到的方法都没有能够使她与自己不欢喜的东西分开。大肚子只有丈夫一人知道，他却不敢告这件事给父母晓得。因为时间长久，年龄不同，丈夫有些时候对于萧萧的怕同爱，比对于父母还深切。

她还记得花狗赌咒那一天里的事情，如同记着其他事情一样。到秋天，屋前屋后毛毛虫都结茧，成了各种好看的蝶蛾，丈夫像故意折磨她一样，常常提起几个月前被毛毛虫所蜇的旧话，使萧萧心里难过。她因此极恨毛毛虫，见了那小虫就想用脚去踹。

有一天，又听人说有好些女学生过路，听过这话的萧萧，睁了眼做过一阵梦，愣愣地对日头出处痴了半天。

萧萧步花狗后尘，也想逃走，收拾一点东西预备跟了女学生走的那条路上城。但没有动身，就被家里人发觉了。

家中追究这逃走的根源，才明白这个十年后预备给小丈夫生儿子继香火的萧萧肚子，已被别人抢先下了种。这真是了不得的一件大事。一家人的平静生活，为这一件事全弄乱了。生气的生气，流泪的流泪，骂人的骂人，各按本分乱下去。悬梁，投水，吃毒药，被禁困的萧萧，诸事漫无边际的全想到了，究竟年纪太小，舍不得死，却不曾做。于是祖父从现实出发，想出个聪明主意，把萧萧关在房里，派人好好看守着，请萧萧本族的人来说话，看是"沉潭"还是"发卖"？萧萧家中人要面子，就沉潭淹死她，舍不得就发卖。

萧萧只有一个伯父，在近处庄子里为人种田，去请他时先还以为是吃酒，到了才知道是这样丢脸事情，弄得这老实忠厚家长手足无措。

大肚子作证，什么也没有可说。伯父不忍把萧萧沉潭，萧萧当然应当嫁人作二路亲了。

这处罚好像也极其自然，照习惯受损失的是丈夫家里，然而却可以在改嫁上收回一笔钱，当作赔偿损失的数目。那伯父把这事告给了萧萧，就要走路。萧萧拉着伯父衣角不放，只是幽幽的哭。伯父摇了一会头，一句话不说，仍然走了。

一时没有相当的人家来要萧萧，因此暂时就仍然在丈夫家中住下。这件事情既已经说明白，照乡下规矩倒又像不是什么要紧，只等待处分，大家反而释然了。先是小丈夫不能再同萧萧在一处，到后又仍然如月前情形，姊弟一般有说有笑的过日子了。

丈夫知道了萧萧肚子中有儿子的事情，又知道因为这样萧萧才应当嫁到远处去。但是丈夫并不愿意萧萧去，萧萧自己也不愿意去，大家全莫名其妙，只是照规矩像逼到要这样做，不得不做。

在等候主顾来看人，等到十二月，还没有人来，萧萧只好在这人家过年。

萧萧次年二月间，十月满足坐草生了一个儿子，团头大眼，声响洪壮，大家把母子二人照料得好好的，照规矩吃蒸鸡同江米酒补血，烧纸谢神。一家人都喜欢那儿子。

生下的既是儿子，萧萧不嫁别处了。

到萧萧正式同丈夫拜堂圆房时，儿子已经年纪十岁，能看牛割草，成为家中生产者一员了。平时喊萧萧丈夫做大叔，大叔也答应，从不生气。

这儿子名叫牛儿。牛儿十二岁时也接了亲，媳妇年长六岁。媳妇年纪大，才能诸事做帮手，对家中有帮助。唢呐吹到门前时，新娘在轿中呜呜地哭着，忙坏了那个祖父曾祖父。

这一天，萧萧抱了自己新生的月毛毛，却在屋前榆蜡树篱笆看热闹，同十年前抱丈夫一个样子。

一九二九年冬

<注释>

[1] 本文选自《沈从文集》，北京十月文艺出版社，2008年出版。

[2] "大"即"大哥"简称。

<评析>

《萧萧》是沈从文在1929年创作的，以呈现城乡文明对立主题的小说。小说中的主人公萧萧，是共存于作者的理性以及情感之中的。小说中只有一种极为朴实的表达，但是正是这份朴实，让读者得以通过小说看到生命的本质，让读者的内心产生了极大的震撼。

《萧萧》描写了20世纪童养媳萧萧的悲剧，小说中并没有跌宕起伏、一波三折的故事情节，有的只是简简单单的萧萧的生活片段，但是对于读者却有着深刻的吸引力。《萧萧》的叙事结构独特，作者在其中赋予了更为深刻的内涵。萧萧是沈从文笔下湘西农村女性形象之一，她十二岁就做了童养媳，到婆家时"小丈夫"刚断奶。在抱抱丈夫、做做杂事中，像棵蓖麻一样长大起来。小说写萧萧的成长，是一种原生的、自然的成长，她没念过书，对于身处其中的婚姻制度、礼法制度从来没有过自觉的反抗，但是成长中的自然的人性，却与制度不可避免地冲撞在一起。它的着重点不在于表现冲突、矛盾以及应之而生的高潮。它描写人性态度温和，笔致从容，情节舒缓，细节丰富而微妙——这里体现出一个艺术家的感受，这种感受本身就可以突破某种固有的思想的藩篱，而带给人新的启示。小说中所展示的是带着原始风貌的顺乎自然的人性，是人与自然的和谐，是乡情的豁达，小说结尾的意味也极为悠长。

小说语言清新自然，写景优美淡雅，具有浓郁的乡土特色，似一曲写实与抒情相结合的牧歌，在湘西那方自然的土地上回响。

《扩展阅读》

M1-59　边城（节选）

《讨论思考》

阅读沈从文的《边城》，结合本文，说说作者写出了怎样的一个"湘西世界"。

20. 论快乐 [1]

钱钟书

《作家作品》

钱钟书（1910—1998），江苏无锡人，原名仰先，字哲良，后改名钟书，字默存，号槐聚，曾用笔名中书君，中国现代作家、文学研究家。晚年就职于中国社会科学院，任副院长。钱钟书在文学、国故、比较文学、文化批评等领域的成就，推崇者甚至冠以"钱学"。

钱钟书博学多能，兼通数国外语，学贯中西，在文学创作和学术研究两方面均做出了卓越成绩。新中国成立前出版的著作有散文集《写在人生边上》，用英文撰写的《十六、十七、十八世纪英国文学里的中国》，短篇小说集《人·兽·鬼》，长篇小说《围城》，《围城》有独特成就，被译成多国文字在国外出版。书评家夏志清先生认为《围城》是"中国近代文学中最有趣、最用心经营的小说，可能是最伟大的一部"。文论及诗文评论《谈艺录》，《谈艺录》融中西学于一体，见解精辟独到。新中国成立后，钱钟书出版有《宋诗选注》《管锥编》五卷、《七缀集》《槐聚诗存》等，他还参与《毛泽东选集》的外文翻译工作，主持过《中国文学史》唐宋部分的编写工作，他还对中外诗学中带规律性的一些问题作了精当的阐述。《管锥编》则是论述《周易正义》《毛诗正义》《左传正义》《史记会注考证》《老子王弼注》《列子张湛传》《焦氏易林》《楚辞洪兴祖外传》《太平广记》《全上古三代秦汉三国六朝文》的学术巨著，体大思精，旁征博引，是数十年学术积累的力作，曾获第一届国家图书奖。

钱钟书的治学特点是贯通中西、古今互见，融汇多种学科知识，探幽入微，钩玄提要，在当代学术界自成一家。因其多方面的成就，被誉为文化昆仑。

在旧书铺里买回来维尼（Vigny）的《诗人日记》(Journal dunpoete) 信手翻开，就看见有趣的一条。他说，在法语里，喜乐（bonheur）一个名词是"好"和"钟点"两字拼成，可见好事多磨，只是个把钟头的玩意儿 (Silebonheurnetaitqu'unebonnedenie!)。我们联想到我们本国话的说法，也同样的意味深长，譬如快活或快乐的"快"字，就把人生一切乐事的飘瞥难留，极清楚地指示出来。所以我们又慨叹说："欢娱嫌夜短！"因为人在高兴的时候，活得太快，一到因苦无聊，愈觉得日脚像跛了似的，走得特别慢。德语的沉闷（Langeweile）一词，据字面上直译，就是"长时间"的意思，《西游记》里小猴子对孙行者说："天上一日，下界一年。"这种神话，的确反映着人类的心理。天上比人间舒服欢乐，所以神仙活得快，人间一年在天上只当一日过。以此类推，地狱里比人间更痛苦，日子一定愈加难度；段成式《酉阳杂俎》就说："鬼言三年，人间一日。"嫌人生短促的人，真是最"快活"的人；反过来说，真快活的人，不管活到多少岁死，只能算是短命夭折。所以，做神仙也并不值得，在凡间已经30年做了一世的人，在天上还是个初满月的小孩。但是这种"天算"，也有占便宜的地方："譬如戴君孚《广异记》载崔参军捉狐妖"，"以桃枝决五下"长孙无忌说罚得太轻，崔答"五下是人间五百下，殊非小刑。"可见卖老祝寿等等，在地上最为相宜，而刑罚呢，应该到天上去受。

"永远快乐"这句话，不但渺茫得不能实现，并且荒谬得不能成立。快乐的决不会永久；我们说永远快乐，正好像说四方的圆形，静止的动作同样的自相矛盾。在高兴的时候，我们空对瞬息即逝的时间喊着说："逗留一会儿吧！你太美了！"那有什么用！你要永久，你该向痛苦里去找。不讲别的，只要一个失眠的晚上，或者有约不来的下午，或者一课沉闷的听讲——这许多，比一切宗教信仰更有效力，能使你尝到什么叫做"永生"的滋味。人生的刺，就在这里，留恋着不肯快走，偏是你所不留恋的东西。

快乐在人生里，好比引诱小孩子吃药的方糖，更像跑狗场里引诱狗赛跑的电兔子。几分钟或者几天的快乐赚我们活了一世，忍受着许多痛苦。我们希望它来，希望它留，希望它再来——这三句话概括了整个人类努力的历史。在我们追求和等候的时候，生命又不知不觉地偷度过去。也许我们只是时间消费的筹码，活了一世不过是为那一世的岁月充当殉葬品，根本不会享到快乐。但是我们到死也不明白是上了当，我们还理想死后有个天堂，在那里——谢上帝，也有这一天！我们终于享受到永远的快乐。你看，快乐的引诱，不仅像兔子和方糖，使我们忍受了人生，而且仿佛钓钩上的鱼饵，竟使我们甘心去死。这样说来，人生虽痛苦，却不悲观，因为它终抱着快乐的希望；现在的账，我们预支了将来去付。为了快活，我们甚至于愿意慢死。

穆勒曾把"痛苦的苏格拉底"和"快乐的猪"比较。假使猪真知道快活，那么猪和苏格拉底也相去无几了。猪是否能快乐得像人，我们不知道；但是人会容易满足得像猪，我们是常看见的。把快乐分肉体的和精神的两种，这是最糊涂的分析。一切快乐的享受都属于精神的，尽管快乐的原因是肉体上的物质刺激。小孩子初生下来，吃饱了奶就乖乖地睡，并不知道什么是快活，虽然它身体感觉舒服。缘故是小孩子时的精神和肉体还没有分化，只是混沌的星云状态。洗一个澡，看一朵花，吃一顿饭，假使你觉得快活，并非全因为澡洗得干净，花开得好，或者菜合你的口味，主要因为你心上没有挂碍，轻松的灵魂可以专注肉体的感觉，来欣赏，来审定。要是你精神不痛快，像将离别时的筵席，随它怎样烹调得好，吃来只是土气息、泥滋味。那时刻的灵魂，仿佛害病的眼怕见阳光，撕去皮的伤口接触空气，虽然空气和阳光都是好东西。快乐时的你，一定心无愧怍。假如你犯罪而真觉快乐，你那时候一定和有道德、有修养的人同样心安理得。有最洁白的良心，跟全没有良心或有最漆黑的良心，效果是相等的。

发现了快乐由精神来决定，人类文化又进一步。发现这个道理，和发现是非善恶取决于公理而不取决于暴力，一样重要。公理发现以后，从此世界上没有可被武力完全屈服的人。发现了精神是一切快乐的根据，从此痛苦失掉它们的可怕，肉体减少了专制。精神的炼金术能使肉体痛苦都变成快乐的资料。于是，烧了房子，有庆贺的人；一箪食，一瓢饮，有不改其乐的人；千灾百毒，有谈笑自若的人。所以我们前面说，人生虽不快乐，而仍能乐观。譬如从写《先知书》的所罗门直到做《海风》诗的马拉梅 (mallarme)，都觉得文明人的痛苦，是身体困倦。但是偏有人能苦中作乐，从病痛里滤出快活来，使健康的消失有种赔偿。苏东坡诗就说"因病得闲殊不恶，安心是药更无方。"王凡麓《今世说》也记毛稚黄善病，人以为忧，毛曰："病味亦佳，第不堪为燥热人道耳！"在着重体育的西洋，我们也可以找着同样达观的人，多愁善病的诺凡利斯 (Novalis) 在《碎金集》里建立一种病的哲学，说病是"教人学会休息的女教师。"巴登巴煦 (Rodenbach) 的诗集《禁锢的生活》(les Vies Encloses) 里有专咏病味的一卷，说病是"灵魂的洗涤 (epuration)"。身体结实、喜欢活动的人采用了这个观点，就对病痛也感到另有风味。顽健粗壮的18世纪德国诗人白洛柯斯 (B. H. Brockes) 第一次害病，觉得是一个"可惊异的大发现 (Einebewunderungswurdige Erfindung)"。对于这种人，人生还有什么威胁？这种快乐，把忍受变为享受，是精神对于物质的最大胜利。灵魂可以自主——同时也许是自欺。能一贯抱这种态度的人，当然是大哲学家，但是谁知道他不也是个大傻子？

是的，这有点矛盾。矛盾是智慧的代价。这是人生对于人生观开的玩笑。

⟨注释⟩

[1] 本文选自《写在人生边上》，辽宁人民出版社，2001年出版。

⟨评析⟩

《论快乐》是钱钟书的第一本散文集《写在人生边上》中的一篇。作者站在人生的边上谈论人生的大问题，但却字字珠玑，大放智慧的异彩，自然地把读者引入一个广阔无垠的人生天地，给予我们丰富多彩的人生启迪。他或旁征博引，或侃侃而谈，文风如行云流水，汪洋恣肆，奇思妙想和真知灼见俯拾皆是。

文中钱钟书对"快乐"这一生活中的常见现象有感而发，他针对现实生活中芸芸众生对"快乐"的曲解提出了自己的看法，他觉得快乐是一种心境，拥有了快乐的心境，就拥有了永久的快乐。

本文是一篇哲理意味浓厚、政论性也很强的随笔。思路奔放开阔，文意层层见深。作者从不同角度、不同层面上反复阐述了对快乐的种种理解。尤其是比喻的修辞手法的巧妙运用，不仅使得文章文采斐然，而且使得议论深入浅出，活泼灵动，通篇蕴含着浓郁的幽默情趣。可以说是作者以一种幽默的情趣，为之披上一件微笑的外衣，轻者令人莞尔，重者令人喷饭，笑过之后又让人沉思良久，再三咀嚼回味……

‹扩展阅读›

M1-60　容忍与自由

‹讨论思考›

怎样理解容忍与自由的关系。

21．跑警报[1]

汪曾祺

‹作家作品›

汪曾祺（1920—1997），当代作家，江苏高邮人。1939年考入昆明西南联合大学中文系，受沈从文影响极深。1940年开始发表小说。1981年《受戒》引起广泛关注。汪曾祺最好的作品都是以他的故乡高邮地区20世纪30年代到40年代的生活为背景。他以深厚的功力和独具的匠心，把普通人的普通生活和风俗人情，描摹成一幅幅清新淡远、和谐温馨的中国风俗画和水乡风景图画。

‹正文›

西南联大有一位历史系的教授，——听说是雷海宗先生，他开的一门课因为讲授多年，已经背得很熟，上课前无需准备；下课了，讲到哪里算哪里，他自己也不记得。每回上课，都要先问学生："我上次讲到哪里了？"然后就滔滔不绝地接着讲下去。班上有个女同学，笔记记得最详细，一句话不落，雷先生有一次问她："我上一课最后说的是什么？"这位女同学打开笔记来，看了看，说："你上次最后说：'现在已经有空袭警报，我们下课。'"

这个故事说明昆明警报之多。我刚到昆明的头二年，一九三九、一九四〇年，三天两头有警报。有时每天都有，甚至一天有两次。昆明那时几乎说不上有空防力量，日本飞机想什么时候来就来。有时竟至在头一天广播：明天将有二十七架飞机来昆明轰炸。日本的空军指挥部还真言而有信，说来准来！

一有警报，别无他法，大家就都往郊外跑，叫做"跑警报"。"跑"和"警报"联在一起，构成一个词语，细想一下，是有些奇特的，因为所跑的并不是警报。这不像"跑马"、"跑生意"那样通顺。但是大家就这么叫了，谁都懂，而且觉得很合适。也有叫"逃警报"或"躲警报"的，都不如"跑警报"准确。"躲"，太消极；"逃"又太狼狈。唯有这个"跑"字于紧张中透出从容，最有风度，也最能表达丰富生动的内容。

有一个姓马的同学最善于跑警报。他早起看天，只要是万里无云，不管有无警报，他就背了一壶水，带点吃的，夹着一卷温飞卿或李商隐的诗，向郊外走去。直到太阳偏西，估计日本飞机不会来了，才慢慢地回来。这样的人不多。

警报有三种。如果在四十多年前向人介绍警报有几种，会被认为有"神经病"，这是谁都知道的。然而对今天的青年，却是一项新的课题。一曰"预行警报"。

联大有一个姓侯的同学，原系航校学生，因为反应迟钝，被淘汰下来，读了联大的哲学心理系。此人对于航空旧情不忘，曾用黄色的"标语纸"贴出巨幅"广告"，举行学术报告，题曰《防空常识》。他不知道为什么对"警报"特别敏感。他正在听课，忽然跑了出去，站在"新校舍"的南北通道上，扯起嗓子大声喊叫："现在有预行警报，五华山挂了三个红球！"可不！抬头望南一看，五华山果然挂起了三个很大的红球。五华山是昆明的制高点，红球挂出，全市皆见。我们一直很奇怪：他在教室里，正在听讲，怎么会"感觉"到五华山挂了红球呢？——教室的门窗并不都正对五华山。

一有预行警报，市里的人就开始向郊外移动。住在翠湖迤北的，多半出北门或大西门，出大西门的似尤多。大西门外，越过联大新校门前的公路，有一条由南向北的用浑圆的石块铺成的宽可五六尺的小路。这条路据说是驿道，一直可以通到滇西。路在山沟里。平常走的人不多。常见的是驮着盐巴、碗糖或其他货物的马帮走过。赶马的马锅头侧身坐在木鞍上，从齿缝里咝咝地吹出口哨（马锅头吹口哨都是这种吹法，没有撮唇而吹的），或低声唱着呈贡"调子"：

> 哥那个在至高山那个放呀放放牛，
> 妹那个在至花园那个梳那个梳梳头。
> 哥那个在至高山那个招呀招招手，
> 妹那个在至花园点那个点点头。

这些走长道的马锅头有他们的特殊装束。他们的短褂外都套了一件白色的羊皮背心，脑后挂着漆布的凉帽，脚下是一双厚牛皮底的草鞋状的凉鞋，鞋帮上大都绣了花，还钉着亮晶晶的"鬼眨眼"亮片。——这种鞋似只有马锅头穿，我没见从事别种行业的人穿过。马锅头押着马帮，从这条斜阳古道上走过，马项铃哗棱哗棱地响，很有点浪漫主义的味道，有时会引起远客的游子一点淡淡的乡愁……

有了预行警报，这条古驿道就热闹起来了。从不同方向来的人都涌向这里，形成了一条人河。走出一截，离市较远了，就分散到古道两旁的山野，各自寻找一个合适的地方待下来，心平气和地等着——等空袭警报。

联大的学生见到预行警报，一般是不跑的，都要等听到空袭警报：汽笛声一短一长，才动身。新校舍北边围墙上有一个后门，出了门，过铁道（这条铁道不知起讫地点，从来也没见有火车通过），就是山野了。要走，完全来得及。——所以雷先生才会说："现在已经有空袭警报。"只有预行警报，联大师生一般都是照常上课的。

跑警报大都没有准地点，漫山遍野。但人也有习惯性，跑惯了哪里，愿意上哪里。大多是找一个坟头，这样可以靠靠。昆明的坟多有碑，碑上除了刻下坟主的名讳，还刻出"×山×向"，并开出坟茔的"四至"。这风俗我在别处还未见过。这大概也是一种古风。

说是漫山遍野，但也有几个比较集中的"点"。古驿道的一侧，靠近语言研究所资料馆不远，有一片马尾松林，就是一个点。这地方除了离学校近，有一片碧绿的马尾松，树下一层厚厚的干了的松毛，很软和，空气好，——马尾松挥发出很重的松脂气味，晒着从松枝间漏下的阳光，或仰面看松树上面蓝得要滴下来的天空，都极舒适外，是因为这里还可以买到各种零吃。昆明做小买卖的，有了警报，就把担子挑到郊外来了。五味俱全，什么都有。最常见的是"丁丁糖"。"丁丁糖"即麦芽糖，也就是北京人祭灶用的关东糖，不过做成一个直径一尺多，厚可一寸许的大糖饼，放在方的木盘上，有人掏钱要买，糖贩即用一个刨刃形的铁片楔入糖边，然后用一个小小的铁锤，一击铁片，丁的一声，一块糖就震裂下来了，所以叫做"丁丁糖"。其次是炒松子。昆明松子极多，个大皮薄仁饱，很香，也很便宜。我们有时能在松树下面捡到一个很大的成熟了的生的松球，就掰开鳞瓣，一颗一颗地吃起来。——那时候，我们的牙都很好，那么硬的松子壳，一嗑就开了！

另一集中点比较远，得沿古驿道走出四五里，驿道右侧较高的土山上有一横断的山沟（大概是哪一年地震造成的），沟深约三丈，沟口有二丈多宽，沟底也宽有六七尺。这是一个很好的天然防空沟，日本飞机若是投弹，只要不是直接命中，落在沟里，即便是在沟顶上爆炸，弹片也不易蹦进来。机枪扫射也不要紧，沟的两壁是死角。这道沟可以容数百人。有人常到这里，就利用闲空，在沟壁上修了一些私人专用的防空洞，大小不等，形式不一。这些防空洞不仅表面光洁，有的还用碎石子或碎瓷片嵌出图案，缀成对联。对联大都有新意。我至今记得两副，一副是：

人生几何

恋爱三角

一副是：

见机而作

入土为安

对联的嵌缀者的闲情逸致是很可叫人佩服的。前一副也许是有感而发，后一副却是纪实。

警报有三种。预行警报大概是表示日本飞机已经起飞。拉空袭警报大概是表示日本飞机进入云南省境了，但是进云南省不一定到昆明来。等到汽笛拉了紧急警报：连续短音，这才可以肯定是朝昆明来的。空袭警报到紧急警报之间，有时要间隔很长时间，所以到了这里的人都不忙下沟，——沟里没有太阳，而且过早地像云冈石佛似的坐在洞里也很无聊，——大都先在沟上看书、闲聊、打桥牌。很多人听到紧急警报还不动，因为紧急警报后日本飞机也不定准来，常常是折飞到别处去了。要一直等到看见飞机的影子了，这才一骨碌站起来，下沟，进洞。联大的学生，以及住在昆明的人，对跑警报太有经验了，从来不仓皇失措。

上举的前一副对联或许是一种泛泛的感慨，但也是有现实意义的。跑警报是谈恋爱的机会。联大同学跑警报时，成双作对的很多。空袭警报一响，男的就在新校舍的路边等着，有时还提着一袋点心吃食，宝珠梨、花生米……他等的女同学来了，"嗨！"于是欣然并肩走出新校舍的后门。跑警报说不上是同生死，共患难，但隐隐约约有那么一点危险感，和看电影、遛翠湖时不同。这一点危险使两方的关系更加亲近了。女同学乐于有人伺候，男同学也正好殷勤照顾，表现一点骑士风度。正如孙悟空在高老庄所说："一来医得眼好，二来又照顾了郎中，这是凑四合六的买卖。"从这点来说，跑警报是颇为罗曼蒂克的。有恋爱，就有三角，有失恋。跑警报的"对儿"并非总是固定的，有时一方被另一方"甩"了，两人"吹"了，"对儿"就要重新组合。写（姑且叫做"写"吧）那副对联的，大概就是一位被"甩"的男同学。不过，也不一定。

警报时间有时很长，长达两三个小时，也很"腻歪"。紧急警报后，日本飞机轰炸已毕，人们就轻松下来。不一会儿，"解除警报"响了：汽笛拉长音，大家就起身拍拍尘土，络绎不绝地返回市里。也有时不等解除警报，很多人就往回走：天上起了乌云，要下雨了。一下雨，日本飞机不会来。在野地里被雨淋湿，可不是事！一有雨，我们有一个同学一定是一马当先往回奔，就是前面所说那位报告预行警报的姓侯的。他奔回新校舍，到各个宿舍搜罗了很多雨伞，放在新校舍的后门外，见有女同学来，就递过一把。他怕这些女同学挨淋。这位侯同学长得五大三粗，却有一副贾宝玉的心肠。大概是上了吴雨僧先生的《红楼梦》的课，受了影响。侯兄送伞，已成定例。警报下雨，一次不落。名闻全校，贵在有恒。——这些伞，等雨住后他还会到南院女生宿舍去敛回来，再归还原主的。

　　跑警报，大都要把一点值钱的东西带在身边。最方便的是金子，——金戒指。有一位哲学系的研究生曾经作了这样的逻辑推理：有人带金子，必有人会丢掉金子，有人丢金子，就会有人捡到金子，我是人，故我可以捡到金子。因此，跑警报时，特别是解除警报以后，他每次都很留心地巡视路面。他当真两次捡到过金戒指！逻辑推理有此妙用，大概是教逻辑学的金岳霖先生所未料到的。

　　联大师生跑警报时没有什么可带，因为身无长物，一般大都是带两本书或一册论文的草稿。有一位研究印度哲学的金先生每次跑警报总要提了一只很小的手提箱。箱子里不是什么别的东西，是一个女朋友写给他的信——情书。他把这些情书视如性命，有时也会拿出一两封来给别人看。没有什么不能看的，因为没有卿卿我我的肉麻的话，只是一个聪明女人对生活的感受，文字很俏皮，充满了英国式的机智，是一些很漂亮的essay，字也很秀气。这些信实在是可以拿来出版的。金先生辛辛苦苦地保存了多年，现在大概也不知去向了，可惜。我看过这个女人的照片，人长得就像她写的那些信。

　　联大同学也有不跑警报的，据我所知，就有两人。一个是女同学，姓罗，一有警报，她就洗头。别人都走了，锅炉房的热水没人用，她可以敞开来洗，要多少水有多少水！另一个是一位广东同学，姓郑。他爱吃莲子。一有警报，他就用一个大漱口缸到锅炉火口上去煮莲子。警报解除了，他的莲子也烂了。有一次日本飞机炸了联大，昆中北院、南院，都落了炸弹，这位老兄听着炸弹乒乒乓乓在不远的地方爆炸，依然在新校舍大图书馆旁的锅炉上神色不动地搅和他的冰糖莲子。

　　抗战期间，昆明有过多少次警报，日本飞机来过多少次，无法统计。自然也死了一些人，毁了一些房屋。就我的记忆，大东门外，有一次日本飞机机枪扫射，田地里死的人较多。大西门外小树林里曾炸死了好几匹驮木柴的马。此外似无较大伤亡。警报、轰炸，并没有使人产生血肉横飞，一片焦土的印象。

　　日本人派飞机来轰炸昆明，其实没有什么实际的军事意义，用意不过是吓唬吓唬昆明人，施加威胁，使人产生恐惧。他们不知道中国人的心理是有很大的弹性的，不那么容易被吓得魂不附体。我们这个民族，长期以来，生于忧患，已经很"皮实"了，对于任何猝然而来的灾难，都用一种"儒道互补"的精神对待之。这种"儒道互补"的真髓，即"不在乎"。这种"不在乎"精神，是永远征不服的。

　　为了反映"不在乎"，作《跑警报》。

一九八四年十二月六日

<注释>

［1］选自《中国散文名篇精选》，吴福辉主编，2004年1月第1版，春风文艺出版社。

<评析>

汪曾祺的散文总有一种小说化的韵味，正如其小说总有着散文的韵味一样。其中，以忆西南联大时期的昆明最有分量。或忆师友，或谈掌故，都写得极有情味。本篇也属于忆西南联大时期生活的系列散文之一。

作者以其轻松幽默的笔调，以对三种警报的解释为线索，生动地描摹了师生们在整个"跑警报"活动中的种种表现，有令人忍俊不禁的细节，也有会心一笑的幽默。如对警报有特殊预感几近特异功能的侯生，非到"空袭警报"正式发出不跑的上课师生，边跑警报边谈恋爱的学生，带着情书跑的教授，岿然不动照常洗头煮莲子的一男一女。作者表面上轻松自如，实际上却怀着一腔的愤怒和蔑视。通过"跑警报"，作者写出了中国人的某种特殊精神：在这种艰难的生活状态中，大家依然积极乐观，学生依然勤奋的学习，商人依然做着小买卖，作者将其概括为"儒道互补"，这是对中国人应对危险境遇时淡定态度的赞赏。

22.人生（节选）[1]

路 遥

<作家作品>

路遥（1949年12月—1992年11月），原名王卫国，1949年生于陕西清涧县的一个农民家庭。7岁时因为家境贫寒被过继给延川县农村的伯父。曾在延川县立中学学习。1973年进入延安大学中文系学习，其间开始文学创作。大学毕业后，任《陕西文艺》（今为《延河》）编辑。1980年发表《惊心动魄的一幕》，获得第一届全国优秀中篇小说奖。1982年发表中篇小说《人生》，后被改编为电影，轰动全国。1991年完成百万字的长篇巨著《平凡的世界》，这部小说以其恢宏的气势和史诗般的品格，全景式地表现了改革时代中国城乡的社会生活和人们思想情感的巨大变迁，路遥因此而荣获第三届茅盾文学奖。1992年，积劳成疾，英年早逝。

<正文>

高加林立刻就在县城成了一个引人注目的人物。他的各种才能很快在这个天地里施展开了。地区报和省报已经发表了他写的不少通讯报道，并且还在省报的副刊上登载了一篇写本地风土人情的散文。他没多久就跟老景学会了照相和印放相片的技术。每逢县上有一些重大的社会活动，他胸前挂个带闪光灯的照相机，就潇洒地出没于稠人广众面前，显得特别惹眼。

加上他又是一个标致漂亮的小伙子，更使他具有一种吸引力了。不久，人们便开始纷纷打问：新出现在这个城市的小伙子，叫什么？什么出身？多大年纪？哪里人？……许多陌生的姑娘也在一些场合给他飘飞眼，千方百计想接近他。傍晚的时候，他又在县体育场大出风头。县级各单位正轮流进行篮球比赛。高加林原来就是中学队的主力队员，现在又成了县委机关队的主力。山区县城除过电影院，就数体育场最红火。篮球场灯火通明，四周围水泥看台上的观众经常挤得水泄不通。高加林穿一身天蓝色运动衣，两臂和裤缝上都一式两道白杠，显得英姿勃发；加上他篮球技术在本城又是第一流的，立刻就吸引了整个体育场看台上的球迷。

在一个万人左右的山区县城里，具备这样多种才能而又长得潇洒的青年人并不多见——他被大家宠爱是正常的。

很快，他走到国营食堂里买饭吃，出同等的钱和粮票，女服务员给她端出来的饭菜比别人又多又好；在百货公司，他一进去，售货员就主动问他买什么；他从街道上走过，有人就在背后指划说："看，这就是县上的记者！常背个照相机！在报纸上都会写文章哩！"或者说："这就是十一号，打前锋的！动作又快，投篮又准！"

高加林简直成了这个城市的一颗明星。

不用说，他的精神现在处于最活跃、最有生气的状态中。他工作起来，再苦再累也感觉不到。要到哪里采访，骑个车子就跑了。回到城里，整晚整晚伏在办公桌上写稿子。经济也开始宽裕起来了。除过工资，还有稿费。当然，报纸上发的文章，稿费收入远没有广播站的多；广播站每篇稿子两元稿费，他几乎每天都写——"本县节目"天天有，但县上写稿的人并不多。他内心里每时每刻都充满了一种骄傲和自豪的感觉，自尊心得到了最大的满足。有时候也由不得轻飘飘起来，和同志们说话言词敏锐尖刻，才气外露，得意的表情明显地挂在脸上。有时他又满头大汗，对这种身不由己的冲动进行严厉的内心反省，警告自己不要太张狂：他有更大的抱负和想法，不能满足于在这个县城所达到的光荣；如果不注意，他的前程就可能要受挫折——他已经明显地感到了许多人在嫉妒他的走红。

这样想的时候，他就稍微收敛一下。一些可以大出风头的地方，开始有意回避了。没事的时候，他就跑到东岗的小树林里沉思默想；或者一个人在没人的田野里狂奔突跳一阵，以抒发他内心压抑不住的愉快感情。

他只去县广播站找过一回黄亚萍。但亚萍"不失前言"，经常来找他谈天说地。起先他对亚萍这种做法很烦恼，不愿和她多说什么。可亚萍寻找机会和他讨论各种问题。看来她这几年看了不少书，知识面也很宽，说起什么来都头头是道；并且还把她写的一些小诗给他看。渐渐地，加林也对这些交谈很感兴趣了。他自己在城里也再没更能谈得来的人。老景知识渊博，但年龄比他大；他不敢把自己和老景放在平等地位上交谈，大部分是请教。

他俩很快恢复了中学时期的那种交往。不过，加林小心翼翼，讨论只限于知识和学问的范围。当然，他有时也闪现出这样的念头：我要是能和亚萍结合，那我们一辈子的生活会是非常愉快的；我们相互之间的理解能力都很强，共同语言又多……这种念头很快就被另一种感情压下去了——巧珍那亲切可爱的脸庞立刻出现在他的眼前。而且每当这样的时候，他对巧珍的爱似乎更加强烈了。他到县里后一直很忙，还没见巧珍的面。听说她到县里找了他几回，他都下乡去了。他想过一段抽出时间，要回一次家。

这一天午饭后，加林去县文化馆翻杂志，偶然在这里又碰上了亚萍——她是来借书的。

他们在一张椅子上坐下来，马上东挟西扯地又谈起了国际问题。这方面加林比较擅长，从波兰"团结"工会说到霍梅尼和已在法国政治避难的伊朗前总统巴尼萨德尔。然后，又谈到里根决定美国本土生产和储存中子弹在欧洲和苏联引起的反响。最后，还详细地给亚萍讲了一条并不为一般公众所关注的国际消息：关于美国机场塔台工作人员罢工的情况，以及美国政府对这次罢工的强硬态度和欧洲、欧洲以外一些国家机场塔台工作人员支持美国同行的行动……

亚萍听得津津有味，秀丽的脸庞对着加林的脸，热烈的目光一直爱慕和敬佩地盯着他。

加林说完这些后，亚萍也不甘示弱，给他谈起了国际能源问题。她先告诉加林，世界主要能源已从煤转变到石油。但70年代以来，能源消费迅速增多，一些主要产油地区的石油资源已快消耗殆尽；新的能源危机必然要在世界出现。另外，据联合国新闻处发表的一份文件说，1950年，世界陆地面积有四分之一覆盖着森林，但到今天一半的森林已经在斧头、推土机、链锯和火灾之下消失了。仅在非洲，每年大约有500万英亩森林被当作燃料烧掉。联合国粮农组织的调查表明，全世界的一亿多人口深受燃料严重短缺之苦……

黄亚萍口若悬河，侃侃而谈。她接着又告诉加林，除了石油，现在有十四种新能源和可再生能源的复合能源，即，太阳能、地热能、风力、水力、生物能、薪柴、木炭、油页岩、焦油砂、海洋能、波浪能、潮汐能、泥炭和畜力……

高加林听她滔滔不绝地讲述着，惊讶得半天合不拢嘴。他想不到亚萍知道的东西这么广泛和详细！

接着，他们又一块谈起了文学。亚萍犹豫了一下，从口袋里掏出一片纸，递给高加林说："我昨天写的一首小诗，你看看。"高加林接过来，看见纸上写着：

赠加林

我愿你是生着翅膀的大雁，

自由地去爱每一片蓝天；

哪一块土地更适合你生存，

你就应该把那里当作你的家园……

高加林看完后，脸上热辣辣的。他把这张纸片递给亚萍说："诗写得很好。但我有点不太明白我为什么应该是一只大雁……"亚萍没接，说："你留着。我是给你写的。你会慢慢明白这里面的意思的。"他们都感到话题再很难转到其他方面了，而关于这首诗看来两个人也再不好说什么，就都从椅子上站起来，准备分手了。两个人都有点兴奋。

亚萍走远了。加林把她送给他的诗装进口袋里，从后面慢慢出了阅览室的门。他心情惆怅地怔怔站了一会儿，正准备到县水泥厂去采访一件事，一辆拖斗车的大型拖拉机吼叫着停在他身边。

加林惊讶地看见，开拖拉机的驾驶员竟然是高明楼当教师的儿子三星！

三星已从驾驶座上跳下来，笑嘻嘻地站在他面前。

"你怎开起了拖拉机？"加林问。

"你走后没几天，占胜叔叔就把我安排到县农机局的机械化施工队了。现在正在咱大马河上川道里搞农田基建。"

"那你走了，谁顶你教书哩？"

"现在巧玲教上了。"三星说。

"她没考上大学？""没……"三星犹豫了一下，说："巧珍看你来了。她就坐我的拖拉机下来的。我路过咱村，她正在公路边的地里劳动，就让我把她捎来……她在前面邮电局门前下车的，说到县委去找你……"加林胸口一热，向三星打了个招呼，就转身急匆匆向县委走去。高加林走到县委大门口的时候，见巧珍正在门口旋磨着朝县委大院里张望。她还没有看见他正从后面走来。

高加林望了一眼她的背影，见她上身仍穿着那件米黄色短袖。一切都和过去一样，苗条的身材仍然是那般可爱；乌黑的头发还用花手帕扎着，只有稍有点乱——大概是因为从地里直接上的拖拉机，没来得及梳。看一眼她的身体，高加林的心里就有点火烧火燎起来。

当巧珍看见他站在她面前时，眼睛一下子亮了，脸上挂上了灿烂的笑容，对他说："我要进去找你，人家门房里的人说你不在，不让我进去……"

加林对她说，"现在走，到我办公室去。"说完就在前头走，巧珍跟在他后面。走进加林的办公室，巧珍就向他怀里扑来。加林赶忙把她推开，说："这不是在庄稼地里！我的领导就住在隔壁……你先坐在椅子上，我给你倒一杯水。"他说着就去取水杯。

巧珍没有坐，一直亲热地看着她亲爱的人，委屈地说："你走了，再也不回来……我已经到城里找了你几回，人家都说你下乡去了……""我确实忙！"加林一边说，一边把水杯放在办公桌上，让巧珍喝。巧珍没喝，过去他在床铺上摸摸，又端端被子，捏捏褥子，嘴里唠叨着："被子太薄了，罢了我给你絮一点新棉花；褥子下面光毡也不行，我把我们家那张狗皮褥子给你拿来……""哎呀，"加林说，"狗皮褥子掂到这县委机关，毛烘烘的，人家笑话哩！""狗皮暖和……""我不冷！你千万不要拿来！"加林有点严厉地说。

巧珍看见加林脸上不高兴，马上不说狗皮褥子了。但她一时又不知该说什么，就随口说："三星已经开了拖拉机，巧玲教上书了，她没考上大学。"

"这些三星都给我说了，我已经知道了。"

"咱们庄的水井修好了！堰子也加高了。"

"嗯……""你们家的老母猪下了十二个猪娃，一个被老母猪压死了，还剩下……""哎呀，这还要往下说哩？不是剩下十一个了吗？你喝水！"

"是剩下十一个了。可是，第二天又死了一个……"

"哎呀哎呀！你快别说了！"加林烦躁地从桌子上拉起一张报纸，脸对着，但并不看。他想起刚才和亚萍那些海阔天空的讨论，多有意思！现在听巧珍说的都是这些叫人感到乏味的话，他心里不免涌上了一股说不出的滋味。

巧珍看见他对自己这样烦躁，不知她哪一句话没说对，她并不知道加林现在心里想什么，但感觉他似乎对她不像以前那样亲热了。再说些什么呢？她自己也不知道了。她除过这些事，还能再说些什么！她决说不出十四种新能源和可再生能源的复合能源！加林看见巧珍局促地坐在他床边，不说话了，只是望着他，脸上的表情看来有点可怜——想叫他喜欢自己而又不知道该怎样才能叫他喜欢！他又很心疼她了，站起来对她说："快吃中午饭了，你在办公室先等着，让我到食堂里给咱打饭去，咱俩一块吃。"

巧珍赶忙说："我一点也不饿！我得赶快回去。我为了赶三星的车，锄还在地里撂着，也没给其他人吩咐……"

她从床边站起来，从怀里贴身的地方掏出一卷钱，走到加林面前说："加林哥，你在城里花销大，工资又不高，这五十块钱给你，灶上吃不饱，你就到街上食堂里买的吃去。再给你买一双运动鞋，听三星说你常打球，费鞋……前半年红利已经决分了，我分了九十二块钱呢……"

高加林忍不住鼻根一酸，泪花子在眼里旋转开了。他抓住巧珍递钱的手说："巧珍！我现在有钱，也能吃得饱，根本不缺钱……这钱你给你买几件时兴衣裳……"

"你一定要拿上！"巧珍硬给他手里塞。

他只好说："你如果再这样，我就恼了！"

巧珍看他脸上真的不高兴了，就只好委屈地把钱收起来，说："我给你留着！你什么时候缺钱花，我就给你……我要走了。"加林和她相跟着出了门，对她说："你先到大马河桥上等我，我到街上有个事，一会儿就来了……"

巧珍对他点点头，先走了。

高加林飞快地跑到街上的百货门市部，用他今天刚从广播站领来的稿费，买了一条鲜艳的红头巾。他把红头巾装在自己随身带的挂包里，就向大马河桥头赶去。

高加林一直就想给巧珍买一条红头巾。因为他第一次和巧珍恋爱的时候，想起他看过的一张外国油画上，有一个漂亮的姑娘很像巧珍，只是画面上的姑娘头上包着红头巾。出于一种浪漫，也出于一种纪念，虽然在这大热的夏天，他也要亲自把这条红头巾包在巧珍的头上。

他赶到大马河桥头时，巧珍正站在那天等他卖馍回来的那个地方。触景生情，一种爱的热流刹那间漫上了他的心头。

他和她肩并肩走下桥头，转向大马河川道。

拐过一个山峁，加林看看前后没人，就站住，从挂包里取出那条红头巾，给巧珍拢在了头上。

巧珍并不明白她亲爱的人为什么这样，但她全身心感到了这是加林在亲她爱她！

她也不说什么，一下子紧紧抱住他，幸福的泪水在脸上刷刷地淌下来了……高加林送毕巧珍，返回到街上的时候，突然感到他刚才和巧珍的亲热，已经远远不如他过去在庄稼地里那样令人陶醉了！为了这个不愉快的体会，他抬起头，向灰蒙蒙的天上长长吐了一口气……

〈注释〉

[1] 本文选自《人生》，北京新世界出版社，2008年出版。

〈评析〉

《人生》是路遥的成名作。获1981—1982全国优秀中篇小说奖。小说以改革时期陕北高原的城乡生活为时空背景，描写了高中毕业生高加林回到土地，又离开土地，再回到土地，这样人生的变化过程构成了其故事构架。高加林同农村姑娘刘巧珍、城市姑娘黄亚萍之间的感情纠葛构成了故事发展的矛盾，也体现了那种艰难选择的悲剧。

《人生》不但给我们展现了主人公高加林曲折、起伏的人生经历，更让我们对人生有了一种更深刻的理解、更透彻的认识、更明确的方向。人生的未知性、人生的无数选择、人生的美好爱情、人生的理想与现实的差距，如同无数细流汇聚一起形成了奇妙的人生海洋，让无数人如同人生风雨中的船只，经历了摇摇摆摆、起起落落。

《人生》中饱含的浓郁情感和对传统美学的赞美也是其艺术魅力所在。文学作品的神力不仅在于晓之以理的理智，而且动之以情，掀起人们心灵中的震撼和激情。路遥作品中对城乡交叉地带的细致描写使其作品洋溢着浓厚的黄土气息，作者对困苦中的情与爱的感受和表现完全遵循民族传统的道德观念，劳动人民的人格美、人物身上潜在的传统关系感人肺腑。使读者产生了情感上的深深共鸣，具有动人心魄的艺术魅力。表面上，路遥似乎在带领我们观察一座座陕北农村的现实村落和客观生活，实际上是在引导我们去体验隐藏在这些善良的普通民众身上的伟大情感和优良品德，肯定了传统美德为行为准则而不断进取的追求意识和奋斗精神。

＜扩展阅读＞

观赏由吴天明导演，周里京、吴玉芳主演的电影《人生》（1984）。

＜讨论思考＞

如何理解"人生的道路虽然漫长，但紧要处常常只有几步，特别是当人年轻的时候"这句话？

23.祖国啊，我亲爱的祖国[1]

舒 婷

＜作家作品＞

舒婷（1952—），原名龚佩瑜，1952年出生于福建省漳州市石码镇，祖籍晋江泉州，当代女诗人。1969年插队落户于闽西太拨，1972年返城，当过泥水工、浆洗工、焊锡工。1980年，调福建文联，插队期间开始试笔，直至十年后即1979年才开始公开发表诗作，著有诗集《双桅船》（获全国第一届新诗诗集优秀奖）《会唱歌的鸢尾花》《舒婷顾城抒情诗选》，散文集《心烟》，她的诗被译成多国文字，介绍到法国、美国、荷兰、日本等国家。

舒婷擅长于自我情感律动的内省，在把握复杂细致的情感体验方面特别表现出女性独有的敏感。情感的复杂、丰富性常常通过假设、让步等特殊句式表现得曲折尽致。舒婷又能在一些常常被人们漠视的常规现象中发现尖锐深刻的诗化哲理（《神女峰》《惠安女子》），并把这种发现写得既富有思辨力量，又楚楚动人。舒婷的诗，有明丽隽美的意象、缜密流畅的思维逻辑，从这方面说，她的诗并不"朦胧"。只是多数诗的手法采用隐喻、局部或整体象征，很少以直抒告白的方式，表达的意象有一定的多义性。

＜正文＞

我是你河边上破旧的老水车，
数百年来纺着疲惫的歌；
我是你额上熏黑的矿灯，
照你在历史的隧洞里蜗行摸索

我是干瘪的稻穗，是失修的路基；

是淤滩上的驳船

把纤绳深深

勒进你的肩膊，

——祖国啊！

我是贫困，

我是悲哀。

我是你祖祖辈辈

痛苦的希望啊，

是"飞天"袖间

千百年未落到地面的花朵，

——祖国啊！

我是你簇新的理想，

刚从神话的蛛网里挣脱；

我是你雪被下古莲的胚芽；

我是你挂着眼泪的笑涡；

我是新刷出的雪白的起跑线；

是绯红的黎明

正在喷薄；

——祖国啊！

我是你的十亿分之一，

是你九百六十万平方的总和；

你以伤痕累累的乳房

喂养了

迷惘的我、深思的我、沸腾的我；

那就从我的血肉之躯上

去取得

你的富饶、你的荣光、你的自由；

——祖国啊，

我亲爱的祖国！

M1-61　祖国啊，我亲
爱的祖国

‹注释›

[1] 本文选自《舒婷的诗》，人民文学出版社，2012年出版。

＜评析＞

《祖国啊，我亲爱的祖国》是当代女诗人舒婷的一首深情的爱国之歌，诗中交融着深沉的历史感与强烈的时代感，涌动着摆脱贫困、挣脱束缚、走向新生的激情，读来令人荡气回肠。

在这首诗中，作者将个体的"我"熔铸在祖国的大形象里，并承担起为祖国取得"富饶""荣光""自由"的重任，表达了强烈的爱国之情和历史责任感。

为表达这种赤子的深情，诗人采用了由低沉缓慢走向高亢迅疾的节奏。全诗运用了主体与客体交错换用、相互交融的手法。主体是诗人的"我"，客体是"祖国"，而在全诗的进展中，让其合二而一——我即是祖国，祖国也就是我。祖国是我的痛苦，我是祖国的悲哀；祖国是我的迷惘，我是祖国的希望；我是祖国的眼泪和笑涡，而祖国正在我的血肉之躯与心灵上起飞和奔跑。

＜扩展阅读＞

 M1-62　致橡树

 M1-63　我是一个任性的孩子

 M1-64　一代人

 M1-65　回答

＜讨论思考＞

阅读舒婷的《致橡树》、顾城的《我是一个任性的孩子》《一代人》，并结合本诗，体会朦胧诗的特点。

24. 一只特立独行的猪[1]

王小波

《作家作品》

王小波（1952年5月—1997年4月），当代著名学者、作家。出生于北京，先后当过知青、民办教师、工人，1978年考入中国人民大学，1984年赴美国匹兹堡大学东亚研究中心求学，2年后获得硕士学位。在美留学期间，游历了美国各地，并利用1986年暑假游历了西欧诸国。1988年回国，先后在北京大学、中国人民大学任教。1992年9月辞去教职，做自由撰稿人。他的代表作品有《黄金时代》《白银时代》《青铜时代》《黑铁时代》等。他的唯一一部电影剧本《东宫西宫》获阿根廷国际电影节最佳编剧奖，并且入围1997年的戛纳国际电影节。

《正文》

插队的时候，我喂过猪、也放过牛。假如没有人来管，这两种动物也完全知道该怎样生活。它们会自由自在地闲逛，饥则食渴则饮，春天来临时还要谈谈爱情；这样一来，它们的生活层次很低，完全乏善可陈。人来了以后，给它们的生活做出了安排：每一头牛和每一口猪的生活都有了主题。就它们中的大多数而言，这种生活主题是很悲惨的：前者的主题是干活，后者的主题是长肉。我不认为这有什么可抱怨的，因为我当时的生活也不见得丰富了多少，除了八个样板戏，也没有什么消遣。有极少数的猪和牛，它们的生活另有安排。以猪为例，种猪和母猪除了吃，还有别的事可干。就我所见，它们对这些安排也不大喜欢。种猪的任务是交配，换言之，我们的政策准许它当个花花公子。但是疲惫的种猪往往摆出一种肉猪（肉猪是阉过的）才有的正人君子架势，死活不肯跳到母猪背上去。母猪的任务是生崽儿，但有些母猪却要把猪崽儿吃掉。总的来说，人的安排使猪痛苦不堪。但它们还是接受了：猪总是猪啊。

对生活做种种设置是人特有的品性。不光是设置动物，也设置自己。我们知道，在古希腊有个斯巴达，那里的生活被设置得了无生趣，其目的就是要使男人成为亡命战士，使女人成为生育机器，前者像些斗鸡，后者像些母猪。这两类动物是很特别的，但我以为，它们肯定不喜欢自己的生活。但不喜欢又能怎么样？人也好，动物也罢，都很难改变自己的命运。

以下谈到的一只猪有些与众不同。我喂猪时，它已经有四五岁了，从名分上说，它是肉猪，但长得又黑又瘦，两眼炯炯有光。这家伙像山羊一样敏捷，一米高的猪栏一跳就过；它还能跳上猪圈的房顶，这一点又像是猫——所以它总是到处游逛，根本就不在圈里待着。所有喂过猪的知青都把它当宠儿来对待，它也是我的宠儿——因为它只对知青好，容许他们走到三米之内，要是别的人，它早就跑了。它是公的，原本该劁掉。不过你去试试看，哪怕你把劁猪刀藏在身后，它也能嗅出来，朝你瞪大眼睛，嗷嗷地吼起来。我总是用细米糠熬的粥喂它，等它吃够了以后，才把糠对到野草里喂别的猪。其他猪看了嫉妒，一起嚷起来。这时候整个猪场一片鬼哭狼嚎，但我和它都不在乎。吃饱了以后，它就跳上房顶去晒太阳，或者模仿各种声音。它会学汽车响、拖拉机响，学得都很像；有时整天不见踪影，我估计它到附近的村寨里找母猪去了。我们这里也有母猪，都关在圈里，被过度的生育搞得走了形，又脏又臭，它对它们不感兴趣；村寨里的母猪好看一些。它有很多精彩的事迹，但我喂猪的时间短，知道得有限，索性就不写了。总而言之，所有喂过猪的知青都喜欢它，喜欢它特立独行的派头儿，还说它活得潇洒。但老乡们就不这么浪漫，他们说，这猪不正经。领导则痛恨它，这一点以后还要谈到。我对它则不止是喜欢——我尊敬它，常常不顾自己虚长十几岁这一现实，把它叫做"猪兄"。如前所述，这位猪兄会模仿各种声音。我想它也学过人说话，但没有学会——假如学会了，我们就可以做倾心之谈。但这不能怪它。人和猪的音色差得太远了。

后来，猪兄学会了汽笛叫，这个本领给它招来了麻烦。我们那里有座糖厂，中午要鸣一次汽笛，让工人换班。我们队下地干活时，听见这次汽笛响就收工回来。我的猪兄每天上午十点钟总要跳到房上学汽笛，地里的人听见它叫就回来——这可比糖厂鸣笛早了一个半小时。坦白地说，这不能全怪猪兄，它毕竟不是锅炉，叫起来和汽笛还有些区别，但老乡们却硬说听不出来。领导上因此开了一个会，把它定成了破坏春耕的坏分子，要对它采取专政手段——会议的精神我已经知道了，但我不为它担忧——因为假如专政是指绳索和杀猪刀的话，那是一点门都没有的。以前的领导也不是没试过，一百人也捉不住它。狗也没用：猪兄跑起来像颗鱼雷，能把狗撞出一丈开外。谁知这回是动了真格的，指导员带了二十几个人，手拿五四式手枪；副指导员带了十几人，手持看青的火枪，分两路在猪场外的空地上兜捕它。这就使我陷入了内心的矛盾：按我和它的交情，我该舞起两把杀猪刀冲出去，和它并肩战斗，但我又觉得这样做太过惊世骇俗——它毕竟是只猪啊；还有一个理由，我不敢对抗领导，我怀疑这才是问题之所在。总之，我在一边看着。猪兄的镇定使我佩服之极：它很冷静地躲在手枪和火枪的连线之内，任凭人喊狗咬，不离那条线。这样，拿手枪的人开火就会把拿火枪的打死，反之亦然；两头同时开火，两头都会被打死。至于它，因为目标小，多半没事。就这样连兜了几个圈子，它找到了一个空子，一头撞出去了；跑得潇洒至极。以后我在甘蔗地里还见过它一次，它长出了獠牙，还认识我，但已不容我走近了。这种冷淡使我痛心，但我也赞成它对心怀叵测的人保持距离。

我已经四十多岁了，除了这只猪，还没见过谁敢于如此无视对生活的设置。相反，我倒见过很多想要设置别人生活的人，还有对被设置的生活安之若素的人。因为这个缘故，我一直怀念这只特立独行的猪。

〈注释〉

［1］选自《王小波全集》，云南人民出版社，2006年出版。

〈评析〉

王小波本人就是一个特立独行的人，这只猪其实是作者自己理想的化身，但为什么是只猪呢？猪的命运是被人设置好的，公猪阉掉、长肉、傻吃、闷睡、等死；母猪下崽。但是猪也会不甘心于这样的设置。其实从这个角度说，这些猪就反映了社会中被设置好的人们的生存状态及心理，想反抗又无力反抗，无奈下某种程度的绝望。这反映了王小波写作态度的某一方面，即对人民大众的关怀，他希望人们有智慧，自己思考，反对别人的设置和灌输，讨厌模式化的生活。

本文中有两个"我"，一个是第一人称的"我"，就是那个喜欢那头猪的知青，就是管猪叫猪兄的那个"我"，这个"我"更现实，从他身上我们能看到被设置的人的种种懦弱，与猪兄形成对比，是人身上存在的缺点。猪呢，则是作者理想的具体化，像一个天真的孩子，对有意思的东西有着强烈的好奇心并且想要学会他们，比如汽车叫、汽笛叫等。

本文点明了社会中的一大通病，人们循规蹈矩，喜欢将所有的事情都安排好，让别人都接受自己的安排，这样的社会只会向着沉寂庸俗的方向越走越远，人们在不断地设置中失去自由，失去生活的乐趣。虽然本文以猪的故事批判了社会的问题，却从侧面体现了作者对于社会、对于人群的热忱的关爱。

‹扩展阅读›

M1-66　椰子树与平等

‹讨论思考›

阅读《椰子树与平等》，并结合本文，简要分析王小波作品的语言特色。

25. 天龙八部（节选）[1]

金　庸

‹作家作品›

金庸（1924—2018），本名查良镛，浙江海宁人。当代著名学者、文学家。在近20年的创作生涯中，金庸共完成了15部武侠小说，共计36册，1000余万字。有人将其总结为"飞雪连天射白鹿，笑书神侠倚碧鸳"（外加一部《越女剑》）。他的作品，既能继承借鉴传统武侠、章回小说的精华，又善于吸收现代小说、西洋小说的技法。凭借对人性的深刻体验和对社会、历史的独特认知，金庸将武侠小说的创作推向高峰。金庸的武侠小说，是香港文学独特魅力的一个缩影，也是20世纪华文文学的奇迹。无论印行数量之大、流布之广、影响之深远，均属前所未有。金庸以独特的语言艺术、超凡的想象力、丰沛的传统文化内涵、强烈的批判精神，为读者营造了一个五彩缤纷、奇幻多姿的武侠世界。

老僧向萧远山道："萧居士，你近来小腹上'梁门''太乙'两穴，可感到隐隐疼痛么？"萧远山全身一凛，道："神僧明见，正是这般。"那老僧又道："你'关元穴'上的麻木不仁，近来却又如何？"萧远山更是惊讶，颤声道："这麻木处十年前只小指头大一块，现下……现下几乎有茶杯口大了。"

萧峰一听之下，知道父亲三处要穴现出这种迹象，乃是强练少林绝技所致，从他话中听来，这征象已困扰他多年，始终无法驱除，成为一大隐忧，当即上前两步，双膝跪倒，向那老僧拜了下去，说道："神僧既知家父病根，还祈慈悲解救。"

那老僧合十还礼，说道："施主请起。施主宅心仁善，以天下苍生为念，不肯以私仇而伤害宋辽军民，如此大仁大义，不论有何吩咐，老衲无有不从。不必多礼。"萧峰大喜，又磕了两个头，这才站起。那老僧叹了口气，说道："萧老施主过去杀人甚多，颇伤无辜，像乔三槐夫妇，玄苦大师，实是不该杀的。"

萧远山是契丹英雄，年纪虽老，不减犷悍之气，听那老僧责备自己，朗声道："老夫自知受伤，但已过六旬，有子成人，纵然顷刻间便死，亦复何憾？神僧要老夫认错悔过，却是万万不能。"

那老僧摇头道："老衲不敢要老施主放错悔过。只是老施主之伤，乃因练少林派武功而起，欲觅化解之道，便须从佛法中去寻。"

他说到这里，转头向慕容博道："慕容老施主视死如归，自不须老衲饶舌多言。但若老衲点途径，令老施主免除了阳白、廉泉、风府三处穴道上每日三次的万针攒刺之苦，却又如何？"

慕容博脸色大变，不由得全身微微颤动。他阳白、廉泉、风府三处穴道，每日清晨、正午、了夜三时，确如万针攒刺，痛不可当，不论服食何种灵丹妙药，都是没半点效验。只要一运内功，那针刺之痛更是深入骨髓。一日之中，连死三次，哪里还有什么生人乐趣？这痛楚近年来更加厉害，他所以甘愿一死，以交换萧峰答允兴兵攻宋，虽说是为了兴复燕国的大业，一小半也为了身患这无名恶疾，实是难以忍耐。这时突然听那老僧说出自己的病根，委实一惊非同小可。以他这等武功高深之士，当真耳边平白响起一个霹雳，丝毫不会吃惊，甚至连响十个霹雳，也只当是老天爷放屁，不予理会。但那老僧这平平淡淡的几句话，却令他心惊肉跳，惶感无已，他身子抖得两下，猛觉阳白、廉泉、风府三处穴道之中，那针刺般的剧痛又发作起来。本来此刻并非作痛的时刻，可是心神震荡之下，其痛陡生，当下只有咬紧牙关强忍。但这牙关却也咬它不紧，上下牙齿得得相撞，狼狈不堪。

慕容复素知父亲要强好胜的脾气，宁可杀了他，也不能在人前出丑受辱，他更不愿如萧峰一般，为了父亲而向那老僧跪拜恳求，当下向萧峰父子一拱手，说道："青山不改，绿水长流，今日暂且别过。两位要找我父子报仇，我们在姑苏燕子坞参合庄恭候大驾。"伸手携住慕容博右手，道："爹爹，咱们走吧！"

那老僧道："你竟忍心如此，让令尊受此彻骨奇痛的煎熬？"

慕容复脸色惨白，拉着慕容博之手，迈步便走。

萧峰喝道："你就想走？天下有这等便宜事？你父亲身上有病，大丈夫不屑乘人之危，且放了他过去。你可没病没痛！"慕容复气往上冲，喝道："那我便接萧兄的高招。"萧峰更不打话，呼的一掌，一招降龙十八掌中的"见龙在田"，向慕容复猛击过去。他见藏经阁中地势险隘，高手群集，不便久斗，是以使上了十成力，要在数掌之间便取了敌人性命。

慕容复见他掌势凶恶，当即运起平生之力，要以"斗转星移"之术化解。

那老僧双手合十，说道："陈弥陀佛，佛门善地，两位施主不可妄动无明。"

他双掌只这么一合，便似有一股力道化成一堵无形高墙，挡在萧峰和慕容复之间。萧峰排山倒海的掌力撞在这堵墙上，登时无影无踪，消于无形。

萧峰心中一凛，他生平从未遇敌手，但眼前这老僧功力显比自己强过太多，他既出手阻止，今日之仇是决不能报了。他想到父亲的内伤，又躬身道："在下蛮荒匹夫，草野之辈，不知礼仪，冒犯了神僧，恕罪则个。"

那老僧微笑道："好说，好说。老僧对萧施主好生相敬，唯大英雄能本色，萧施主当之无愧。"

萧峰道："家父犯下的杀人罪孽，都系由在下身上引起，恳求神僧治了家父之伤，诸般罪责，都由在下领受，万死不辞。"

那老僧微微一笑，说道："老衲已经说过，要化解萧老放防的内伤，须从佛法中寻求。佛由心生，佛即是觉。旁人只能指点，却不能代劳。我问萧老施主一句话：倘若你有治伤的能耐，那慕容老施主的内伤，你肯不肯替他医治？"

萧远山一怔，道："我……我替慕容老……老匹夫治伤？"慕容复喝道："你嘴里放干净些。"萧远山咬牙切齿地道："慕容老匹夫杀我爱妻，毁了我一生，我恨不得千刀万剐，将他斩成肉酱。"那老僧道："你如不见慕容老施主死于非命，难消心头大恨？"萧远山道："正是。老夫三十年来，心头日思夜想，便只这一桩血海深恨。"

那老僧点头道："那也容易。"缓步向前，伸出一掌，拍向慕容博头顶。

慕容博初时见那老僧走近，也不在意，待见他伸掌拍向自己天灵盖，左手忙上抬相格，又恐对方武功太过厉害，一抬手后，身子跟着向后飘出。他姑苏慕容氏家传武学，本已非同小可，再钻研少林寺七十二绝技后，更是如虎添翼，这一抬头，一飘身，看似平平无奇，却是一掌挡尽天下诸般攻招，一退闪去世间任何追击。守势之严密飘逸，直可说至矣尽矣，蔑以加矣。阁中诸人个个都是武学高手，一见他使出这两招来，都暗喝一声彩，即令萧远山父子，都不禁钦佩。

岂知那老僧一掌轻轻拍落，波的一声响，正好击在慕容博脑门正中的"百会穴"上，慕容博的一格一退，竟没半点效用。"百会穴"是人身最要紧的所在，即是给全然不会武功之人碰上了，也有受伤之虞，那老僧一击而中，慕容博全身一震，登时气绝，向后便倒。

慕容复大惊，抢上扶住，叫道："爹爹，爹爹！"但见父亲嘴眼俱闭，鼻孔中已无出气，忙伸手到他心口一摸，心跳亦已停止。慕容复悲怒交集，万想不到这个满口慈悲佛法的老僧居然会下此毒手，叫道："你……你……你这老贼秃！"将父亲的尸身往柱上一靠，飞身纵起，双掌齐出，向那老僧猛击过去。

那老僧不闻不见，全不理睬。慕容复双掌推到那老僧身前两尺之处，突然间又如撞上了一堵无形气墙，更似撞进了一张渔网之中，掌力虽猛，却是无可施力，被那气墙反弹出来，撞在一座书架之上。本来他来势既猛，反弹之力也必十分凌厉，但他掌力似被那无形气墙尽数化去，然后将他轻轻推开，是以他背脊撞上书架，书架固不倒塌，连架旧堆满的经书也没落下一册。

慕容复甚是机警，虽然伤痛父亲之亡，但知那老僧武功高出自己十倍，纵然狂打狠斗，终究奈何他不得，当下倚在书架之上，假作喘息不止，心下暗自盘算，如何出其不意的再施偷袭。

那老僧转向萧远山，淡淡地道："萧老施主要亲眼见到慕容老施主死于非命，以平积年仇恨。现下慕容老施主是死了，萧老施主这口气可平了吧？"

萧远山见那老僧一掌击死慕容博，本来也是讶异无比，听他这么相问，不禁心中一片茫然，张口结舌，说不出话来。

这三十年来，他处心积虑，便是要报这杀妻之仇、夺子之恨。这一年中真相显现，他将当年参与雁门关之役的中原豪杰一个个打死，连玄苦大师与乔三槐夫妇也死在他手中。其后得悉"带头大哥"便是少林方丈玄慈，更奋不顾身下英雄之前揭破他与叶二娘的奸情，令他身败名裂，这才逼他自杀，这仇可算报得到家之至。待见玄慈死得光明磊落，不失英雄气概，萧远山内心深处，隐隐已觉此事做得未免过了分，而叶二娘之死，更令他良心渐感不安。只是其时得悉假传音讯，酿成惨变的奸徒，便是那同在寺中隐伏，与自己三次交手不分高下的灰衣僧慕容博，萧远山满腔怒气，便都倾注在此人身上，恨不得食其肉而寝其皮，抽其筋而炊其骨。哪知道平白无端的出来一个无名老僧，行若无事的一掌将便自己的大仇和打死了。他霎时之间，犹如身在云端，飘飘荡荡，在这世间更无立足之地。

萧远山少年明豪气干云，学成一身出神入化的武功，一心一意为国效劳，树立功名，做一个名垂青史的人物。他与妻子自幼便青梅竹马，两相爱悦，成婚后不久诞下一个麟儿，更是襟怀爽朗，意气风发，但觉天地间无事不可为，不料雁门关外奇变陡生，堕谷不死之余，整个人全变了样子，什么功名事业、名位财宝，在他眼中皆如尘土，日思夜想，只是如何手刃仇人，以泄大恨。他本是个豪迈诚朴、无所萦怀的塞外大汉，心中一充满仇恨，性子竟然越来越乖戾。再在少林寺中潜居数十年，昼伏夜出，勤练武功，一年之中难得与旁人说一两句话，性情更是大变。

突然之间，数十年来恨之切齿的大仇人，一个个死在自己面前，按理说该当十分快意，但内心中却实是说不出的寂寞凄凉，只觉得这世间再也没什么事情可干，活着也是白活。他斜眼向倚在柱上的慕容博瞧去，只见他脸色平和，嘴角边微带笑容，倒似死去之后，比活着还更快乐。萧远山内心反而隐隐有点羡慕他的福气，但觉一了百了，人死之后，什么都是一笔勾销。顷刻之间，心下一片萧索："仇人都死光了，我的仇全仇了。我却到哪里去？回大辽吗？去干什么？到雁门关外去隐居么？去干什么？带着峰儿浪迹天涯、四海漂流么？为了什么？"

那老僧道："萧老施主，你要去哪里，这就请便。"萧远山摇头道："我……我却到哪里去？我无处可去。"那老僧道："慕容老施主，是我打死的，你未能亲手报此大仇，是以心有余憾，是不是？"萧远山道："不是，就算你没打死他，我也不想打死他了。"那老僧点头道："不错！可是这位慕容少侠伤痛父亲之死，却要找老衲和你报仇，却如何是好？"

萧远山心灰意懒，说道："大和尚是代我出手的，慕容少侠要为父报仇，尽管来杀我便是。"叹了口气，说道："他来取了我的性命倒好。峰儿，你回到大辽去吧，咱们的事都办完啦，路已走到了尽头。"萧峰叫道："爹爹，你……"

那老僧道："慕容少侠倘若打死了你，你儿子势必又要杀慕容少侠为你报仇，如此冤冤相报，何时方了？不如天下的罪孽都归我吧！"说着踏上一步，提起手掌，往萧远山头拍将下去。

萧峰大惊，这老僧既能一掌打死慕容博，也能打死父亲，大声喝道："住手！"双掌齐出，向那老僧当胸猛击过去。他对那老僧本来十分敬仰，但这时为了相救父亲，只有全力奋击。那老僧伸出左掌，将萧峰双掌推来之力一挡，右掌却仍是拍向萧远山头顶。

萧远山全没想到抵御，眼见那老僧的右掌正要碰到他脑门，那老僧突然大喝一声，右掌改向萧峰击去。

萧峰双掌之力正要他左掌相持，突见他右掌转而袭击自己，当即抽出左掌抵挡，同时叫道："爹爹，快走，快走！"不料那老僧右掌这一招中途变向，纯真虚招，只是要引开萧峰双掌中的一掌之力，以减轻推向自身的力道。萧峰左掌一回，那老僧的右掌立即圈转，波的一声轻响，已击中了萧远山的顶门。

便在此时，萧峰的右掌已跟着击到，砰的一声呼，重重打中那老僧胸口，跟着喀喇喇几声，肋骨断了几根。那老僧微微一笑，道："好俊的功夫！降龙十八掌，果然天下第一。"这个"一"字一说出，口中一股鲜血跟着直喷了出来。

萧峰一呆之下，过去扶住父亲，但见他呼吸停闭，心不再跳，已然气绝身亡，一时悲痛填膺，浑没了主意。

那老僧道："是时候了，该当走啦！"右手抓住萧远山尸身的后领，左手抓住慕容博尸身的后领，迈开大步，竟如凌虚而行一般，走了几步，便跨出了窗子。

萧峰和慕容复齐声大喝："你……你干什么？"同发掌力，向老僧背后击去。就在片刻之间，他二人还是势不两立，要拼个你死我活，这时二人的父亲双双被害，竟尔敌忾同仇，联手追击对头。二人掌力上合，力道更是巨大。那老僧在二人掌风推送之下，便如纸鸢般向前飘出数丈，双手仍抓着两具尸身，三个身子轻飘飘地，浑不似血肉之躯。

萧峰纵身急跃，追出窗外，只见那老僧手提二尸，直向山下走去。萧峰加快脚步，只道三脚两步便能追到他身后，不料那老僧轻功之奇，实是生平从所未见，宛似身有邪术一般。萧峰奋力急奔，只觉山风刮脸如刀，自知奔行奇速，但离那老僧背后始终有两三丈远近，边边发掌，总是打了个空。

那老僧在荒山中东一转，西一拐，到了林间一处平旷之地，将两具尸身放在一株树下，都摆成了盘膝而坐的姿势，自己坐在二尸之后，双掌分别挡住二尸的背心。他刚坐定，萧峰亦已赶到。

萧峰见那老僧举止有异，便不上前动手。只听那老僧道："我提着他们奔走一会儿，活活血脉。"萧峰几乎不相信自己的耳朵，给死人活活血脉，那是什么意思？顺口道："活活血脉？"那老僧道："他们内伤太重，须得先令他们作龟息之眠，再图解救。"萧峰心下一凛："难道我爹爹没死？他……他是在给爹爹治伤？天下哪有先将人打死再给他治伤之法？"

过不多时，慕容复、鸠摩智、玄生、玄灭以及神山上人等先后赶到，只见两尸头顶忽然冒出一缕缕白气。

那老僧将二尸转过身来，面对着面，再将二尸四只手拉成互握。慕容复叫道："你……你……这干什么？"那老僧不答，绕着二尸缓缓行走，不住伸掌拍击，有时有萧远山"大椎穴"上拍一记，有时在慕容博"玉枕穴"上打一下，只见二尸头顶白气越来越浓。

又过了一盏茶时分，萧远山和慕容博身子同时微微颤动，萧峰和慕容复惊喜交集，齐叫："爹爹！"萧远山和慕容博慢慢睁开眼来，向对方看了一眼，随即闭住。但见萧远山满脸红光，慕窝博脸上隐隐现着青气。

众人这时方才明白，那老僧适才在藏经阁上击打二人，只不过令他们暂时停闭气息、心脏不跳，当是医治重大内伤的一项法门。许多内功高深之士都曾练过"龟息"之法，然而那是自行停止呼吸，要将旁人一掌打得停止呼吸而不死，实是匪夷所思。这老僧既出于善心，原可事先明言，何必开这个大大的玩笑，以致累得萧峰、慕容复惊怒如狂，更累须他自身受到萧峰的掌击、口喷鲜血？众人心中积满了疑团，但见那老僧全神贯注的转动出掌，谁也不敢出口询问。

渐渐听得萧远山和慕容博二人呼吸由低而响，越来越是粗重，跟着萧远山脸色渐红，到后来便如要滴出血来，慕容博的脸色却越来越青，碧油油的甚是怕人。旁观众人均知，一个是阳气过旺，虚火上冲，另一个却是阴气大盛，风寒内塞。玄生、玄灭、道清等身上均带得有治伤妙药，只是不知哪一种方才对症。

突然间只听得老僧喝道："咄！四手互握，内息相应，以阴济阳，以阳化阴。王霸雄图，血海深恨，尽归尘土，消于无形！"

萧远山和慕容博的四手本来交互握住，听那老僧一喝，不由得手掌一紧，各人体内的内息对方涌了过去，融会贯通，以有余补不足，两人脸色渐渐分别消红退青，变得苍白；又过一会，两人同时睁开眼来，相对一笑。

萧峰和慕容复各见父亲睁眼微笑，欢慰不可名状。只见萧远山和萧峰二人携手站起，一齐在那老僧面前跪下。那老僧道："你二人由生到死、由死到生地走了一遍，心中可还有什么放不下？倘若适才就此死了，还有什么兴复大燕、报复妻仇的念头？"

萧远山道："弟子空在少林寺做了三十年和尚，那全是假的，没半点佛门弟子的慈心，恳请师父收录。"那老僧道："你的杀妻之仇，不想报了？"萧远山道："弟子生平杀人，无虑百数，倘若被我所杀之人的眷属皆来向我复仇索命，弟子虽死百次，亦自不足。"

那老僧转向慕容博道："你呢？"慕容博微微一笑，说道："庶民如尘土，帝王亦如尘土。大燕不复国是空，复国亦空。"那老僧哈哈一笑，道："大彻大悟，善哉，善哉！"慕容博道："求师父收为弟子，更加开导。"那老僧道："你们想出家为僧，须求少林寺中的大师们剃度。我有几句话，不妨说给你们听听。"当即端坐说法。

萧峰和慕容复见父亲跪下，跟着便也跪下。玄生、玄灭、神山、道清、波罗星等听那老僧说到精妙之处，不由得皆大欢喜，敬慕之心，油然而起，一个个都跪将下来。

〈注释〉

[1] 本文节选自《天龙八部》，广州出版社，2008年版。根据内容需要，略有删节。

〈评析〉

金庸的武侠小说，在曲折迷离、回肠荡气的武侠故事之中，还蕴涵着丰富的传统文化，具有价值判断的宗教化取向。

《天龙八部》中的萧远山和慕容博，两人为各自的目的苦心孤诣，隐身少林寺藏经阁三十年之久。老僧像是一个洞悉一切的神，将萧远山与慕容博偷习绝技造成的宿疾治好，仇与恨，都在老僧的一喝中化解；相视一笑，两人的痛苦，在无边的佛法中得到了最终的解脱。在老僧身上，体现了佛学的最高智慧：知识丰富又不骄傲矜持，洞察世情又不高高在上，指点迷津又不故作高深，看破红尘而脱离人间。它植根于深深的冥思，又来源于对往事的颖悟，更有对历史的超升。同时，老僧的出现，也是作者为人世间无休止的冤冤相报指出的一条解脱之道。金庸说，刻画人性是他小说创作的主要目标。在他的作品中，人物的命运从根本上说是人性的外在表现形态，人性的弱点也就成为人物命运悲剧中的重要因素。对情的痴妄，对权力、武功的崇拜和追逐，对个人恩怨的过分关注，都是人性失衡的结果。金庸以佛家普度众生的博大情怀，为人心的痛苦找出解脱之道，为人性的品类各安天命，同时也形成了金庸武侠小说浓重的宗教化色彩，极具艺术水准。

‹讨论思考›

阅读《天龙八部》全文，想想什么是"侠"。

26.透明的红萝卜（节选）[1]

莫 言

‹作家作品›

莫言，原名管谟业，1955年2月17日生，祖籍山东高密，是第一个获得诺贝尔文学奖的中国籍作家。他写的一系列乡土作品充满着"怀乡"以及"怨乡"的复杂情感，被归类为"寻根文学"作家。2000年，莫言的《红高粱》入选《亚洲周刊》评选的"20世纪中文小说100强"。2005年《檀香刑》全票入围茅盾文学奖初选。2011年莫言荣获茅盾文学奖，2012年莫言荣获诺贝尔文学奖。

‹正文›

秋天的一个早晨，潮气很重，杂草上，瓦片上都凝结着一层透明的露水。槐树上已经有了浅黄色的叶片，挂在槐树上的红锈斑斑的铁钟也被露水打得湿漉漉的。队长披着夹袄，一手里抺着一块高粱面饼子，一手里捏着一棵剥皮的大葱，慢吞吞地朝着钟下走。走到钟下时，手里的东西全没了，只有两个腮帮子象秋田里搬运粮草的老田鼠一样饱满地鼓着。他拉动钟绳，钟锤撞击钟壁，"嘡嘡嘡"响成一片。老老少少的人从胡同里涌出来，汇集到钟下，眼巴巴地望着队长，像一群木偶。队长用力把食物吞咽下去，抬起袖子擦擦被络腮胡子包围着的嘴。人们一齐瞅着队长的嘴，只听到那张嘴一张开——那张嘴一张开就骂："他娘的腿！公社里这些狗娘养的，今日抽两个瓦工，明日调两个木工，几个劳力全被他们给零打碎敲了。小石匠，公社要加宽村后的滞洪闸，每个生产队里抽调一个石匠，一个小工，只好你去了。"队长对着一个高个子宽肩膀的小伙子说。

小石匠长得很潇洒，眉毛黑黑的，牙齿是白的，一白一黑，衬托得满面英姿。他把脑袋轻轻摇了一下，一绺滑到额头上的头发轻轻地甩上去。他稍微有点口吃地问队长去当小工的人是谁，队长怕冷似地把膀子抱起来，双眼像风车一样旋转着，嘴里嗫嗫地说："按说去个妇女好，可妇女要拾棉花。去个男劳力又屈了料。"最后，他的目光停在墙角上。墙角上站着一个十岁左右的男孩子。孩子赤着脚，光着脊梁，穿一条又肥又长的白底带绿条条的大裤头子，裤头上染着一块块的污渍，有的像青草的汁液，有的像干结的鼻血。裤头的下沿齐着膝盖。孩子的小腿上布满了闪亮的小疤点。

"黑孩儿，你还活着？"队长看着孩子那凸起的瘦胸脯，说："我寻思着你该去见阎王了。打摆子好了吗?"

孩子不说话,只是把两只又黑又亮的眼睛直盯着队长看。他的头很大,脖子细长,挑着这样一个大脑袋显得随时都有压折的危险。

"你是不是要干点活儿挣几个工分?你这个熊样子能干什么?放个屁都怕把你震倒。你跟上小石匠到滞洪闸上去当小工吧,怎么样?回家找把小锤子,就坐在那儿砸石头子儿,愿意动弹就多砸几块,不愿动弹就少砸几块,根据历史的经验,公社的差事都是糊弄洋鬼子地干活。"

孩子慢慢地蹭到小石匠身边,扯扯小石匠的衣角。小石匠友好地拍拍他的光葫芦头,说:"回家跟你后娘要把锤子,我在桥头上等你。"

孩子向前跑了。有跑的动作,没有跑的速度,两只细胳膊使劲甩动着,像谷地里被风吹动着的稻草人。人们的目光都追着他,看着他光着的背,忽然都感到身上发冷。队长把夹袄使劲扯了扯,对着孩子喊:"回家跟你后娘要件褂子穿着,嗐,你这个小可怜虫儿。"

着石栏杆,望着水底下的石头,几条黑色的瘦鱼在石缝里笨拙地游动。滞洪闸两头连结着高高的河堤,河堤也就是通往县城的道路。闸身有五米宽,两边各有一道半米高的石栏杆。前几年,有几个骑自行车的人被马车操到闸下,有的摔断了腿,有的摔折了腰,有的摔死了。那时候他比现在当然还小,但比现在身上肉多,那时候父亲还没去关东,后娘也不喝酒。他跑到闸上来看热闹,他来得晚了点,摔到闸下的人已被拉走了,只有闸下的水槽里还有几团发红发浑的地方。他的鼻子很灵,嗅到了水里飘上来的血腥味……

他的手扶住冰凉的白石栏杆,羊角锤在栏杆上敲了一下,栏杆和锤子一齐响起来。倾听着羊角铁锤和白石栏杆的声音,往事便从眼前消散去。太阳很亮地照着闸外大片的黄麻,他看到那些薄雾匆匆忙忙地在黄麻里钻来钻去。黄麻太密了,下半部似乎还有间隙,上半部的枝叶挤在一起,湿漉漉,油亮亮。他继续往西看,看到黄麻地西边有一块地瓜地,地瓜叶子紫勾勾地亮。黑孩知道这种地瓜是新品种,蔓儿短,结瓜多,面大味道甜,白皮红瓤儿,煮熟了就爆炸。地瓜地的北边是一片菜园,社员的自留地统统归了公,队里只好种菜园。黑孩知道这块菜园和地瓜都是五里外的一个村庄的,这个村子挺富。菜园里有白菜,似乎还有萝卜。萝卜缨儿绿得发黑,长得很旺。菜园子中间有两间孤独的房屋,住着一个孤独的老头,孩子都知道。菜园的北边是一望无际的黄麻。菜园的西边又是一望无际的黄麻。三面黄麻一面堤,使地瓜地和菜地变成一个方方的大井。孩子想着,想着,那些紫色的叶片,绿色的叶片,在一瞬间变成井中水,紧跟着黄麻也变成了水,几只在黄麻梢头飞蹿的麻雀变成了绿色的翠鸟,在水面上捕食鱼虾……

刘副主任还在训话。他的话的大意是,为了农业学大寨,水利是农业的命脉,八字宪法水是一法,没有水的农业就像没有娘的孩子,有了娘,这个娘也没有奶子,有了奶子,这个奶子也是个瞎奶子,没有奶水,孩子活不了,活了也像那个瘦猴。(刘副主任用手指指着闸上的黑孩。黑孩背对着人群,他脊梁上有两块大疤瘌,被阳光照得忽啦忽啦打闪电)而且这个闸太窄,不安全,年年摔死人,公社革委特别重视,认真研究后决定加宽这个滞洪闸。因此调来了全公社各大队共合二百余名民工。第一阶段的任务是这样的,姑娘媳妇半老婆子加上那个瘦猴(他又指指闸上的孩子,阳光照着大疤瘌,像照着两面小镜子),把那五百方石头砸成柏子养心丸或者是鸡蛋黄那么大的石头子儿。石匠们要把所有的石料按照尺寸剥磨整齐。这两个是我们的铁匠(他指着两个棕色的人,这两个人一个高,一个低,一个老,一个少),负责修理石匠们秃了尖的钢钻子之类。吃饭嘛,离村近的回家吃,离村远的到前边村里吃，我们开了一个伙房。睡觉嘛，离村近的回家睡，离村远的睡桥洞（他指指滞洪闸下那几十个桥洞）。女的从东边向西睡，男的从西边向东睡。桥洞里铺着麦秸草，暄得像钢丝床，舒服死你们。

"刘副主任，你也睡桥洞吗？"

"我是领导。我有自行车。我愿意在这儿睡不愿意在这儿睡是我的事，你别操心烂了肺。官长骑马士兵也骑马吗？好好干，每天工分不少挣，还补你们一斤水利粮，两毛水利钱，谁不愿干就滚蛋。连小瘦猴也得一份钱粮，修完闸他保证要胖起来……"

刘副主任的话，黑孩一句也没听到。他的两根细胳膊拐在石栏杆上，双手夹住羊角锤。他听到黄麻地里响着鸟叫般的音乐和音乐般的秋虫鸣唱。逃逸的雾气碰撞着黄麻叶子和深红或是淡绿的茎秆，发出震耳欲聋的声响。蚂蚱剪动翅羽的声音像火车过铁桥。他在梦中见过一次火车，那是一个独眼的怪物，趴着跑，比马还快，要是站着跑呢？那次梦中，火车刚站起来，他就被后娘的扫炕笤帚打醒了。后娘让他去河里挑水。笤帚打在他屁股上，不痛，只有热乎乎的感觉。打屁股的声音好像在很远的地方有人用棍子抽一麻袋棉花。他把扁担钩儿挽上去一扣，水桶刚刚离开地皮。担着满满两桶水，他听到自己的骨头"咯崩咯崩"地响。肋条跟胯骨连在了一起。爬陡峭的河堤时，他双手扶着扁担，摇摇晃晃。上堤的小路被一棵棵柳树扭得弯弯曲曲。柳树干上像装了磁铁，把铁皮水桶吸得摇摇摆摆。树撞了桶，桶把水撒在小路上，很滑，他一脚踏上去，像踩着一块西瓜皮。不知道用什么姿势他趴下了，水像瀑布一样把他浇湿了。他的脸碰破了路，鼻子尖成了一个平面，一根草梗在平面上印了一个小沟沟。

<注释>

［1］本文选自《透明的红萝卜》，当代世界出版社，2004年出版。

<评析>

《透明的红萝卜》是莫言的成名作，1985年发表在《中国作家》第二期。小说讲述的是一个顶着大脑袋的黑孩，从小受继母虐待，因为沉默寡言，经常对着事物发呆，并对大自然有着超强的触觉、听觉等奇异功能的故事。

《透明的红萝卜》多少给人一种迷离恍惚之感。它所描写的一切，似乎是现实的，又是非现实的，是经验的，又是非经验的，是透明的，又是不透明的。小说这种独特的艺术形象和艺术效果，使人们获得一种新鲜的、陌生的审美经验。它使我们有些困惑，但也使我们享受到一种"别是一番滋味在心头"的愉悦。

《透明的红萝卜》这部小说并非传统意义上的写实作品，它包含了想象的成分，充满了一种梦幻的色彩。它写于1985年，这一时期西方的现代主义思潮涌入中国，中国小说界的创新意识高涨。在叙事方法上，莫言不像同时代国内作家那样深受西方影响，他采取了本土化的叙事方式，同时具有意向的独特性。这些特点被莫言坚持至今，成为他获得诺贝尔文学奖的缘由。

<讨论思考>

简要分析小说主人公黑孩的形象。

27. 我的女儿

席慕蓉

‹作家作品›

　　席慕蓉（1943—　　），台湾当代女诗人、画家。蒙古族，全名穆伦·席连勃，生于四川重庆，祖籍察哈尔盟明安旗，台湾师范大学艺术系毕业后，留学比利时布鲁塞尔皇家艺术学院。她是台湾知名画家，更是著名诗人、散文家。著有诗集《七里香》《无怨的青春》《时光九篇》，散文集《江山有诗》，美术论著《心灵的探索》《雷色艺术异论》等。她的作品浸润着东方古老哲学，带有宗教色彩，透露出一种人生无常的苍凉韵味。

‹正文›

　　我女儿刚送来一首诗，我念给你听，题目是《妈妈的手》

　　婴孩时——

　　妈妈的手是冲牛奶的健将，

　　我总喊："奶，奶。"

　　少年时——

　　妈妈的手是制便当的巧手，

　　我总喊："妈，中午的饭盒带什么？"

　　青年时——

　　妈妈的手是找东西的魔术师，

　　我总喊："妈，我东西不见啦！"

　　新娘时——

　　妈妈的手是奇妙的化妆师，

　　我总喊："妈，帮我搭口红。"

　　中年时——

　　妈妈的手是轻松的手，

　　我总喊："妈，您不要太累了！"

　　老年时——

　　妈妈的手是我思想的对象，

　　我总喊："谢谢妈妈那双大而平凡的手。"

　　然后，我的手也将成为另一个孩子思想的对象。

　　念着念着，只觉哽咽。母女一场，因缘也只在五十年内吧！其间并无可以书之于史，勒之于铭的大事，只是细细琐琐的俗事俗务。

　　但是，俗事也是可以入诗的，俗务也是可以萦人心胸，久而芬芳的。

　　世路险巇，人生实难，安家置产，也无非等于衔草于老树之巅，结巢于风雨之际。

　　如果真有可得意的，大概止于看见小儿女的成长如小雏鸟张目振翅，渐渐地能跟我们一起盘桓上下，并且渐渐地既能出人青云，亦能纵身人世。

　　所谓得意事，大约如此吧！

‹评析›

　　这是只有做过母亲的人才能写出的细腻文字。席慕蓉的文章取材广泛、充满温馨、平易朴实：山坡上的野草、孤独的大树、匆匆的过客、顽皮的小孩，这些不起眼的东西，她都能注意到并且看出它们内在的美好品质，然后化为文字，与读者共享。文中没有堆砌的词语，也少有令人惊奇的哲理，只是娓娓道出、顺理成章。那亲切舒缓的字句、空灵伤感的情调、行云流水般的叙述，处处洋溢着她对美好生活的执着追求和热爱。从她笔下的天地里，你会感觉到她那种对亲人、对朋友、对人生的热爱。她描写的那些充满至善至美的平凡琐事，总能拨动人们的心弦，像一股涓涓细流，带给读者无限甘香。

‹扩展阅读›

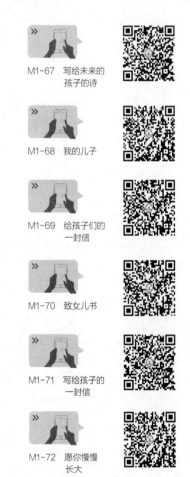

M1-67　写给未来的
　　　　孩子的诗

M1-68　我的儿子

M1-69　给孩子们的
　　　　一封信

M1-70　致女儿书

M1-71　写给孩子的
　　　　一封信

M1-72　愿你慢慢
　　　　长大

大学语文

第二部分　口才训练

第一单元 基础知识

第一节 现代汉语概况

一、现代汉语综述

汉语是汉民族的语言，现代汉语是现代汉民族所使用的语言。

现代汉语既有多种方言，也有民族共同语。现代汉民族共同语，就是以北京语音为标准音、以北方话为基础方言、以典范的现代白话文著作为语法规范的普通话。

普通话是现代汉民族最重要的交际工具，同时又是国家法定的全国通用语言。它在全国范围内通用，包括民族自治地区和少数民族聚居的地方。民族地区可以使用本民族的通用语言和方言。国家推广全国通用的普通话，并不是消灭少数民族语言，也不是消灭汉语方言，它们可以在一定领域和特定地区长期使用。

语言是社会的产物，它随社会的产生而产生，随社会的发展而发展。汉语作为一种语言，具有一切语言共同的属性。从结构上说，它是一种音义结合的符号系统。从功能上说，它是人们最重要的交际工具和思维工具，不分阶级一视同仁地为汉族全体成员服务。

现代汉语有口语和书面语两种不同的形式。口语是人们口头上应用的语言，具有口语的风格。但它一发即逝，不能流传久远。为了打破它所受的时间和空间的限制，人们就创造出文字来记录语言，从而在可听的口语之外，又出现了可见的书面语。书面语就是用文字写下来的语言，它是在口语的基础上形成的，易于反复琢磨、加工，使之周密、严谨，因而具有与口语不同的风格。

书面语的产生为文学语言的形成提供了先决条件。文学语言比一般书面语更丰富、更具有表现力。现代汉语的文学语言不仅包括文艺作品语言，也包括社会科学和自然科学著作的语言。文学语言还有口头形式，如科学报告、答记者问、口头声明，还有诗歌朗诵、新闻广播和课堂上的教师用语等，凡合乎文学语言的规范的，都是口头形式的文学语言。文学语言主要在书面上，也在口头上为民族文化生活和社会活动各方面服务，它对民族语言的健康发展有很大的推动作用。

二、什么是现代汉民族共同语

共同语就是一个民族全体成员通用的语言。方言是民族语言的地方分支，是局部地区的人们使用的语言。方言在共同语形成之前，可以是形成共同语的基础；在共同语形成之后，在很长时间里，仍可以与共同语同时存在。

民族共同语是在一种方言的基础上形成的，这是与经济、政治、文化等因素分不开的。作为民族共同语的基础的方言就叫做基础方言。什么方言能成为民族共语的基础方言，要取决于这种方言在社会中所处的地位，取决于这个方言区的政治、经济、文化以至人口等条件。

汉族早在先秦时代就存在着古汉民族共同语。在春秋时代，这种共同语被称为"雅言"，（见《论语·述而》）。从汉代起称为"通语"，（杨雄的《方言》），明代改称为"官话"。到了现代，即辛亥革命后，称为"国语"。新中国成立以后，则称为普通话。

汉民族共同语的书面语在先秦时代就产生了。后来由于口语发展较快，这种书面语逐渐脱离了口语，通常称作文言或文言文。到了唐宋时代，一种接近口语的书面语——白话产生了。唐宋以来用白话写作的各种文学作品很多，如唐代的变文，宋代的语录，宋、元的话本，以及宋、金、元的诸宫调和元曲，而影响最大的则是明、清小说，像《水浒传》《西游记》《儒林外史》《红楼梦》等。这些白话文学作品虽也带有各自的地方特色，但都是用北方方言写成的。这些作品的流传，加速了北方方言的推广。

现代汉民族共同语是在北方方言的基础上形成的。在形成过程中，北京话有着特殊的地位。唐代，北京地属幽州，是北方军事重镇；辽代，北京是五京之一；特别是金元以来，北京成了我国政治、经济和文化的中心。因此，北京话的影响逐渐显著，其地位日益重要。一方面，北京话作为官府的通用语言传播到了全国各地，而发展成为"官话"；另一方面，白话文学作品更多地接受了北京话的影响。可见，远在数百年前，以北京话为代表的北方方言在整个社会中就已经处于非常重要的地位。

到了20世纪，特别是五四运动以后，随着我国资本主义的发展，民族民主革命运动的高涨，一方面，掀起了"白话文运动"，动摇了文言文的统治地位，为白话文最后在书面上取代文言文创造了条件；另一方面，开展了"国语运动"，又在口语方面增强了北京话的代表性，促使北京语音成为全民族共同语的标准音。这两个运动互相推动、互相影响，就使书面语和口语接近起来，形成了现代汉民族共同语。

中华人民共和国成立以后，由于国家的统一，人民的团结，政治、经济和文化的发展，对于民族共同语的进一步统一和规范化有了更高的要求，各地人民对学习统一的共同语也有了迫切的需要。因此，中国科学院于1955年召开了现代汉语规范问题学术会议，会上确定把汉民族共同语称为普通话，主张向全国大力推广。会后经各方研究，正式确定现代汉民族的共同语的三项标准含义，即以北京语音为标准音，以北方话为基础方言，以典范的现代白话文著作为语法规范。

三、我国方言的分布及分类

世界各民族的语言，在它的历史发展过程中，时而分化，时而统一，方言就是在分化和统一的复杂历程中形成的。一般说来，历史长、使用人口多、通行范围广的语言，往往会出现较多的方言。

汉语发展到了今天，先后产生过多种方言。汉语方言俗称地方话，只通行于一定的地域，它不是独立于民族语言之外的另一种语言，而只是局部地区使用的语言。

现代汉语各方言大都是经历了漫长的演变过程才逐渐形成的。形成汉语方言的因素很多，有属于社会、历史、地理方面的因素，如人口的迁徙、山川地理的阻隔等；也有属于语言本身的因素，如语言发展的不平衡性，不同语言之间的相互接触、相互影响等。方言虽然只在一定地域中通行，但本身却也有一种完整的系统。方言都具有语音结构系统、词汇结构系统和语法结构系统，能够满足本地区社会交际的需要。同一个民族的各种地方方言和这个民族的共同语，一般总是表现出"同中有异，异中有同"的语言特色。一般情况下，民族共同语总是在一个方言的基础上发展起来的。现代汉民族共同语既然是在汉语北方方言的基础上形成的，它和汉语所有方言之间，无疑是同源异流的关系，自然会表现出"同中有异，异中有同"来。同时，这种差异性和一致性也存在于汉语各方言之间。汉语方言的差异性表现在语音、词汇、语法等各个方面。其中语音的差异最大，词汇的差异次之。南方某些方言与共同语之间差异之大，竟达到互相听不懂的地步；而语法方面也有差别，但比较小。民族共同语和方言不是相互对立的。民族共同语的形成、普通话的推广，并不以方言的消亡作为前提。共同语总是有条件、有选择地从汉语方言中吸收一些有生命力的成分来丰富自己、完善自己的。而全国各地的汉语方言，也都渗进了一些普通话的成分，日益向普通话靠拢。尽管如此，方言仍然会长期存在，作为一个地区的交际工具而发挥作用。在方言地区推广普通话，并不是要消灭方言，主要是为了消除不同方言的隔阂，以利社会交际，"推普"的任务是要使方言地区的人民学会说全民族共同使用的普通话。一旦举国上下，各方言地区的人民不但使用方言，而且都能自然地运用普通话，又能自觉地在社会公共交际中使用普通话，那么推广普通话的目的也就基本达到了。

我国人口比较多，方言比较复杂，为了了解、研究、掌握和说明方言情况，有必要对特征不同的方言划分方言区。汉语方言可以分为七大方言区，即北方方言（官话方言）、吴方言、湘方言、赣方言、客家方言、闽方言和粤方言。在复杂的方言区内，有的可以再分列若干方言片（又称次方言），甚至再分"方言小片"，直到一个个地点（某县、某镇、某村）的方言，就叫做"地点方言"，如广州话、长沙话等。

七大主要方言区的分布情况如下。

（1）北方方言　北方方言是现代汉民族共同语的基础方言，以北京话为代表，内部一致性较强。在汉语各方言中，它的分布地域最广，使用人口约占汉族总人口的3%。北方方言可分为四个次方言：a.华北、东北方言，分布在京、津两市，河北、河南、山东、辽宁、吉林、黑龙江，还有内蒙古的一部分地区。b.西北方言，分布在山西、陕西、甘肃等省和青海、宁夏、内蒙古的一部分地区。新疆汉族使用的语言也属西北方言。c.西南方言，分布在四川、云南、贵州等省及湖北大部分（咸宁地区除外），广西西北部，湖南西北角等。d.江淮方言，分布在安徽省、江苏长江以北地区（徐州、蚌埠一带属华北、东北方言，除外）、镇江以西九江以东的长江南岸沿江一带。

（2）吴方言　分布在上海市、江苏省长江以南镇江以南（不括镇江）、南通的小部分、浙江的大部分。典型的吴方言以苏州话为代表。吴方言内部存在一些分歧现象。杭州曾作过南宋都城，杭州城区的吴语就带有浓厚的"官话"色彩。吴方言使用人口约占汉族总人口的7.2%。

（3）湘方言　分布在湖南省大部分地区（西北角除外），以长沙话为代表。湘方言内部还存在新湘语和老湘语的差别。新湘语通行在长沙等较大城市，受北方方言的影响较大。湘方言使用人口约占汉族总人口的3.2%。

（4）赣方言　分布在江西省大部分地区（东北沿长江地区和南部除外），以南昌话为代表。使用人口约占汉族总人口的3.3%。

（5）客家方言　以广东梅县话为代表。客家人分布在广东、福建、台湾、江西、广西、湖南、四川等省，其中以广东东部和北部、福建西部、江西南部和广西东南部为主。客家人从中原迁徙到南方，虽然居住分散，但客家方言仍成系统，内部差别不太大。四川客家人与广东客家人相隔千山万水，彼此可以交谈。使用人口约占汉族总人口的3.6%。

（6）闽方言　现代闽方言主要分布区域跨越六省，包括福建和海南的大部分地区、广东东部潮汕地区、雷州半岛部分地区、浙江南部温州地区的一部分、广西的少数地区、台湾地区的大多数汉人居住区。闽方言使用人口约占汉族总人口的5.7%。

闽方言可分为闽东、闽南、闽北、闽中、莆仙五个次方言。其中最重要的是闽东方言，分布在福建东部闽江下游，以福州话为代表。闽南方言分布在闽南二十四县、台湾及广东的潮汕地区、雷州半岛、海南省及浙江南部，以厦门话为代表。

（7）粤方言　以广州话为代表，当地人叫"白话"。分布在广东中部、西南部和广西东部、南部的约一百来个县以及香港、澳门特别行政区。粤方言内部也有分歧，四邑（台山、新会、开平、恩平四县）话、阳江话和桂南粤方言等都各有一些有别于广州话的语音特色。使用人口约占汉族总人口的4%。

普通话和客家方言、闽方言、粤方言等，都随着华侨传布海外。

就与普通话的差别来说，上述各大方言中，闽、粤方言与普通话距离最大，吴方言次之，湘、赣、客家等方言与普通话距离相对较小。我们研究和了解汉语方言，其目的之一就是要找出方言与普通话的差异及其对应规律，有效地推广普通话。

四、现代汉语的特点

现代汉语具有区别于印欧语系语言的许多特点。

（一）语音方面

音节界限分明，乐音较多，加上声调高低变化和语调的抑扬顿挫，因而具有音乐性强的特点。具体表现如下。

（1）没有复辅音　在一个音节内，无论开头或是结尾，都没有两个或三个辅音连在一起的现象。因此汉语音节的界限分明，音节的结构形式比较整齐。

（2）元音占优势　汉语音节中可以没有辅音，但不能没有元音。一个音节可以只由一个单元音或者一个复元音构成，同时，由复元音构成的音节也比较多，因元音是乐音，所以汉语语音乐音成分比例大。

（3）有声调　每个音节都有一个声调，声调可以使音节和音节之间界限分明，又富于高低升降的变化，于是形成了汉语音乐性强的特殊风格。

（二）词汇方面

（1）汉语语素以单音节为基本形式　由于汉语的单音语素多，所以由它构成的单音词和双音词也较多，词形较短。同时汉语中的单音节基本上都是语义的承担者。这些单音节可以作为语素来构成大量单音词，也可以合起来构成合成词。

（2）广泛运用词根复合法构成新词　由于汉语中有意义的单音节语素差不多都能充当词根语素，词缀语素少而且造词能力较弱，因此，汉语中运用复合法组合词根语素构成合成词的情况最多。

（3）双音节词占优势　汉语词汇在发展过程中逐渐趋向双音节化。过去的单音节词有的被双音节代替，如"目——眼睛""石——石头"。有些多音节短语也被缩减为双音节词，如"外交部部长——外长""彩色电视机——彩电"。

汉语缺乏形态，即缺乏表示语法意义的词形变化。例如英语"She loves me"和"I love her"，同是一个代词"她"或"我"，做主语时和做宾语时词形不同；同是一个动词"爱"，主语是第三人称时要加"s"，主语是第一人称时则不加。而汉语里的"她爱我"和"我爱她"，里面的两个代词"她"和"我"，不管是做主语还是做宾语，词形都不变化；动词"爱"，不管作主语的是第一人称还是第三人称，都没有相应的形态变化。相比之下，汉语呈现出一系列分析型语言的特点。

① 语序和虚词是表达语法意义的主要手段。例如"不很好"和"很不好"，因语序不同，所表示的意义也不一样。在"我和弟弟""我的弟弟"中，"和"表示并列关系，"的"表示偏正关系，由于虚词"和"与"的"的不同，因此表示的语法关系和意义也不相同。

② 词、短语和句子的结构原则基本一致。无论语素组成词，词组成短语，或者短语组成句子，都有主谓、动宾、补充、偏正、联合五种基本语法结构关系，例如词"地震"、短语"身体健康"、句子"火车开动了"等都是主谓结构。

③ 词类和句法成分不是简单的对应关系。汉语中词类和句子成分的关系比较复杂，同一词类可以充当多种句法成分，词在语法方面呈现出多功能性；反之，同一种句子成分又可以由几类词充当，两者之间又具有一定的灵活性，所以词类和句法成分之间不像印欧语那样有简单的对应关系。

④ 量词十分丰富。有语气词数词和名词结合时，一般都需要在数词的后面加个量词。不同的名词所用的量词也往往不同。如"一个人""一头牛""一张纸""一粒米"等。

此外，就文字而言，汉语是世界上唯一的几千年来都一直使用表意文字的语言。表示语素意义的汉字字符多到几千几万，它们具有在书面上区别汉语众多同音词的作用。汉字具有超时空性，它能书写语音差别极大的古今汉语（含方言）和外族语言。

五、现代汉语的地位

汉语是世界上历史悠久的、发展水平最高的语言之一。无论过去或现在，汉语在国内外都有很大的影响，具有很重要的地位。

我国各民族之间的相互往来有着悠久的历史，由于政治、经济、文化等原因，各兄弟民族的语言在发展中自然地、更多地接受了汉语的许多影响。现在在各少数民族地区，学习和使用汉语的人越来越多。有的少数民族已经把汉语作为主要的交际工具来使用，不少地区出现了双语现象。事实上，汉语已经成了我国各民族间的交际语，并为各民族之间的相互学习和协作做出了很大的贡献。

汉语也是世界上使用人数最多的一种语言，除了中国，汉语还分布在世界各大洲。在世界上，无论过去还是现在，汉语都是我们国家的具有代表性的语言。

很早以前，我国就和许多国家有了来往，汉语也因此和国外许多民族的语言有过接触，互相影响。如汉语的"丝""茶"等词，就为英、俄、意等许多语言所借用。日本语、朝鲜语、越南语同汉语关系尤为特殊。这些语言都吸收过汉语大量的词，甚至在汉语的词的基础上产生了很多新词。这些国家在过去都长期使用过汉字，直到现在，日本1981年所公布的常用汉字还有1945个，韩国、新加坡仍通行汉字。

新中国成立以来，由于我国的国际地位日益提高，汉语在世界上的影响也越来越大。汉语是联合国的六种工作语言之一（另外五种是英语、法语、俄语、西班牙语、阿拉伯语），在国际交往中，它发挥着很重要的作用。现在在国际上，研究汉语的机构在不断建立，学习和研究汉语的人也越来越多了。

六、规范汉语的使用

我国政府历来重视语言文字工作，1949年新中国成立以来，国家许多领导人都对语言文字工作作过许多重要指示。早在20世纪50年代初就成立了中国文字改革委员会，国家有关部门于1955年召开了"全国文字改革会议"和"现代汉语规范问题学术会议"。当时，中央确定了"促进汉字改革、推广普通话、实现汉语规范化"为语言文字工作的三大任务。经过几十年的努力，语言文字工作取得了显著的成绩。改革开放以来，我国进入了社会主义现代化建设的新时期，形势发生了很大的变化，对语言文字工作提出了新的任务和要求。为了适应社会发展，加强语言文字工作，1985年12月，国务院决定把中国文字改革委员会改名为国家语言文字工作委员会，扩大了它的工作范围和行政职能。1986年1月，国家教育委员会和国家语言文字工作委员会联合召开了全国语言文字工作会议，规定了新时期语言文字工作的方针和当前的主要任务。新时期语言文字工作的方针是："贯彻执行国家关于语言文字工作的政策和法令，促进语言文字规范化、标准化，继续推动文字改革工作，使语言文字在社会主义现代化建设中更好地发挥作用。"当前语言文字工作的主要任务是："做好现代汉语规范化工作，大力推广和积极普及普通话；研究和整理现行汉字，制定各项有关标准；进一步推行《汉语拼音方案》，研究并解决实际使用中的有关问题；研究汉语和汉字的信息处理问题，参与鉴定有关成果；加强语言文字的基础研究和应用研究，做好社会调查和社会咨询、服务工作。"这几项任务中，最重要的是促进语言文字规范化、标准化，使语言文字在社会主义现代化建设中更好地发挥作用。今后，我国的语言文字工作就要围绕这个中心进行。促进汉语规范化和推广普通话，就是其中最重要的两项工作。

现代汉语规范化工作，主要是根据汉语的历史发展规律，结合汉语的习惯用法，对普通话内部（包括语音、词汇、语法各方面）所存在的少数分歧和混乱现象进行研究，选择其中的一些读法或用法作为规范，并加以推广；确定其中的另一些读法或用法是不规范的应舍弃的，从而使汉语沿着纯洁和健康的道路向前发展。1955年，现代汉语规范问题学术会议之后，明确了现代汉语普通话"以北京语音为标准音，以北方话为基础方言，以典范的现代白话文著作作为语法规范"。普通话的语音是"以北京语音为标准音"的，因此，凡是不符合这个标准的，都是不规范的。但这是就整体说的，不是说北京话任何一个语音成分都是标准的，都是普通话成分。在北京语音里，由于各种原因也仍然存在着一些分歧，例如异读以及土话成分等，对于这类情况，普通话审音委员会曾经加以审订。又如北京语音里，轻声和儿化特别多，普通话没有必要全部吸收进来，应该吸收哪些，也要通过调查和研究确定下来。普通话的词汇是以北方话词汇为基础的。北方话词汇有极大的普遍性，但不是说北方话中所有的词都可以进入普通话。因为北方话地区很广，各地区使用的词也有分歧。有些地方性很强的词，说出来只有较小地区的人能懂，这就不应该吸收到普通话里来。为了丰富词汇，普通话也要从方言、古代语和外来语中吸收一些所需要的词。如何排除某些词存在的分歧现象，也是词汇规范化所要做的工作。

普通话"以典范的现代白话文著作作为语法规范"。现代著名作家的优秀的白话文作品，就是这种典范的白话文著作，当然要以这种著作中的一般用例（不是特殊用例）作为语法规范。语法上逻辑上有毛病的某些流行的说法要从普通话里清除，普通话内部表达同一个意思的截然相反的两种说法，也是语法规范工作应予注意的现象。例如"难免犯错误"和"难免不犯错误"，"除非大家同意，才能决定"和"除非大家同意，不能决定"等，也都应当加以研究，确立规范。

当前，世界科学技术尤其是电子计算机技术突飞猛进，人工智能的研究已引起科技界的重视，生产建设、经营管理、科学研究等正朝着信息化方向发展。科学技术的现代化要求语言必须有一个共同遵循的标准。有了这个统一的标准，语言所负载的信息才会成为人们所共同认知的交流信息；否则，必将给社会的信息化设下种种障碍。语言文字是否规范，在现代社会里将直接关系到经济建设和科学技术的发展，所以现代汉语规范化工作对我国的发展具有重要的和深远的意义。

七、推广普通话

普通话是现代汉民族的共同语。《中华人民共和国宪法》第19条规定："国家推广全国通用的普通话。"在新时期里，推广普通话就更为重要。首先，推广普通话可以进一步消除方言隔阂，减少不同方言区人们交际时的困难，有利于社会交往，有利于国家的统一和安定团结。其次，在社会主义现代化建设的新时期，文化教育的普及和提高、科学技术的进步和发展、传声技术的现代化、计算机语言输入和语言识别问题的研究，都对推广普通话提出了新的要求。最后，随着对外开放政策的贯彻执行，国际往来和国际交流越来越多，进一步推广普通话，可以减少语言交际的困难，促进国际交往。

20世纪50年代确定的推广普通话的工作方针是："大力提倡，重点推行，逐步普及"。推广工作展开之后取得了可喜的成绩。但是，推广普通话是一项长期的、渐进的工作，普及普通话的任务，至今还远未完成。20世纪80年代进入社会主义建设新时期，形势有了很大的变化。国家对推广普通话工作的重点和实施的步骤都相应作了一些调整。今后执行的推广普通话的方针应该是："大力推广，积极普及，逐步提高"。目前，我们应该做好以下四点：第一，以汉语授课的各级学校使用普通话进行教学，使普通话成为教学语言。第二，县以上各级以汉语播放的广播电台、电视台均须使用普通话，使普通话成为宣传工作的规范语言。第三，全国机关团体、企事业单位进行公务活动中必须使用普通话，使普通话成为工作语言。第四，不同方言区及国内不同民族的人员交往时使用普通话，使普通话成为全国的通用语言。

为了更加有效地推动推广普通话工作，加快普及过程，不断提高全社会的普通话水平，中央有关部门作出决定，对一定范围内岗位人员进行普通话水平测试；并从1995年起，逐步实行按水平测试结果颁发普通话等级证书的制度。

第二节　语音的性质

语音是语言的物质外壳。它同自然界其他声音一样，产生于物体的振动，具有物理属性；语音是由人的发音器官发出的，还具有生理属性；更重要的是，语音要表达一定的意义，什么样的语音形式表达什么样的意义，必须是使用该语言的全体社会成员约定俗成的，所以语音又具有社会属性。社会属性是语音的本质属性。

（一）语音的物理属性

音波是由物体振动而产生的，语音也不例外。发音体振动周围的空气或其他媒介质形成音波。音波作用于人耳，刺激听觉神经，就使人产生声音的感觉。声音有乐音和噪声之分：周期性出现重复波形的音波叫乐音，不是周期性出现重复波形的音波叫噪声。语音同其他声音一样，具有音高、音强、音长、音色四种要素。

1. 音高

音高指的是声音的高低，它决定于发音体振动的快慢。在一定时间内振动的快慢即指振动次数的多少，这叫做"频率"。在一定时间内振动快，次数多，频率就高，声音也就高，反之则低。如果在相同的时间内，A音每秒振动500次，B音每秒振动300次，那么A音肯定是比B音高的。物体发音之所以有高低的区别，一般地说，是和它的大小、粗细、厚薄、长短、松紧有关。大的、粗的、厚的、长的、松的物体振动慢，频率低，声音低；反之则高。例如，口琴的高音簧片短而薄，低音簧片厚而长；胡琴的高音弦细，低音弦粗。语音的高低，跟声带的长短、厚薄、松紧有关。人的声带不会完全相同。一般地说，成年男人声带长而厚，所以声音低；成年女人声带短而薄。老人一般声音低，小孩声音高，也是同一道理。汉语里有几种声调、几种语调的不同，主要是音高的不同变化决定的。

2. 音强

音强指的是声音的强弱，它与发音体振动幅度的大小有关。发音体振动的幅度叫作"振幅"。振幅大，声音就强；反之则弱。AB两音，B音振幅比A音振幅大，B音肯定比A音强。发音体振幅大小又取决于发音时用力的大小。例如，同一根胡琴的弦，长度不变，如果用力拉，声音就比较强，轻拉时声音就比较弱。语音的强弱是由发音时气流冲击声带力量的强弱来决定的。语言中的重音、轻音是由于音强不同所致。

3. 音长

音长指的是声音的长短，它取决于发音体振动的时间的长短。发音体振动时间持续久，声音就长，反之则短。语音也不例外。有的语言用音的长短来区别意义。

4. 音色

音色又叫"音质"，指的是声音的特色。造成不同音色的条件主要有以下三种。

第一，发音体不同。例如，胡琴的声音和口琴不同，因为发音体一个是琴弦，一个是簧片。甲乙两人说同样一句话，我们可以听出不同，这是由于两人的声带等发音体不一样。

第二，发音方法不同。例如，同一把胡琴发音，用弓拉和用指弹，音色就不同。

第三，发音时共鸣器形状不同。例如，把同一把音叉插到不同形状的共鸣匣上所形成的音，音色就不同。这也是语音中元音a和元音i不一样的缘故。

任何声音都是音高、音强、音长、音色的统一体，语音也不例外。但是，在各种语言中，语音四要素被利用的情况并不完全相同。在任何语言中，音色无疑都是用来区别意义的最重要的要素。其他要素在不同语言中区别意义的作用却不尽相同。在汉语中，除音色外，音高的作用十分重要，声调主要是由音高构成的，声调能区别意义。音强和音长在语调和轻声里也起重要的作用。

（二）语音的生理属性

语音是由人的发音器官发出来的，发音器官及其活动决定语音的区别。人的发音器官可以分为三大部分。

1. 肺和气管

肺是呼吸气流的活动风箱，呼吸的气流是语音的原动力。肺部呼出的气流，通过支气管、气管到达喉头，作用于声带、咽腔、口腔、鼻腔等发音器官，经过这些发音器官的调节，发出不同的语音。吸进的气流在有些情况下也起一定的语音作用。

2.喉头和声带

喉头由甲状软骨、环状软骨和两块杓状软骨组成，上通咽腔，下连气管。声带位于喉头的中间，是两片富有弹性的带状薄膜。声带前端附着在甲状软骨上，后端分别跟两块杓状软骨相连接。两片声带之间的空隙叫声门。肌肉收缩，杓状软骨活动起来，可使声带放松或拉紧，使声门打开或关闭。从肺呼出的气流通过声门使声带振动发出声音，控制声带松紧的变化就可以发出高低不同的声音来。

3.口腔、鼻腔和咽腔

从前往后看，口腔上部可分上唇、上齿、上齿龈、硬腭、软腭和小舌六个部位，口腔下部可分下唇、下齿和舌头三大部分。舌头又可分舌尖、舌叶、舌面三部分，舌面又分为前、中、后三部分，舌面后习惯称舌根。口腔后面是咽腔，咽头上通口腔、鼻腔，下接喉头。鼻腔和口腔靠软腭和小舌隔开。软腭和小舌上升时鼻腔闭塞，口腔畅通，这时发出的音在口腔中共鸣，叫做口音。软腭和小舌下垂，口腔成阻，气流只能从鼻腔呼出，这时发出的音主要在鼻腔中共鸣，叫做鼻音。如果口腔无阻碍，气流同时从鼻腔和口腔呼出，发出的音在口腔和鼻腔共鸣。

（三）语音的社会属性

语言是社会现象，作为语言的物质外壳，语音也是一种社会现象。这可从语音表示意义的社会性看出来。同样一个意义，比如"书"，在不同的语言或方言中就用不同的语音表示。在英语中、在俄语中、在日语中都不同。语音跟表示什么意义没有必然的联系，而是随着社会不同而不同，由全体社会成员约定俗成的。语言的各种意义靠语音表达出来。语音和意义之间并无必然的联系，它们的关系只要得到社会公认就行了。同样的语音形式可以用来表示不同的意义。如果有人不顾社会的约定擅自改动词语的语音形式或任意赋予某一语音形式以不同的内容（意义），那么别人就听不懂他的话，也就无法达到同别人交际的目的。

语音的社会属性还表现在语音的系统性上。各种语言或方言都有自己的语音系统，从物理和生理属性的角度看在甲语言中是不同的音，在乙语言中可能认为是相同的音，例如汉语塞音中的不送气塞音（b）与送气塞音（p）分属两个不同的语音单位，"ba（爸）"中的"b"与"pa（怕）"中的"p"不同。英语塞音中的不送气音和送气音却算是同一语音单位，例如"spring"中的"p"念不送气音，"pen"里的"p"念送气音，不同的塞音在词典里用一个音标"p"［P］表示。仅此一点，就可以看出两种语言的语音系统不一样。以上两点说明，语音不仅具有物理属性和生理属性，还具有社会属性。

第三节 语音的构成单位

一、音素

音素是从音节分析出来的最小的语音单位，它不管语音的高低、强弱、长短的差别，只考虑语音的音质特点的区别，根据音素的发音特性，可以把音素分为元音和辅音两类。元音发音时声带振动，是气流在口腔、鼻腔不受阻碍而形成的响亮的声音。普通话独自充当韵母的共有10个元音。辅音发音时声带多不振动，是气流在口腔、鼻腔受到某个部位和某种方式的阻碍而形成的音。辅音多不响亮。普通话共有22个辅音。元音和辅音的主要区别是：

（1）发元音时，气流在口腔中不受阻碍；发辅音时，气流在口腔中一定要受到某个部位的阻碍。

（2）发元音时，发音器官各部位保持均衡紧张状态；发辅音时，发音器官成阻部位特别紧张。

（3）发元音时，气流较弱；发辅音时，气流较强。

（4）发元音时，气流振动声带，声音响亮，是乐音；发辅音时，气流不一定振动声带，声音多不响亮。

辅音一般要跟元音拼合，才能构成音节。

二、音节

音节是语音的自然单位，是听觉上能够自然分辨的最小语音单位。音节由音素构成，可以是一个音素，如"ā（啊）"；也可以是几个音素，如"dà（大）"，是由d、à两个音素组成的；"shān（山）"是由sh、ā、n三个音素组成的；"zhuāng（装）"是由zh、u、ā、ng四个音素组成的。一个音节最多由四个音素构成。在汉语中，一般说来，一个汉字的读音就是一个音节（儿化韵除外），普通话大约有412个基本音节。

三、声母、韵母、声调

根据音素在音节中所处的位置，通常把一个音节开头的辅音称为声母，把音节中声母后面的部分称为韵母。声母、韵母、声调是我国传统分析汉语音节的结构单位。它不是最小的单位，因为韵母还有第二层次的结构单位：韵头、韵腹、韵尾，也叫介音、主要元音、尾音。

1.声母

声母是音节开头的辅音。普通话共有22个声母，其中辅音声母21个。辅音ng不能作声母，只能作韵尾；辅音n既可作声母又能作韵尾，因此，辅音不等于声母。例如"买（mǎi）""卖（mài）""明（míng）""媚（mèi）"开头的"m"就是声母。"二（èr）""矮（ǎi）"这样的音节没有辅音声母，叫做"零声母"音节。

2.韵母

韵母是音节中声母后面的部分。普通话共有39个韵母，韵母的构成有三种方式。第一种是由单元音构成，"大（dà）"中的"a"，"体（tǐ）"中的"i"；第二种是由元音加元音构成，如"海（hǎi）"中的"ai"，"坏（huài）"中的"uai"；第三种是由元音加鼻辅音"n"或"ng"构成，如"宁（níng）"中的"ing"。普通话的韵母就介音可以分成开、齐、合、撮四呼，齐齿呼指以［i］起头的韵母（包括［i］韵母），合口呼指以［u］起头的韵母（包括［u］韵母），撮口呼指以［y］起头的韵母（包括［y］韵母），开口呼包括这三呼以外所有的韵母。韵母是每个音节不能缺少的构成成分。没有韵母，就不能构成音节。韵母里面分韵头、韵腹、韵尾。比如"ian"中"i"是韵头，"a"是韵腹，"n"是韵尾，只有一个元音的韵母，这个元音就是韵腹，如"i""a"。做韵头的元音只有"i""u""ü"，如"ia""ua""üe"。做韵尾的只有元音"i""o（u）"和辅音"n""ng"，如"ai""ao""an""ang"。

3.声调

声调是指音节在发音时声音的高低、升降的变化。声调是构成汉语音节的一个要素，起区别意义的作用，它是由音高决定的。比如，"辉（huī）""回（huí）""毁（huǐ）""惠（huì）"四个音节的声母都是h，韵母都是ui，但是它们的声调不同，就成了不同的音节，代表不同的意义。所以，声调是构成音节非常重要的成分。一个音节没有标上声调，这个音节就毫无意义，好像一个人没有生命。普通话声母和韵母相拼构成的基本音节（包括零声母音节）有400多个，加上声调的区别有1200多个音节，这1200多个音节的能量非常大，它们构成我们语言里成千上万的词。

第二单元　语音训练

第一节　声母训练

一、浊音声母和清音声母的分辨

普通话只有m、n、l、r四个浊音声母，塞音、塞擦音声母没有浊音，擦音声母中只有一个浊擦音r。有些方言，如吴方言和湘方言的部分地区还存在着一套和清音声母b、d、g、zh、z相配的浊音声母。这些方言区的人在学习普通话声母时，常常用自己母语中的同部位或部位相近的浊音声母代替普通话中的清音声母，如把活塞音b读成浊音［b］，把d读成浊音［d］，g读成浊音［g］，z读成［dz］，等等。因此，辨正时，要将浊音声母改读为同部位的清音声母，发音时声带不振动。

〈辨音正音练习〉

读准下列字音：

| 爬山 | 培育 | 盘子 | 朋友 | 旁边 | 桃子 | 头发 | 腾飞 | 题目 | 条件 | 团结 |
| 平凡 | 失败 | 道路 | 汉字 | 共同 | 电话 | 牌楼 | 罪恶 | 帮助 | 赠送 | 重视 |

二、送气音和不送气音的分辨

普通话的塞音和塞擦音声母分送气音和不送气音两类。个别方言区的人不分送气音和不送气音。在练习的时候，可以将不送气音和送气音对比起来念，也有人在嘴唇上贴一小张纸条，念送气音时，让纸条飘起来。如何识别哪些是送气音、哪些是不送气音，首先要了解普通话塞音、塞擦音声母送气和不送气的规律。古全浊声母今读塞音、塞擦音时，平声读送气清音，仄声读不送气清音，如"盘（pán）""糖（táng）""陈（chén）""材（cái）""就（jiù）"等。然后要了解古全浊声母在方言中的变读情况。

如果方言中还保留浊塞音、浊塞擦音声母，那么就应该按照平声送气、仄声不送气的规律，把它们读成清音声母；如果古全浊声母在方言中已经清化，那么看看今读塞音、塞擦音声母的送气、不送气情况是否和普通话一致，如果不一致就要按照平声送气、仄声不送气的规律纠正过来。

《辨音正音练习》

1. b — p

单音节对比练习

| 爸 —— 怕 | 白 —— 排 | 搬 —— 潘 | 包 —— 抛 |
| 背 —— 配 | 奔 —— 喷 | 棒 —— 胖 | 蹦 —— 碰 |

双音节对比练习

| 发白 —— 发排 | 真棒 —— 真胖 | 掰手 —— 拍手 | 饱了 —— 跑了 |
| 分贝 —— 分配 | 被服 —— 佩服 | 迸裂 —— 碰裂 | 辫子 —— 骗子 |

M2-1 b—p练习

2. d — t

单音节对比练习

| 打 —— 塔 | 道 —— 套 | 带 —— 泰 | 当 —— 汤 |
| 颠 —— 天 | 爹 —— 贴 | 顶 —— 挺 | 东 —— 通 |

M2-2 d—t练习

3. g — k

单音节对比练习

| 歌 —— 科 | 改 —— 凯 | 故 —— 库 | 瓜 —— 夸 |
| 干 —— 看 | 刚 —— 康 | 告 —— 靠 | 耕 —— 坑 |

M2-3 g—k练习

4. j — q

单音节对比练习

| 机 —— 七 | 价 —— 恰 | 街 —— 切 | 见 —— 欠 |
| 江 —— 枪 | 精 —— 青 | 捐 —— 圈 | 据 —— 去 |

M2-4 j—q练习

5. zh — ch

单音节对比练习

| 扎 —— 差 | 摘 —— 拆 | 这 —— 撤 | 占 —— 颤 |
| 追 —— 吹 | 涨 —— 厂 | 轴 —— 愁 | 蒸 —— 撑 |

M2-5　zh—ch练习

6. z—c

单音节对比练习

咱——残　　　　字——次　　　　糟——操　　　　再——菜

赃——仓　　　　租——粗　　　　宗——匆　　　　最——脆

M2-6　z—c练习

三、翘舌音、平舌音和舌面音的分辨

普通话有翘舌音声母zh、ch、sh，而有的方言没有翘舌音，如吴方言、闽方言、粤方言、湘方言等。这些地区的人常把该读zh、ch、sh声母的字读成z、c、s或j、q、x。发zh、ch、sh这一组翘舌音时，舌尖应抵住硬腭前部，舌尖不要太靠前，也不能太靠后。下一番功夫记住普通话中念zh、ch、sh声母的常用字。

《辨音正音练习》

1. zh、ch、sh与z、c、s

单音节对比练习

zh — z

正宗　制造　职责　专座　渣滓　治罪　著作　知足　侄子
总之　尊重　作者　栽种　资质　增长　宗旨　最终　在职
占——赞　　　　指——紫　　　　　债——在　　　　哲——则
枕——怎　　　　照——造　　　　　中——宗　　　　皱——揍

ch — c

储存　船舱　唱词　炒菜　筹措　差错　冲刺　成才　纯粹
菜场　裁撤　槽床　草创　操场　残春　促成　存查
插——擦　　　　拆——猜　　　　　抄——操　　　　撤——测
城——层　　　　池——词　　　　　充——匆　　　　出——粗

sh — s

申诉　声色　誓死　哨所　十三　沙僧　上诉　疏散　世俗
私塾　松鼠　松树　算式　散失　死伤　缩水　桑葚　撒手
傻——洒　　　　山——三　　　　　社——色　　　　深——森
栓——酸　　　　湿——思　　　　　收——搜　　　　说——缩

M2-7　zh、ch、sh与
　　　z、c、s

2. zh、ch、sh与j、q、x

单音节对比练习

zh — j

| 扎 —— 家 | 知 —— 机 | 站 —— 见 | 照 —— 叫 |
| 真 —— 金 | 找 —— 脚 | 涨 —— 讲 | 政 —— 敬 |

ch — q

| 朝 —— 桥 | 岔 —— 恰 | 吃 —— 期 | 吵 —— 巧 |
| 缠 —— 钱 | 唱 —— 呛 | 抄 —— 悄 | 成 —— 情 |

sh — x

| 师 —— 希 | 纱 —— 瞎 | 邵 —— 效 | 闪 —— 显 |
| 蛇 —— 鞋 | 生 —— 星 | 商 —— 相 | 慎 —— 信 |

M2-8　zh、ch、sh与
j、q、x

四、鼻音n和边音l的分辨

普通话里舌尖鼻音n和边音l分得很清楚，它们是能区别意义的两个不同的语音单位。例如"男"和"兰""水牛"和"水流"等。但在闽方言、西南官话、甘肃和湖南许多地方，n和l是不分的。有的有n没有l，有的有l没有n，有的n、l随便读。这些方言区的人除了要学会n和l的发音外，还要记住普通话里哪些字是n声母，哪些字是l声母。

〈辨音正音练习〉

n — l

单音节对比练习

| 那 —— 辣 | 耐 —— 赖 | 男 —— 兰 | 馁 —— 磊 |
| 年 —— 连 | 挠 —— 劳 | 农 —— 龙 | 诺 —— 落 |

双音节对比练习

| 恼怒 —— 老路 | 浓重 —— 隆重 | 油腻 —— 游历 | 水牛 —— 水流 |
| 年代 —— 连带 | 呢子 —— 梨子 | 眼内 —— 眼泪 | 留念 —— 留恋 |

M2-9　n —l练习

五、唇齿音f和舌根音h的分辨

普通话f是唇齿音，h是舌根音，它们是不同的声母。有些方言中f、h相混。普通话f声母有的地区读成h声母，普通话h声母有的地区读成f声母，如"工会"和"公费"混用，"湖水"读成"fu shui"。

《辨音正音练习》

f — h

单音节对比练习

发 —— 花	飞 —— 灰	凡 —— 环	坟 —— 浑
房 —— 黄	府 —— 虎	风 —— 烘	佛 —— 活

双音节对比练习

花费 —— 花卉	幅度 —— 弧度	翻阅 —— 欢悦	乏力 —— 华丽
犯病 —— 患病	分钱 —— 婚前	废话 —— 绘画	船夫 —— 传呼

M2-10　f — h 练习

六、声母绕口令练习

（1）《四和十》四是四，十是十，十四是十四，四十是四十，十四不是四十，四十不是十四。

（2）《石小四和史肖石》石小四和史肖石，一同来到阅览室。石小四年十四，史肖石年四十。年十四的石小四爱看诗词，年四十的史肖石爱看报纸。年四十的史肖石发现了好诗词，忙递给年十四的石小四，年十四的石小四见了好报纸，忙递给年四十的史肖石。

（3）《小金和小京》小金到北京看风景，小京到天津买纱巾。看风景，用眼睛，还带一个望远镜；买纱巾，带现金，到了天津把商店进。买纱巾，用现金，看风景，用眼睛，巾、金、京、津、睛、景要记清。

（4）《小芹和小青》小芹手脚灵，轻手擒蜻蜓。小青人精明，天天学钢琴。擒蜻蜓，趁天晴，小芹晴天擒住大蜻蜓。学钢琴，趁年轻，小青精益求精练本领。你想学小芹，还是学小青？

（5）《n、l要分清》念一念，练一练，n、l要分辨。l是边音软腭升，n是鼻音舌靠前。你来练，我来念，不怕累，不怕难，齐努力，攻难关。

（6）《三凤凰》笼子里面有三凤，黄凤红凤粉红凤。忽然黄凤啄红凤，红凤反嘴啄黄凤，粉红凤帮啄黄凤。你说是红凤啄黄凤，还是黄凤啄粉红凤。

M2-11　声母绕口令

第二节　韵母训练

一、齐齿呼和撮口呼的分辨

i和ü的不同在于发i时嘴唇不动，发ü时嘴唇要收拢，发成圆唇音。有些方言区的人把普通话ü读成了i，例如"他不去"说成"他不气""效率"读成"效力"。有些地区把i读成ü，如"疫"读成"预""新鲜"读成"新宣"，等等。

《辨音正音练习》

单音节对比练习

i — ü

| 意——欲 | 鸡——句 | 戏——续 | 里——吕 |
| 器——去 | 你——女 | 利——绿 | 以——语 |

ie — üe

| 耶——约 | 叶——月 | 接——撅 | 节——绝 |
| 切——缺 | 茄——瘸 | 歇——薛 | 写——血 |

ian — üan

| 眼——远 | 燕——愿 | 欠——劝 | 尖——捐 |
| 检——卷 | 前——全 | 先——轩 | 险——选 |

in — ün

| 音——晕 | 印——运 | 金——军 | 进——俊 |
| 芹——群 | 新——熏 | 斤——均 | 信——训 |

M2-12 齐齿呼和撮口呼练习

二、合口呼和撮口呼的分辨

普通话 zh、ch、sh 与合口呼相拼时，有些方言如湘方言和西南方言往往变成了 j、q、x 与撮口呼相拼。例如"专"读成"捐""顺"读成"训""猪"读成"居"，等等。

《辨音正音练习》

u(uan、uen)— ü(üan、ün)

单音节对比练习

| 努——女 | 路——率 | 属——许 | 出——区 |
| 传——全 | 主——举 | 拴——轩 | 书——须 |

M2-13 合口呼和撮口呼练习

三、复韵母和单韵母的分辨

普通话的复韵母分为前响复韵母、后响复韵母、中响复韵母三组。有些方言没有或者很少有前响复韵母，这些方言把普通话的复韵母变成了单韵母。例如湖南娄底、双峰、涟源等地把 ai 韵母字读成 a、把 ei 韵母字读成 e；还有的方言把 ei 读成 i。凡是前响复韵母丢失了韵尾的方言，中响复韵母的韵尾也有失落的现象，如 uai 读成 ua、iao 读成 ia 等。

《辨音正音练习》

单音节对比练习

ai — a

百——把	派——怕	买——马	带——大
乃——哪	筛——杀	摘——扎	改——嘎

ei — i

北——笔	妹——密	雷——离	陪——皮
内——腻	美——米	被——毙	胚——劈

uo — e

郭——哥	过——个	扩——课	活——和
落——乐	国——隔	或——贺	豁——喝

M2-14　复韵母和单韵
母练习

四、合口呼和开口呼的分辨

有些方言与普通话之间存在着"四呼"转换的现象，例如普通话的u，在方言中念成ou，如"图"读成"头"；uo念成o，如"锅"读成"go"；uei念成ei，如"对"读成"dei"；"uen"念成"en"，如"寸"读成"cen"；"uan"念成"an"，如"团"读成"谈"。

《辨音正音练习》

单音节对比练习

u — ou

赌——抖	兔——透	母——某	肚——斗
鲁——搂	鼓——狗	住——皱	鼠——首

uan — an

端——丹	短——胆	湍——摊	团——谈
卵——懒	转——展	断——蛋	算——散

M2-15　合口呼和开口
呼练习

五、齐齿呼和开口呼的分辨

有些方言把普通话有i介音的字读成了开口呼，这也是一种"四呼"转呼的现象。例如有的地区把"鞋子"念成"孩子"、把"减少"念成"敢少"、把"讲解"念成"港改"，等等。

‹辨音正音练习›

读准下列字音：

大家	书架	掐算	龙虾	街道	阶梯	解决	介绍	世界	戒烟	换届	鞋子
松懈	教书	地窖	睡觉	推敲	艰苦	奸猾	空间	减少	简单	监察	鉴定
镶嵌	咸鱼	闲适	军衔	限制	陷害	肉馅	苋菜	讲话	小巷	项目	哑巴

六、前鼻音和后鼻音的辨认

普通话里前鼻音韵尾 n 和后鼻音韵尾 ng 分得很清楚。吴方言、湘方言、赣方言、客家方言以及北方方言区的西南方言，都存在着前后鼻音混读的现象。有少数方言只有后鼻音韵尾 ng 而没有前鼻音韵尾 n，多数方言限于某几对 n、ng 相混，而 en、eng 和 in、ing 这两对韵母相混的最多。相混的现象又以 ng 混入 n 为多，n 混入 ng 的较少。

‹辨音正音练习›

单音节对比练习

en — eng

| 奔——崩 | 盆——朋 | 门——蒙 | 分——封 |
| 跟——耕 | 痕——横 | 真——争 | 神——绳 |

in — ing

| 音——英 | 斤——精 | 宾——兵 | 贫——平 |
| 民——明 | 您——宁 | 林——灵 | 紧——景 |

an — ang

| 班——帮 | 盘——旁 | 瞒——忙 | 胆——挡 |
| 弹——糖 | 难——囊 | 蓝——狼 | 山——商 |

ian — iang

| 盐——羊 | 间——江 | 浅——抢 | 闲——详 |
| 脸——两 | 年——娘 | 钱——墙 | 艳——样 |

(u)an — (u)ang

| 玩——王 | 管——广 | 宽——筐 | 环——皇 |
| 砖——装 | 船——床 | 闩——双 | 晚——网 |

uen—ueng(ong)

| 温——翁 | 问——瓮 | 蹲——东 | 吞——通 |
| 轮——龙 | 棍——共 | 准——肿 | 春——充 |

M2-16 前鼻音和后鼻音练习

七、韵母绕口令练习

① 哥哥弟弟坡前坐，坡上卧着一只鹅，坡下流着一条河，哥哥说：宽宽的河，弟弟说：

肥肥的鹅。鹅要过河，河要渡鹅。不知是鹅过河，还是河渡鹅。

② 山前有个崔粗腿，山后有个崔腿粗，两人山前来比腿，不知是崔粗腿的腿比崔腿粗的腿粗，还是崔腿粗的腿比崔粗腿的腿粗。

③ 佳佳剪了姐姐的窗帘做手绢，姐姐发现后，气得直冒烟去拿皮鞭，佳佳又解释又道歉，连忙说：好姐姐，你放心，下回我要剪窗帘，一定先交钱。

④ 长扁担，短扁担，长扁担比短扁担长半扁担，短扁担比长扁担短半扁担。长扁担要绑在短板凳上，短扁担要绑在长板凳上，所以短板凳不能绑比长扁担短半扁担的短扁担，长板凳也不能绑比短扁担长半扁担的长扁担。

⑤ 小金上北京看风景，小玲上天津买纱巾，北京的风景看不尽，天津的纱巾绕眼睛，乐坏了小金和小玲。

⑥ 姓程不姓陈，姓陈不姓程，禾木程，耳东陈，程陈不分认错人。

⑦ 半边莲，莲半边，半边莲长在山涧边。半边天路过山涧边，发现这片半边莲。半边天拿来一把镰，割了半筐半边莲。半筐半边莲，送给边防连。

⑧ 威威、伟伟和卫卫，拿着水杯去接水。威威让伟伟，伟伟让卫卫，卫卫让威威，没人先接水。一二三，排好队，一个一个来接水。

M2-17 韵母绕口令

第三节 声调训练

一、普通话的调值、调类、调号

1.调值

调值（图2-1）是声调的实际读音，也就是音节的相对音高的高低、升降、曲直、长短的变化形式。普通话有四种基本调值：高平调、中升调、降升调、全降调。通常采用"五度标记法"来标记调值。具体方法是：用一条竖线作比较线，将声调的音高分为五度，在竖线上分别用1、2、3、4、5表示低音、半低音、中音、半高音、高音，然后在竖线左侧用带箭头的横线、斜线、曲线来表示不同的调值的音高变化。普通话有四个声调，如表2-1所示。

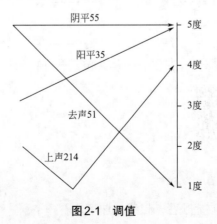

图2-1 调值

表2-1　普通话四声简表

调类	调值	调型	调号	例字
阴平	55	高平	―	说
阳平	35	高升	／	文
上声	214	降升	∨	解
去声	51	全降	＼	字

（1）阴平。念高平，用五度标记法来表示，就是从5到5，写作55。声带绷到最紧，始终无明显变化，保持音高。例如：青春光辉。

（2）阳平。念高升（或称中升），起音比阴平稍低，然后升到高。用五度标记法表示，就是从3升到5，写作35。声带从不松不紧开始，逐步绷紧，直到最紧，声音从不低不高到最高。例如：人民银行。

（3）上（shǎng）声。念降升，起音半低，先降后升。用五度标记法表示，是从2降到1再升到4，写作214。声带从略微有些紧张开始，立刻松弛下来，稍稍延长，然后迅速绷紧，但没有绷到最紧。例如：理想美满。

（4）去声。念高降（或称全降），起音高，接着往下滑，用五度标记法表示，是从5降到1，写作51。声带从紧开始到完全松弛为止，声音从高到低，音长是最短的。例如：世界教育。

2.调类

调类是把全部的字音按不同的调值加以分类后，所得到的声调类别。一种方言或语言中有几种基本调值，它就有几个调类。调类相同，调值也就相同。对不同的语音系统进行比较，调值相同的不一定属于同一调类。每一个调类确定一个名称就是调名。普通话有四种基本调值，因而有四个调类。传统的汉语音韵学把这四种调类称为阴平、阳平、上声、去声。教学上也称为第一声、第二声、第三声、第四声。

3.调号

调号是声调的符号。《汉语拼音方案》规定声调的符号为阴平"ˉ"、阳平"ˊ"、上声"ˇ"、去声"ˋ"，这些调号的形状基本上是五度标记法的缩写。调号要标在音节的主要元音上。

二、声调辨正

声调辨正就是要弄清方言和普通话在声调上的差异，明确两者之间的对应关系，以便有效地纠正方言。

方言和普通话的对应关系，主要有以下三种情况：①调类相同，调值不同；②方言调类多于普通话调类；③入声保留或归并的情况不同。辨正声调，应注意找到规律，在四声准确的基础上，根据内容有感情地发出每个音节。反复大量练习单音节、双音节、四音节、诗、段子、绕口令等。练习时注意高音不挤，低音不散，声音由小到大，由弱到强，刚柔结合，控制适度。

M2-18　强化练习

第四节 音变训练

我们说话、朗读都是一个一个音节连续进行的。这些音节连续发出来时，音素或声调就可能互相影响，产生语音变化，这种语音变化现象就叫做音变。因此学习普通话，光读准每个音节的声、韵、调还不够，还必须注意语音的变化。

普通话语音中常见的音变现象有：变调、轻声、儿化、语气词"啊"的变化等。

一、变调

我们的语言经常是音节与音节相连的。在语流中音节连续发音时，由于邻近音节声调的相互影响，有些音节助声调起了一定的变化，而与单字调值不同，这种变化就叫做"变调"，普通话里最常见的变调现象主要表现在以下几个方面。

1.上声的变调

上声在普通话中的单字调值为214。在说话或朗读时，上声的本调出现的机会很少，只有在单念或处在词语、句子的末尾才读本调，上声变调有以下几种情况。

（1）上声在非上声字前。上声变成半上，调值由（214）变为（21）。例如，在阴平字前：北京、老师、首都、小说、展开、始终、普通、产生；在阳平字前：祖国、语言、旅游、表达、主持、改良、拱门、古文；在去声字前：领袖、老练、主见、感谢、准确、解放、土地、朗诵。

（2）上声在上声字前。上声变得近乎阳平，调值由（214）变为（24）。例如：美好、理想、领导、演讲、水果、勇敢、打扫、野草、胆敢、把守、岛屿、笔挺、采取、场景、恼火、选举。

（3）三个上声字相连。前两个音节的变调有两种情况：①当词语的结构是双单式时，第一、二个上声字调值变为（24），近乎阳平。例如：管理组、洗手水、展览馆、虎骨粉、蒙古语、手写体。②当词语的结构是单双式时，第一个上声字读半上，调值变为（21），第二个上声字调值变为（24）。例如：好领导、党小组、小水桶、纸老虎、打草稿、孔乙己。

（4）几个上声音节相连。按语气、语意两个一节、三个一节来划分，然后按上述规律变调。

M2-19 上声变调

2."一""不"的变调

"一""不"的变调，是普通话里比较突出的现象。"一"的原调是阴平，"不"的原调是去声，它们在单念或在词句末尾时念原调。例如：

一：统一、第一；

不：我不、就是不。

"一""不"的变调有以下三种。

（1）在去声前一律念阳平（35）。例如：一样、一见如故、一道、一切、不怕、不计其数、不顾、不对。

（2）在非去声前念去声（51）。例如：在阴平前，一杯、一般、不通、不高；在阳平前，一年、一言为定、不值、不求甚解；在上声前，一碗饭、一笔抹杀、不少、不可磨灭。

（3）夹在叠词中念轻声。例如：想一想、尝一尝；去不去、好不好。

M2-20 "一""不"
变调

3.重叠形容词的变调

（1）单音节形容词重叠（AA式）重叠部分如果儿化，第一个音节念成阴平（55）。例如：慢慢儿（的）、好好儿、软软儿、远远儿。若重叠部分不儿化，则保持原调不变。

（2）ABB式重叠的形容词BB一致读阴平。例如：绿油油、黑洞洞、沉甸甸。

（3）双音节形容词重叠（AABB式）第二个音节读轻声，第三、四个音节（BB）读阴平。例如：漂漂亮亮、老老实实。

用汉语拼音方案拼写音节时，一般不写变调，而标原声调。

二、语气词"啊"的音变

普通话中的"啊"，是一个表达语气感情的基本声音。当作为叹词用在句首时，仍念"a"的声音，它有阴平、阳平、上声和去声四种声调，这跟说话人的思想感情的变化有着密切关系。但是，当"啊"作为语气助词处在句子末尾时，由于受前面那个音节末尾因素的影响，读音常发生变化，出现音变现象。以下是"啊"的变音规律。

（1）前面的因素是i、ü时，读"呀（yā）"。例如：

① 你来啊。（或写成"呀"）

② 明天早起啊。（或写成"呀"）

③ 你到哪儿去啊。（或写成"呀"）

④ 这孩子真可爱啊！（或写成"呀"）

（2）前面的因素是u（包括ao、iao里的o）时，读"哇（wā）"。

① 这是一本好书啊！（或写成"哇"）

② 为什么不吐啊？（或写成"哇"）

③ 真可笑啊！（或写成"哇"）

（3）前面的因素是n时，读"哪（nā）"。

① 水多深啊。（或写成"哪"）

② 乱弹琴啊。（或写成"哪"）

③ 好大的烟啊。（或写成"哪"）

（4）前面的因素是ng时，读ngā，仍写成"啊"。

① 快唱啊。

② 真漂亮啊！

（5）前面的因素是i（后）时，读"rā"，仍写成"啊"。

① 没事啊。

② 谁值日啊？

（6）前面的因素是 i（前）时，读"za"，仍写成"啊"。

① 你快写字啊！

② 我去过一次啊！

（7）前面的因素是 a、o（ao、iao 除外）、e、ê 时，就在"啊"之前加上一个 i 的因素，读"yɑ"，写成"呀"（有时也可读成"啦"）。

① 原来是他呀！

② 前面就是上坡呀！

③ 这可是他毕生的心血呀！

④ 真得好好谢谢啦！（……呐！……哪！）

⑤ 她到底怎样了啊？（"了""啊"合音读"啦"）

掌握"啊"的变读规律，并不需要一一硬记，只要将前一个音节顺势连读"ɑ"（就像读声韵母拼音一样，其间不要停顿），就会读出"ɑ"的变音。另外，还要看语句表达的是怎样的一种思想感情和心理意向，从而准确、灵活地确定"啊"的读音。

M2-21 "啊"变调

三、轻声

所谓轻声并不是四声之外的第五种声调，而是从四种声调变化而来的，是四声的一种特殊音变，即在一定的条件下读得又短又轻的调子。一般地说，任何一种声调的字，在一定的条件下，都可能失去原来的声调，变读轻声。例如，在"土圪垃""荸荠""刀子""说过"这些词语里的"垃""荠""子""过"，它们单独念时都各有固定的声调，"垃"读阴平，"荠"读阳平，"子"读上声，"过"读去声，可是在这些词语里却都读得既短又轻了，通常把这些字叫轻声字。确定轻声有如下基本规律。

（1）的、地、得、着、了、过、们等助词。

读书的　愉快地　跑得快　站着　走了　看过　朋友们

（2）吧、吗、呢、啊、哪、啦、呀、哇等语气词。

来吧　你好吗　他呢　快来啊　说呀　好哇

（3）叠音词、动词的重叠形式后头的字以及夹在重叠动词中间的"一"或"不"字等。

爸爸　姐姐　姑姑　娃娃　听听　劝劝　跑一跑　去不去　研究研究　拾掇拾掇

（4）用在名词、代词后面表示方位的语素或词：上、下、里、边、面等。

桌子上　床底下　村子里　左边　后面

（5）名词和代词的后缀：子、头、儿、么等。

凳子　箱子　馒头　木头　那儿　什么

（6）用在动词、形容词后面表示趋向的词。

进来　出去　跑上来　走下去　看起来　说出来　夺回来

大学语文

（7）某些量词：个、头、条等。

两个人　三头牛　四条毛巾

（8）动词后面的某些补语常读轻声。

打开　站住　关上

（9）人称代词做宾语时，常读轻声。

找我　喊你　请他

（10）一批常用的双音节词，第二个音节习惯上要读轻声。

牡丹　西瓜　玻璃　窗户　算盘　大夫　编辑

扎实　唠叨　应付　招呼　稀罕　便宜　客气

动静　干部　行李　包袱　喜鹊　太阳　萝卜

钥匙　风筝　被窝　胳膊　规矩　阔气　朋友

M2-22　轻音变调

四、儿化

卷舌韵母er总是单独成音节的，如"儿、尔、二"等。但"儿（er）"也可以同其他韵母结合起来，改变原来韵母的读音，成为一种卷舌韵母，叫做儿化韵。儿化韵的"儿"不是一个单独的音节，而是在一个音节末尾音上附加的卷舌动作，使那个音因儿化而发生音变。如"花儿"，就是在发韵母ua的同时，在a的基础上加上一个卷舌动作而发出来的音。从这里可以看出，儿化的基本性质就是卷舌。儿化音节虽然用两个汉字表示，但并不是两个音节，读的时候仍要念成一个音节，拼写的时候在原来韵母的后面加一个r，如"花儿"写成huār。

（1）加r：在韵母后加一个卷舌动作。音节末尾是a、o、e、u的，加r，韵母不变。例如：花儿、山坡儿、大个儿、眼珠儿、油画儿、没错儿、牙刷儿、人家儿、小狗儿。

韵母是ai、ei、an、en的，加r，丢韵尾，在发主要元音的同时卷舌。例如：小孩儿、香味儿、花篮儿、大门儿、一块儿、旁边儿。

韵尾是ng的，去掉鼻尾音，使前面的元音鼻化并卷舌。例如：帮忙儿、麻绳儿、胡同儿、门缝儿、唱腔儿。

（2）加er：韵母为i、ü的，加er，使元音舌位移到中央，卷舌发音。例如：小米儿、金鱼儿、眼皮儿、有趣儿。

韵腹ê、i，元音变为er。例如：半截儿、小事儿、瓜子儿、台词儿、年三十儿。

韵母为in、ün的，加er，丢韵尾。例如：干劲儿、白云儿、脚印儿。

M2-23　"儿"化变调

第五节　朗读训练

朗读也可以叫做诵读，是一种有声语言艺术，指把视觉符号的书面语言转化为听觉符号的有声语言的再创造活动。它不是机械地单纯念字、照字读音，也不是没有重音、没有情感变化地读，而是在语音规范的基础上达到更丰富、更完美的表情达意，言志传神地读，通过读，使作品中的文字符号立起来、活起来，如同一个个灵动的生命，给人以深切的感受。

好的朗读不仅能清晰、准确地反映出书面语言所蕴含的信息，而且能给人以美的享受。朗读是一个驾驭语言的过程。朗读者必须掌握一定的技巧，深入地理解、体悟作品，必须以文字作品为依据，在原作的基础上，融入自己的深切感受，在停连、重音、节奏、语势等方面进行艺术加工，通过有声语言准确、鲜明、生动地体现原作的特有风格，把作者所要表达的思想感情较完整、真实地予以复现，给人以至深的启发和审美的享受。这样的朗读凝结了朗读者再创造的心血，弥补了文字表达的不足，是对文字作品的"再创作"，因而比文字作品本身具有更强烈、更感人的艺术魅力。

一、对朗读者的基本要求

1.理解作品，领会内容

朗读的正确途径是从理解到表达，在理解的基础上进一步表达。理解作品，领会内容是朗读的先决条件和基础。要读好一篇作品，首先需要充分理解这篇文章，领会文章的基本内容，反复揣摩，正确把握作品的主题思想和情感基调，深入了解作品的时代背景及作者的思想状况，掌握作品的结构，分清主次，仔细推敲词句之间的微妙含义，真正进入到作品的境界中，把文章的丰富内涵准确、生动、形象地再现出来，达到好的朗读效果。

2.读准字音，语句流畅

掌握普通话的标准发音，是朗读者必备的基本条件。汉字结构复杂，一字多音、轻声、儿化、变调等，朗读时要注意分辨，不能读错字音。对多音多义字，要按义定音。除了读准字音，朗读时还应把语句读得明白自然，干净利落。决不能像平时说话那样，任意添字、掉字、颠倒、中断；也不能像平时说话那样，用词随便，不讲节奏，破坏文章语言的完整性。要做到语句流利，关键是熟悉作品，并要多读多练。

3.语调自然，熟练运用语音技巧

语调准确、自然，是朗读表情达意的重要条件。朗读语言同生活语言的主要区别就是语调。生活语言中的语调一般是没有多少起伏变化的，显得自然、从容。而朗读语言的语调则有明显的起伏变化，能使语义表达得更加顺畅、明晰、突出。朗读中一旦失去这种富于变化的语调，就无异于一般的生活语言了。朗读既要正确地理解作品，又要善于准确地表达作品。能否准确地理解作品，需要较深厚的知识修养，而能否表达作品，则需要掌握一定的语音表达技巧。如恰当运用语调的停顿、重音、快慢等，这些对于表达文章的思想感情都有不容忽视的作用。可以说，其中任何一个因素都会影响朗读的效果。特别需要注意的是，在朗读一篇文章时，各种技巧是综合在一起发挥作用的，因此必须重视它们的配合运用。只注意某个因素，而忽视了其他的因素，就会影响朗读的整体效果。在朗读时选择和运用各种语言技巧，必须从语言的实际出发，注意各种语言技巧与表达内容的自然结合。技巧运用是否恰当主要看与内容是否协调一致，切忌形式化、表面化地套用。如果脱离作品实际，单纯强调语言技巧，一味地追求所谓的声音效果，不仅不可能达到朗读的最佳效果，而且会弄巧成拙，破坏朗读效果。

二、朗读技巧

掌握和运用朗读的基本技巧可以更好地发挥有声语言的作用，是达到理想朗读效果的一种手段。朗读技巧主要包括停顿重音、语调、节奏等。

（一）停顿技巧

朗读中的停顿，不仅是生理上的需要，更主要的是表情达意的需要。从前者来看，朗读不可能一口气不间断地读完全文，必须有换气、调节气息的机会；从后者来看，适当停顿可以表达语言文字的结构，准确表达作品的思想感情，也给听者以思索和领会的时间。停顿分逻辑停顿和感情停顿两种。

（1）逻辑停顿。又称语法停顿，它是句子中一般的间歇，反映句子中的语法关系。在书面材料中，它基本以标点符号为依据。停顿时间的长短一般是：顿号最短；逗号较长；分号又较逗号为长；句号、问号、感叹号表示的停顿要比分号长；冒号是一种运用比较灵活的点号，它表示的停顿一般比分号长，较句号为短。另外，句中的省略号和破折号也表示一定的停顿。段落层次间的停顿时间长度表现为：段落长于层次，层次长于句子。

当然，句子中的语法停顿要比标点符号所能表示出来的停顿细致得多。有些句子中没有标点，但是根据表情达意的需要，必须在适当的地方安排停顿。停顿的地方不同，显示的结构关系也不同。这种停顿能体现语言中词语之间、句子之间、层次和段落之间语意上的联系。停顿必须自然、合理、适当，不能违背平时的语言习惯。

（2）感情停顿，又称强调停顿，它是为了强调某一事物，突出某个语意或感情，或是为了加强语气，在不是语法停顿的地方作适当停顿，或在语法停顿处变动停顿时间。如恩格斯的《在马克思墓前的讲话》中的一段话：

让他一个人留在房里还不到／两分钟，等我们再进去时，便发现他在安乐椅上安静地睡着了——／但已是永远地睡着了。

这里的两处停顿都用以表现恩格斯痛惜沉郁的情感。有时为了突出某种强烈的感情，停顿的时间可长可短，视感情的需要而定，安排停顿一定要把握住：语法关系正确，不出歧义，语言清晰流畅，准确表情达意。

（二）重音技巧

重音是朗读时对句子中某些词或词组在声音上给予突出或强调，读得特别重的音。重音是语言艺术加工的一个重要因素，我们在说话时往往对主要的意思加重语气，以引起听者的注意。重读的部分就是一句话的中心和主体，语言的表现力和说话人的感情色彩常常是靠重读来表现。一般重音可以分为语法重音、逻辑重音和感情重音。

1.语法重音

根据语法结构的特点来处理的重音叫语法重音。它是由语句中语法结构确定的，一般地说，句子的谓语要重读，如："我睡了"；句子中的定语要重读，如："伟大的祖国，伟大的人民"；句子中的状语要重读，如："我们高高兴兴地来到了学校"；句子中的补语要重读，如："这个孩子又白又胖"。如果一句话中成分较全，应根据句子中心来确定重音。

2.逻辑重音

逻辑重音是在上下文的逻辑关系中强调特殊语意的重音。同一句话，逻辑重音不同，所强调的语意重点就不同。如：

"我明天去北京"，强调的是"我"去，而不是别人；

"我明天去北京"，强调的是去的时间；

"我明天去北京"，强调的是行为；

"我明天去北京"，强调去的是北京，不是别的地方。

可见，能否选准重点，实在是准确表情达意的关键。

3.感情重音

为了表达某种特定感情所读的重音，叫感情重音。用感情重音可使语言色彩丰富，血肉丰满，生机盎然，富有感染力。如果感情重音处理得好，还可以将文章的感情表达得更细腻、更充分。强烈的感情重音，还可以表达某种激情。

（三）语调技巧

在句子中用来表情达意的抑扬顿挫、轻重缓急的调子叫语调。语调是整个句子读音高低升降的变化。朗读对语调的要求是"自然"，影响语调变化的主要因素是复杂的思想感情与千变万化的语势。根据声音变化形式的不同，语调一般分为昂上调、降抑调、平直调、曲折调4种。一般地说，陈述句用平直调，疑问句用昂上调，感叹句用降抑调，复杂语气的句子用曲折调等。

1.昂上调

昂上调即声音表达由低到高，常用来表示号召、呼唤、疑问、反问、惊异、申诉等。

2.降抑调

降抑调即声音由高到低，一般表示肯定、感叹、请求、自信、祝愿等。

3.平直调

平直调即语调平稳舒缓，无明显高低升降变化。一般用以表达叙述、说明、解释的内容和庄重、严肃、冷淡、哀悼的情绪。

4.曲折调

曲折调即语调升降起伏，曲折多变。一般用来表达多种感情的交织或夸张、讽刺、幽默、怀疑、双关、惊讶等复杂感情。

（四）节奏技巧

节奏是指朗读全篇作品过程中所显示的声音形式的回环往复。节奏的把握应立足于作品的全篇和整体。朗读中运用节奏应从具体作品、具体层次、具体思想感情的运动状态入手。节奏除了依靠感情的内推力外，还必须借助于文章中一组一组的词语层层推进。在节奏上要能控制速度，不要忽高忽低、忽快忽慢，要读得从容不迫。

M2-24　朗读训练

第六节　说话训练

一、说话要求

普通话水平测试中的命题说话部分，主要考查应试人在没有文字凭借的情况下说普通话的能力和所能达到的规范程度。和朗读相比，说话可以更有效地考查应试人在自然状态下运用普通话语音、词汇、语法的能力，最能全面体现应试人普通话的真实水平。我们需要明白，普通话水平测试不同于普通话知识的考试，也不是文化水平的考核，更不是口才的评估。测试大纲以语音面貌、词汇语法的规范程度和自然流畅程度来作为说话的一部分标准，对与文章结构有关的立意、选材及布局谋篇并未提出具体的要求。在应试过程中主要注意以下几点。

1. 话语自然

说话就是口语表达，它和说话的环境、说话人的感情、说话的目的和动机都有很大的关系。要做到自然，就要按照日常口语的语音、语调来说话，不要带着朗读或背诵的腔调。这个要求看似不高，但实际做起来却是相当的困难。有的人将说话材料写成书面材料，效果往往不好。就是因为写出的材料不具有口语表达的特点。

2. 语速适当

正常语速大约为240个音节/分。如果根据内容、情景、语气的要求调整语速，音节稍快、稍慢也应视为正常。语速和语言流畅程度是成正比的，一般说来，语速越快，语言越流畅。但语速过快就容易导致发音时口腔打不开，复元音的韵母动程不够和归音不准。语速过慢，容易导致语流凝滞，话语不够连贯。有人为了不在声、韵、调上出错，说话的时候一个字、一个字地往外挤，听起来非常生硬。因而，过快和过慢的语速都应该努力避免。

3. 用语得体

简单来讲，口语词指日常说话用得多的词，书面语词指书面上用得多的词。口语词和书面语词相比，有其各自的特点。在普通话测试中，必须克服方言的影响，摈弃方言词汇。不过，应当指出，普通话词汇标准是开放的，它不断地从方言中吸收富有表现力的词汇来丰富、完善自身的词汇系统，普通话水平测试也允许应试人使用较为常用的新词语和方言词语。

二、"说话"测试准备

国家《普通话水平说话训练与测试大纲》规定了普通话水平测试中"说话"测试内容为30个命题说话题目，比原测试大纲规定的50个话题减少了20个，内容也更加宽泛，与我们日常生活关系密切，说话测试要达到圆满的结果必须在测试前有充分的准备。

1. 话题归类，典型涵盖

大纲规定的30个话题，从内容上看，基本上分三大类：记叙描述类、议论评说类和说明介绍类。

记叙类话题10个：我的学习生活、我的愿望、我尊敬的人、童年的记忆、难忘的旅行、我的朋友、我的业余生活、我的假日生活、我向往的地方、我和体育。

议论评说类话题9个：谈谈卫生与健康、学习普通话的体会、谈谈服饰、谈谈科技发展与社会生活、谈谈美食、谈谈社会公德或职业道德、谈谈个人修养、谈谈对环境保护的认识、购物消费的感受。

说明介绍类话题11个：我喜爱的动物（或植物）、我喜爱的职业、我喜欢的季节（或天气）、我的成长之路、我知道的风俗、我的家乡（或熟悉的地方）、我喜欢的节日、我喜爱的文学（或其他艺术形式）、我所在的集体（学校、机关、公司等）、我喜欢的明星（或其他知名人士）、我喜爱的书刊。

应该注意到，以上的话题题目之间可以互相转换。比如《谈谈服饰》《购物的感受》既可以谈自己对服饰的看法、对购物的看法，也可以谈自己对服饰的审美、购物过程中的所见所闻。类似的还有《童年的记忆》与《我的成长之路》《谈谈社会公德》与《谈谈个人修养》《我尊敬的人》和《我的朋友》《我的业余生活》《我的假日生活》和《难忘的旅行》。测试前将准备的话题涵盖几个话题，测试前根据情况从不同的角度选用，灵活变通。

2.构思框架，安排层次

确定了说话的体裁及说话的内容，解决了说什么的问题，就要考虑怎样说和先说什么后说什么。只有构思好框架，安排好结构层次才能说得有条理，达到"说话"测试要求的语调自然流畅的效果。

记叙类的话题。此类话题可以细分为记人、叙事两类，要求选择自己最熟悉的人或者记忆最深刻的事情为主要说话内容。可先总体介绍情况，然后进入主体部分具体展开。这里要详细交代人物、事件的来龙去脉，内容准备要充分，条理要清楚。结构要体现逻辑关系，可纵向或横向安排材料。结语部分可以用总结的方式，也可用感情交流的方法结束。

论说文体的话题。此类话题要求在叙述的基础上对某些现象进行评说，发表见解，阐明观点，并运用相应的理论论据来论证这个观点。也就是说要有鲜明的观点和充分的论证。话题开始先有个开场白来阐明自己的主要观点，然后进入主体部分，列举事实论据或引用名人名言进行论证。要选自己亲身经历的事实或自己比较熟悉的、有说服力的、典型的事例来论证观点。

说明介绍类话题。此类话题主要说明和介绍某一事物的特征、性质和作用等，应就题目涉及的事物进行准备。

3.拟写提纲，有条不紊

"说话"是无文字凭借的测试，30个说话题目不可能准备三十篇文章一一背诵，因此，在测前除了进行话题归类、构建框架外，还需拟写提纲，测试时按提纲有条不紊地说话即可。提纲可以准备记人方面的、记事方面的、议论方面的，根据自身的特点和掌握的材料有序"说话"。

三、根据以下题目进行说话训练

（1）我的愿望。

（2）我的学习生活。

（3）我尊敬的人。

（4）我喜爱的动物（或植物）。

（5）童年的记忆。

（6）我喜爱的职业。

（7）难忘的旅行。

（8）我的朋友。

（9）我喜爱的文学（或其他）艺术形式。

（10）谈谈卫生与健康。

（11）我的业余生活。

（12）我喜欢的季节（或天气）。

（13）学习普通话的体会。

（14）谈谈服饰。

（15）我的假日生活。

（16）我的成长之路。

（17）谈谈科技发展与社会生活。

（18）我知道的风俗。

（19）我和体育。

（20）我的家乡（或熟悉的地方）。

（21）谈谈美食。

（22）我喜欢的节日。

（23）我所在集体（学校、机关、公司等）。

（24）谈谈社会公德。

（25）谈谈个人修养。

（26）我喜欢的明星（或其他知名人士）。

（27）我喜爱的书刊。

（28）谈谈对环境保护的认识。

（29）我向往的地方。

（30）购物（消费）的感受。

第三部分　应用文写作

第一单元　应用文概述

在现代社会里，应用文是人们在日常生活、学习、工作中交流思想、处理事务、解决问题、互通情况所经常运用到的工具。应用文写作是现代人必备的能力之一。叶圣陶先生在1981年8月同《写作》杂志编辑人员谈话时指出："写作范围很宽广，写调查报告、写工作计划、写经验总结、写信、写通知等，都包括在内，当然也包括文学作品。""大学毕业生不一定要能写小说诗歌，但是一定要能写工作和生活中实用的文章，而且非写得既通顺又扎实不可。"叶圣陶先生30年前的这番话仍值得当代的教育工作者深思。写好应用文是当今社会人们的基本素质之一。作为大学生的我们，自然也需要这样的素质。写好应用文，是衡量一个高职学生语文实践能力的重要标准。

应用文写作是一种实用性强、使用广泛、格式较为固定的书面表达方式，任何文章都是为时而著，因事而做的。古今中外，凡文章皆为应用，但是，人们并不把文学作品、一般文章等叫做应用文，只把日常生活中的书信、日记、条据、公约、工作计划、调查报告、总结、简报、公文等列入应用文体。应用文作为一种文章体裁，不是一个宽泛的概念，它有着自己特定的含义。其主要特性是实用性、模式性、简约性。

一、应用文的概念

应用文是应用写作的文字表现形态。它是国家党政机关、企事业单位、社会团体或个人在工作、学习和生活中使用的，用以处理公私事务、传播信息、表述意愿而撰写的具有一定的惯用体式的实用性文章。因其通俗易懂，实用性强，也有人把它称作实用文。

二、应用文写作的作用

应用文在不同的社会、不同的历史时期，以其不同的内容和形式发挥着不同的社会作用。进入21世纪的今天，它的作用主要表现在以下几个方面。

1.传递信息、沟通协调的作用

现代社会中，机关、企事业单位及个体之间，需要及时传播信息、联系工作，应用文能突破时间与空间的限制，成为人们交流信息的重要工具。

2.宣传教育、指挥管理的作用

应用文是用来处理公私事务的，但要处理好公私事务，必须让人们知道应该做什么、为什么要做、怎么去做。这就需要摆清事实，讲透道理，实际上就是在做宣传教育工作。在公务活动中，上级机关对下级机关发布的公文，起着指挥、管理的作用，没有它，各方面的管理工作就无法有序地进行。

3.凭证依据的作用

应用文凭证依据的作用，在不同的文种中有不同程度的体现。如机关公文是收文机关处理工作、解决问题的政策依据；合同、调解书以及司法文书是双方彼此确定的权利、义务的依据和凭证。

4.提供、保存历史资料的作用

应用文反映单位和个人的种种活动，记载着各个时期的政治、经济和文化等多方面的情况，因此，它可以保存和积累大量的历史资料，为今后有关部门和个人的研究提供历史背景资料。

三、应用文的种类

随着时代的发展和科学技术的进步，人们的社会活动领域不断拓宽，应用文的使用范围日益广泛，新文种不断出现。关于应用文范围的界定和分类，由于划分标准不同，分法也就有所不同。根据应用文的内容、功用和使用范围，可将其分为以下8类。

1.行政公文

2012年4月中共中央办公厅、国务院办公厅联合印发了《党政机关公文处理工作条例》（以下简称《条例》）（中办发〔2012〕14号），决定从2012年7月1日起施行新修订的《条例》。1996年5月3日中共中央办公厅发布的《中国共产党机关公文处理条例》和2000年8月24日国务院发布的《国家行政机关公文处理办法》停止执行。

《条例》规定现行各类党政机关的公文种类有15种，分别是决议、决定、命令（令）、公报、公告、通告、意见、通知、通报、报告、请示、批复、议案、函、纪要，比2000年8月的版本多了决议和公报两个文种。此外，《条例》没有对公文的主题词进行要求，就是说公文可以不要主题词了，这个是很大的变化。

2.事务应用文

事务应用文包括计划、总结、述职报告、调查报告、简报、演讲稿、规章制度等。

3.科技应用文

科技应用文包括毕业论文、毕业设计、科技成果报告等。

4.财经应用文

财经应用文包括意向书、招标书、投标书、市场调查报告、市场预测报告、可行性研究报告、经济活动分析报告、经济合同等。

5.法律应用文

法律应用文包括起诉状、上诉状、答辩状、申诉状等。

6.社交礼仪应用文

社交礼仪应用文包括开幕词、闭幕词、欢迎词、欢送词、礼仪致辞、答谢词、悼词等。

7.求职应用文

求职应用文包括求职信、推荐信、辞职信、简历、申论等。

8.外贸应用文

外贸应用文包括涉外经济合同、外贸业务函电、涉外商情调研报告等。

四、应用文的特点

1.文体的实用性

应用文无论在处理公共事务还是私人事务中，都具有实际应用的价值。"实用"是应用文最重要的特点，实用性是判断应用文好坏的价值尺度，也是应用文区别于其他文种的标志。

2.格式的规范性

应用文讲究格式的规范性。每一个文种在长期的使用过程中，都形成了比较固定的格式，所以，要求写作时必须根据应用文的具体类型，遵守各自的固定格式。

3.内容的真实性

真实性是指内容真实确凿，实事求是。应用文是管理工作的工具，要为解决现实问题、指导实际工作服务，因而它完全排斥虚构和杜撰，文中所写的数据、材料等，必须真实、准确；所发布、传达的上级指示精神要确切，不能经过任何艺术加工。

4.对象的明确性

应用文的读者不像文学作品那样广泛，阅读对象大都明确具体。无论是行政公文中的"请示""通知"，还是诉讼文书中的"起诉状""上诉状"，都有明确的读者对象，即使是"欢迎辞"等，也是直接面对特定听众的。

5.语言的简明性

简明性是指应用文在语言上尽量简洁、明确。简洁，才能提高办事效率；明确，才能保证工作质量。为了提高应用文的实用效能，应用文崇尚简约，力戒浮华不实，以便读者准确把握其主旨。

五、应用文写作的意义

1.应用文写作是时代的要求

随着社会的发展，人们在工作和生活中的交往越来越频繁，事情也越来越复杂，在新科技革命的不断深入下，新的应用文体层出不穷。因此，对于高职学生而言掌握一些应用文的写作方法势在必行。

2.应用文写作是社会的要求

当今世界，无论国家、集体或者个人，都需要现代化的管理手段，其中，文字管理无疑是最基本的间接管理方式。因此，具备一定的应用文写作能力无疑是对当代高职学生提出的合理要求。

3.应用文写作是个人发展的要求

当今社会，写作能力已成为一个从业人员必备的素质、修养和技能，把它同谋生、薪职、生活水准紧密联系在一起，成为一种竞争手段。能否熟练掌握应用文写作技巧，在一定程度上已成为影响个人成败的关键因素之一。

第二单元 应用文写作实训

第一节 行政公文

一、通知

‹例文点评›

为了改善地区发展环境，这是某地方党委和政府批转的一份通知。

例文

中共 ×× 省委文件

× 省委〔200×〕× 号

中共 ×× 省委员会 ×× 省人民政府
关于批转《中共 ×× 省委改善经济发展环境专题推进领导小组办公室
关于创建优良经济发展环境的意见》的通知

各市（地）、县（市）委和人民政府（行署），省委各部委，省直各单位：

为了深入贯彻党的十七大和省第十二次党代会精神，进一步推动全省经济发展，经省委、省政府同意，现将中共 ×× 省委改善经济发展环境专题推进领导小组办公室《关于创建优良经济发展环境的意见》印发给你们，请结合实际，认真贯彻实施。

创建良好的经济发展环境，是促进我省经济持续快速健康发展、扩大开放的重要条件。近年来，我省把改善经济发展环境作为重点工作，实施专题推进，收到了一定成效。但与一些先进地区相比，经济发展环境仍然不够理想。为此，必须把创建优良经济发展环境摆上各级党委、政府工作的重要日程，加大工作力度，努力为我省加快实现"二次创业、富民强省"目标提供有力的保证。各级党委、政府和各有关部门要站在贯彻十七大精神，进一步提高对创建优良经济发展环境重大意义的认识基础上，认真查找本地区、本部门在改善经济发展环境上存在的差距和不足，紧密联系本地区、本部门实际，制定措施，抓好落实，促进全省经济发展环境的改善和优化。

点评

版头 由发文机关、发文字号组成。

题目 事由和文种构成。"批转"一词表明该通知种类主送机关。

正文 缘由部分，说明批转公文的题目，表明批转态度。"印发""认真贯彻实施"等是下行文表态、期请的惯用语。主体部分较详细说明批转公文的目的、意义、态度等，同时作出指示。

附：《中共 ×× 省委改善经济发展环境专题推进领导小组办公室关于创建优良经济发展环境的意见》

中共 ×× 省委员会

×× 省人民政府

×× 年 × 月 × 日（章）

附件　这是批转性通知必不可少的组成部分。

署名　发文机关、时间、印章。

‹综合分析›

1. 通知的概念

通知是用于批转下级机关的公文、转发上级机关和不相隶属机关的公文、发布规章、传达要求下级机关办理和有关单位需要周知或共同执行的事项、任免和聘用干部的一种公文。通知具有广泛性、周知性、时致性。

2. 通知的发展历史

通知产生于民国时期。1942年以前，属于非法定公文；1942年，国民政府发布的《公文程式条例》将之列为法定公文。中国共产党成立后，各机关对通知的使用也极为频繁，新中国成立后，行政机关1951年将其列入法定公文，党的机关1989年将其列入法定公文。

3. 通知的用途

《中国共产党机关公文处理条例》规定：通知"用于发布党内法规、任免干部、传达上级机关的指示、转发上级机关和不相隶属机关的公文、批转下级机关的公文、发布要求下级机关办理和有关单位共同执行或者周知的事项"。《国家行政机关公文处理办法》规定：通知"适用于批转下级机关的公文，转发上级机关和不相隶属机关的公文，传达要求下级机关办理和需要有关单位周知或者执行的事项，任免人员"。

1996年，党的机关通知增加了"发布党内法规"和"任免干部"的用途。2000年，行政机关通知取消了"发布规章"的用途，改由命令（令）承担；将"任免和聘用干部"改为"任免人员"。

在所有的公文中，通知的使用频率最高。

4. 通知的种类

按用途，通知可分为：

（1）转发（批转、印发）通知。

（2）传达通知，包括命令性通知、指示性通知、规定性通知、通告性通知等。

（3）知照通知，包括事务通知、活动通知、会议通知。

（4）任免通知，包括任职通知、免职通知。

5. 通知的写作要求

（1）转发（批转、印发）通知，标题"关于"可省略，正文"执行意义"部分可省略，正文之后不标注附件说明。

（2）命令，只作指挥性的要求，不提执行命令的措施；而命令性通知，不仅提出命令性的要求，而且还具体交代执行命令和完成任务的措施。一项战略性工作的部署或重大方针政策的传达，要用指示行文；而对某项具体工作的部署，要用指示性通知行文。凡是按内容的性质不适于用通告的，用通告性通知。这三种通知的格式基本相同。"通知缘由"部分最后

大学语文

的承上启下的习惯用语，还可写成"现通知如下""特作如下通知"等；有时，这部分可省略。"结语"部分，有的要写明执行要求，如"以上通知，望认真贯彻执行"等；有的要写明生效日期，如"本通知自下发之日起实行"等；有的可写习惯用语，如"特此通知"等；有的可省略。

（3）召开会议、举办活动、庆祝节日、成立调整或撤销机构、启用或废止印章、要求报送材料等，用知照通知。"通知事项"部分，会议通知要写明会议的时间、地点、内容、参加人员、要求等，活动通知要写明活动的时间、地点、主题、规则、奖励办法等，事务通知则要写明为了什么目的成立调整或撤销了什么机构、启用或废止了什么印章（附印章样式）、需要报送什么材料等。

（4）任职通知和免职通知，可合用，也可分用。正文开头还可写成"××决定"等。对公务员的任职，要在职务后加括号注明级别等；对公务员的免职，要在职务后加括号注明是否保留原级别等。

6.通知的写法

（1）通知的首部包括标题、主送单位。

（2）通知的正文包括开头（缘由）、事项（主体）、结语。通知的缘由要写得简明扼要，通知事项要写得全面具体，除转发（批转、印发）通知和任免通知外，其他通知的"通知事项"部分，如内容较多，可分序排列；如内容单一，可一段到底。

（3）通知的结语为提出要求或措施。

〈写作训练〉

（1）请以兰州市人民政府的名义写一份通知，将《兰州市人民政府流动人口管理暂行办法》下发给各个下属机关和县区。

（2）根据下面材料，拟写一份会议通知。

全国市场营销协会决定于2011年7月10日至16日在广西壮族自治区南宁市召开一年一度的营销协会年会。于6月28日发出会议通知。会议的内容是研究和探讨当前营销学的有关学术问题和热点问题，全国市场营销协会的会员均可参加。会期为7天，7月10日报到，报到和开会地点是：南宁军区空军招待所。要求：每位与会者于会前半个月提交相关学术论文一篇。会务费自理。

（3）下面是一篇存在毛病的工作通知，试写出修改稿。

机关游泳池办证的通知

机关各直属单位：

机关游泳池定于6月1日正式开放，6月10日开始办理游泳证。请你们接此通知后，按下列规定，于1月30日前到机关俱乐部办理游泳手续。

一、办证对象：仅限你单位干部或职工身体健康者。

二、办证方法：由你单位统一登记名单、加盖印章到俱乐部办理，交一张免冠照片。

三、每个游泳证收费伍角。

四、凭证入池游泳，主动示证，遵守纪律，听从管理人员指挥。不得将此证转让他人使用，违者没收作废。

五、家属游泳一律凭家属证，临时购买另票，在规定的开放时间内入池。

×××俱乐部 ××××年×月×日

M3-1 任免通知

二、通报

‹例文点评›

例文

××市人民政府文件

×市府字〔××××〕6号

××市人民政府关于表彰××市体育局的通报

各区、县人民政府，市政府各部门、各直属机构：

　　在第×届奥运会上，我市×名体育健儿不畏强手、顽强拼搏，3人获得2项金牌，2人获得1项银牌，奖牌、金牌总数列全省第一和全国省会城市第一，为国家、我省和我市体育事业做出了重要贡献。

　　这是我市体育健儿自××××年洛杉矶奥运会取得1枚金牌之后，20年来又一次历史性突破。

　　我市体育健儿在第×届奥运会上所取得的优异成绩，是在市委、市政府的正确领导和全市人民的关心支持下，广大体育工作者长期共同努力的结果。市体育局以科学发展观为指导，坚持群众体育、竞技体育、体育产业全面协调发展，为我市体育健儿备战奥运会做了大量卓有成效的工作，为国家、我省和我市体育事业的发展发挥了重要作用，获得了省体育局授予的"体育突出贡献奖"。为此，市人民政府决定，对市体育局予以通报表彰。

　　希望我市广大体育工作者按照市委、市政府创建全国一流体育城市的要求，奋发进取，扎实工作，在××××年广州亚运会上再创辉煌，进一步推进我市体育事业的发展，为××省增添光彩，为国争光。

××市人民政府（章）

××××年×月×日

点评

版头　由发文机关、发文字号组成。

题目　由事由、文种两要素组成。

主送机关

正文　开头概述了通报背景，这是表彰性通报的事实依据。

主体　先概述市体育局取得荣誉的原因以及意义和价值，最后是鼓励和表彰以及希望。

落款　署名、时间、印章。

‹综合分析›

1.通报的概念

通报是上级机关向下级机关传达重要事情与事项，表彰先进、批评错误时使用的一种公文，属于下行文。民国时期，国民政府发布的《公文程式条例》未有通报这一文种，在实际行文中也未见使用。中国共产党成立后，通报时有使用，主要用于传达情况，如毛泽东1948年3月20日写的《关于情况的通报》。我国行政机关1951年将其列入法定公文，党的机关1989年将其列入法定公文。

2.通报的用途

《中国共产党机关公文处理条例》规定：通报"用于表彰先进、批评错误、传达重要精神、交流重要情况"。

《国家行政机关公文处理办法》规定：通报"适用于表彰先进、批评错误、传达重要精神或者情况"。

3.通报的种类

按用途，通报可分为表彰通报（表扬通报）、批评通报和情况通报三种。

4.通报写作要求

（1）表彰通报的格式与表彰决定的格式相同。标题可写成《××关于表彰××的通报》或《××关于对××进行表彰的通报》。

（2）批评通报的格式与表彰通报的格式类似。

（3）情况通报：标题可写成《××关于××情况的通报》。"通报缘由"和"情况分析"之间要用"现将有关情况通报如下"等习惯语承上启下。"通报缘由"部分，有时要写明事件发生的时间、地点、简要经过、结果等；"情况分析"部分，要写明事件的原因、特点、处理意见、整改措施等。

（4）"通报要求"部分，表彰通报要写明希望号召，批评通报要写明应当汲取的教训，情况通报要有针对性地提出要求或省略。

5.通报的写作注意事项

（1）要选择典型的事件，突出关键情节，具有鲜明的倾向。

（2）情况通报，"情况分析"，要分序排列，抓住要害。

（3）"通报要求"，要有较强的针对性，不能泛泛而谈；要明确具体，以便执行。

‹写作训练›

（1）请将下面通讯改写为一篇通报。

李坚　舍己救人　英勇献身
共青团全国铁道委员会和省团委决定
授予"优秀少先队员"光荣称号并追认为共青团员

本报讯：5月28日下午，共青团成都铁路局委员会在局工会俱乐部召开大会，宣读共青团全国铁道委员会和省团委的决定，授予抢救落水同学而英勇献身的李坚同学"优秀少先队员"的光荣称号，并根据他生前要求，追认他为共青团员。

李坚同学生前是西昌铁路中学学生，刚满14周岁，1998年5月2日，李坚和另外四名小朋友在河边玩耍，忽然，张昆同学不慎落入水中，李坚当即跳下水去营救，张昆被救了，而他却献出了年轻的生命。

团委副书记等领导在讲话中分别号召全国铁路系统和省内各地的小朋友向李坚同学学习，做一个有理想、有道德、无私无畏的好孩子。

（2）某市某区齿轮厂发生重大火灾，该区人民政府特向本区各单位发出信息，要求以此为鉴，搞好防火工作。请就此拟一篇通报。

M3-2 情况通报

三、报告

‹例文点评›

为了预防脊髓灰质炎，国家卫生部向各地、各部门发出了开展强化免疫活动、消灭脊髓灰质炎的报告。

例文

中国国家卫生部文件

卫生部字〔200×〕×号

关于开展强化免疫活动消灭脊髓灰质炎的报告

国务院：

脊髓灰质炎（俗称小儿麻痹）是一种不能有效治疗，却可用疫苗彻底预防的急性传染病。为实现《××年代中国儿童发展规划纲要》规定的××××年消灭脊髓灰质炎的目标，国家决定开展强化免疫活动。现将有关情况报告如下：

一、自我国开展计划免疫工作以来，脊髓灰质炎疫苗接种率提高，发病率显著下降，取得了可喜的成绩。

二、在冬季，脊髓灰质炎病毒传播能力最弱。为此，决定从现在起至××××年一月期间，每年的十二月五日和一月五日，对全国四岁以下儿童各加服一次疫苗。

以上意见如无不妥，请批转各地区、各部门执行。

卫生部（章）

××××年十月二日

主题词：卫生部 消灭 骨髓炎 报告

点评

版头 由发文机关、发文字号组成。

题目 由事由、文种两要素组成。
主送机关

正文 开头概述了行文缘由，接着将报告的具体做法讲明。

使用答复报告的惯用语作结束语。

落款 署名、时间、印章。

主题词

大学语文

＜综合分析＞

1.报告的概念和种类

（1）概念 报告是用于向上级机关汇报工作、反映情况、提出意见或建议、答复上级机关的询问时使用的文种，报告是陈述性的上行文。

（2）报告的种类 根据内容的不同，可以将报告划分为以下几种。

① 工作报告，即定期向上级领导机关汇报本单位的全面工作情况而写的报告。

② 情况报告，即向上级反映工作中的重大情况、特殊情况和新动态而写的报告。

③ 答复报告，即答复上级机关的询问而写的报告。

④ 递送报告，即向上级机关递送文件、物件时而写的报告。

2.报告的结构和写法

报告一般由标题、主送机关、正文、落款四部分组成。

（1）标题 报告的标题常见的形式有两种，一种是由发文机关、事由和文种构成，如《××部关于××抗灾救灾工作情况的报告》；另一种是由事由和文种构成，如《政府工作报告》等。

（2）主送机关 报告的主送机关为直属的上级机关。

（3）正文 报告正文的结构一般由开头、主体和结语三部分组成。

开头。主要交代写作报告的缘由，概括说明报告的目的、意义或根据，然后用"现将××情况报告如下"一语转入下文。这部分的写作要落笔入题，上承标题中的事由，下启正文主体的内容。

主体。这是报告的核心部分，用来说明报告的事项。在不同类型的报告中，正文中报告事项的内容可以有所侧重。工作报告在总结情况的基础上，重点提出下一步工作安排意见，大多都采用序号、小标题区分层次。情况报告的重点应放在反映情况上，通常按时间顺序安排内容，主要交代清楚事项目前的状况和采取了哪些措施。答复报告则根据真实、全面的情况，按照上级机关的询问和要求回答问题，陈述理由。递送报告，只需要写清楚报送的材料（文件、物件）的名称、数量即可。

结语。根据报告种类的不同一般都有不同的程式化用语。工作报告和情况报告的结束语常用"特此报告"；答复报告多用"专此报告"；递送报告则用"请审阅""请收阅"等。

（4）落款 落款包括署名和成文时间两项内容。

关于署名，如果标题中有发文机关名称，这里不再署名。一般情况下，要在右下方署上发文机关名称或主要负责人姓名。

3.报告的写作要求

（1）正确使用文种，不能与请示混用 请示与报告都是上行文，但二者却有着明显的区别，不能混用。报告事项要重点突出，不得夹带请示事项，如"请示报告"，否则会因"报告"不需批复而影响请示事项的处理和解决。

（2）内容要真实 向上级机关汇报工作应该本着实事求是的态度，如实汇报。无论是成绩还是失误，都应该全面、真实地反映，不能只报喜不报忧，也不能夸大和虚构。上报的公文应该在调查研究、全面掌握本单位情况的基础上撰写。

（3）主旨鲜明 报告的内容，一般涉及的面宽而且复杂，很容易写得篇幅较长而又重点不够突出，这就要求在撰写时，力求观点鲜明，条理清楚、简洁、深刻。

《写作训练》

按公文格式与写作要求修改下述公文，并分析其错误原因。

××税务分局关于讨论总局 × 字 × 号文件的报告

市税务总局：

　　总局 × 字 × 号文件《关于税务部门管理城镇集体所有制企业财务的意见》下达后，我们进行了讨论。现将对于如何管理城镇集体所有制企业的几点建议汇报总局，供修改上述文件时参考。

　　　　附：××税务分局关于城镇集体所有制企业管理的几点建议
　　　　共叁份

四、请示、批复

《例文点评》**请示**

　　文化旅游部为了加强饭店管理，更好地为旅游业做好服务，向上级主管部门国务院办公厅拟写了一份请示，请求成立中国旅游饭店协会。

例文

文化和旅游部文件
× × 字〔20 × × 〕× 号

关于成立中国旅游饭店协会的请示

国务院办公厅：

　　随着党的对外开放、对内搞活经济政策的实施，我国旅游事业蓬勃发展，饭店、宾馆迅猛增加。据不完全统计，仅用于接待国外旅游者的饭店即达887个，床位652100张，而且各地还在不断兴建。用于接待国内旅游者的饭店更是大量增加。为了加强饭店工作，有必要成立一个行业性的组织（国际上也多是这样做的），目的在于维护本行业的合法权益；交流饭店经营管理经验；提高经营管理水平，更好地为发展我国旅游事业服务，并加强国际同行间的联系。

　　一、中国旅游饭店协会拟以全国各地旅游饭店系统的人员为主体。（略）

　　二、协会将聘请有关方面和热心于饭店管理的专家、学者担任领导、顾问或理事。（略）

　　三、拟请 ××× 同志担任协会名誉会长。

　　四、旅游饭店协会挂靠文化和旅游部，办公地点也设在文化和旅游部内。

点评

版头　由发文机关、发文字号组成。
题目　由事由、文种两要素组成。

主送机关

正文　开头写请示事项的原委及请求事项。理由充分，请求事项合理。

针对请求事项，提出方案和意见，供领导参考。合情合理，语言恳切，有分寸。

以上意见妥否，请予指示。

文化和旅游部（公章）

××××年××月×日

主题词：文化和旅游部　成立　协会　请示

结语　使用上行文"请示"的常用语。

落款　署名、时间、印章。

主题词

＜例文点评＞批复

经国务院办公厅研究同意，文化和旅游部给下属三家旅行社登记请示作了批复。

例文

文化和旅游部文件

××字〔20××〕×号

关于对国旅、中旅、青旅三总社申请补办旅行社登记请示的批复

国旅、中旅和青旅三总社：

国旅 ××××16号、中旅 ××××175号和青旅 ××××2号关于申请补办经营第一类旅行社的请示收悉。经审查，中国国际旅行总社、中国旅行总社和中国青年旅行总社，均符合《旅行社管理条例》的有关规定，具备成立第一类旅行社的各项条件，准予经营第一类旅行社的各项业务。在旅游业务上，三家旅行社总社受文化和旅游部领导。希望加强科学管理，提高服务质量，维护本组织的信誉。

特此批复。

文化和旅游部（盖章）

（公章）

××××年××月×日

主题词：文化和旅游部　准予　业务　批复

点评

版头　由发文机关、发文字号组成。

题目　由事由、文种两要素组成。

主送机关

正文　开头引用来文标题，接着用一个过渡句，转入下面的批复。这是批复惯用的写法。

批复结语　简洁明了。

落款　署名、时间、印章。

主题词

＜综合分析＞

（一）请示

1.请示的概念和特点

请示是用于向上级机关请求指示、批转的公文，具有以下特点：

（1）行文主体的组织性　其行文主体只能是组织行为，不能以个人名义向上级机关和组织发请示类公文。

（2）行文内容的单一性　即一件请示公文，只能提出请求就某一方面工作作指示，请求批准某一件事项或请示解决某一个问题。如果请示几件事，必须是与同一个问题密切相关的几个方面，同时还是受文机关能给予一次性批复和解决的，否则，上级机关便不好批复。

（3）行文关系的直接性　即下级机关只能按照隶属关系向直接的主管机关发文请示，不得向无隶属关系的机关发文请示或越级请示。

（4）行文时限的紧迫性　因为所请示的问题一般是急需办理和解决的，所以很注重对时间方面的要求。

2.请示的分类

请示按其内容性质，可分为三类。

（1）求示性请示　这是请求上级给予指示、裁决的请示。下级机关本身工作遇到问题，由于缺乏政策依据，无力解决；或虽有政策规定，但出现新情况，政策上有不适应之处，无所适从，需上级给予明确指示；或虽有章可循，但下级实施前按规定需上级审批后才能办理，这些情况下，都要用请求指示的请示。

（2）求准性请示　这是请求上级审核、批准的请示。下级机关工作中遇到困难，如涉及人员、经费、机构设置等超出本单位职权范围需上级帮助解决问题，或因情况特殊需变通处理的事项，请求上级审核后批准、答复。

（3）求批性请示　这是请求上级批准并转发的请示。职能部门对具有全局性或普遍性的问题，提出解决办法、处理意见，并需有关单位协同办理，但又不能直接要求这些单位执行，通过上级机关批准后，请示中提出的意见、办法具有规定性，再转给有关部门执行。

3.请示的结构和写法

不论哪种请示，其结构包括标题、主送机关、正文、制发机关名称及成文日期五部分。

（1）标题　请示的标题应是规范的公文标题，由发文机关、事由、文种构成。

（2）主送机关　一般只写一个主管上级机关的名称。受双重领导的机关在报送请示时，可同时抄报另一领导机关。

（3）正文　请示的正文包括四部分：

① 请示缘由。它是正文的开头，也是对整个请示的精炼概括，简要说明请示的事项和为什么要请示，使人有一个明确清晰的概念。

② 请示事项。主要写要求上级指示或批准的具体问题和具体事项。要着重写清基本情况和理由。但阐述要扼要，文字要简短，事实、数字要准确。对于比较复杂的问题，应当把上级机关审核时需要了解的有关情况写清或附在请示之后，为上级审定提供可靠依据。

③ 具体意见。这是对所请示的问题提出解决意见或处理的设想、要求。意见要明确，切实可行，使上级机关一目了然，便于迅速决断。

④ 请示结尾。一般常用"妥否，请批示""当否，请批示"或"请予审批""请批复"等习惯用语。

（4）制发机关名称　在正文之后的右下方，写明制发机关名称，要用全称。如果标题中已有制发机关名称，落款处也可省略。但无论采用哪种形式，均要有公章。

（5）成文日期　在制发机关下方，标明成文具体时间。

4.请示的写作要求

（1）要坚持一事一请示　不同的事有不同的主送机关，要避免"一文数事"，致使文件传来传去，误时误事。

（2）要正确地阐明情况，恰当地提出意见或建议　这是请示的主体部分，必须认真写好。阐明情况要实事求是，切忌弄虚作假；提的意见或建议要恰当明确，切忌模棱两可。

（3）标题要规范　请示是国家法定的公文，其标题要符合公文标题，拟写规范，不应带主观随意性。常见的错误是将"请示"这一文种写成"请示报告"。

（4）用语要得体　请示的语言要谦恭、庄重，结尾应用约定俗成的专用尾语，用"要求""必须"等带有命令口气的词语或用书信末尾的祝颂语，都不妥当。

（5）要严格按照隶属关系行文　一是不要多头主送。如果属于受双重领导的单位，主送负主要责任的上级机关。二是避免越级请示。如因特殊情况需越级行文，应抄报越过的机关。三是一般不直接报送领导者个人。四是不要抄送下级机关。

（二）批复

1.批复的概念和特点

批复是答复下级机关请示事项的公文，具有回复性、针对性、权威性、简明性的特点。

2.批复正文的写作要点

一般包括批复依据和批复意见两部分。批复依据一般是引述原请示的日期、文号，必要时可以引述来文的标题和要点，多用"×月×日请示悉"或"×字×号关于……的请示收悉"等语，批复意见是对来文所提意见的具体答复。批复结尾可以"此复""特此批复"作结束语，如果开头已写明"批复"或"答复如下"等字样，结束语可省略。

3.批复的写作要求

（1）要紧紧围绕请示事项来写，针对所问作答、所求作复，不能答非所问，也不能只答复其中一部分，要全部答复。

（2）批复意见要明确，态度要明朗，是肯定还是否定，是同意还是不同意，是即办还是缓办，什么理由和原因都要明确表示，不能模棱两可，含糊其词。

（3）表达要准确，措辞要严密，语气要肯定，不使之产生歧义和疏漏。

《写作训练》

按公文格式与写作要求修改下述公文，并分析其错误原因。

关于申请增加贷款指标的请示

市分行：

我支行拟同意给×商业局所属蛋品冷库的扩建工程贷款××万元，支持他们解决我市鲜蛋储存问题。但我支行贷款指标不足，为此，望市分行给我们增加此专项指标。特此请示，请批复。

建设银行××支行

二〇〇〇年三月二十日

五、函

‹例文点评›

中国科学院 ×× 研究所为了进一步开展研究，提高研究水平，加强和其他科研教育部门的联系，特向不相隶属关系的某大学发出了建立协作关系的商洽函。

例文

中国科学院 ×× 研究所文件
×× 所〔200×〕× 号

点评

版头 由发文机关、发文字号组成。

题目 由事由、文种两要素组成。

主送机关

正文 这是一篇商洽性的公函，先说明商洽目的，引出具体商洽的事宜。语言恳切、友好，内容明确、具体。

关于建立全面协作关系的函

×× 大学：

近年来，我所与贵校在一些科学研究项目上互相支持，取得了一定的成绩，建立了良好的协作基础。为了巩固成果，建议我们双方今后能进一步在学术思想、科学研究、人员培训、仪器设备等方面建立全面的交流协作关系，特提出如下意见：

一、定期举行所、校之间学术讨论与学术交流。（略）

二、根据所、校各自的科研发展方向和特点，对双方共同感兴趣的课题进行协作。（略）

三、根据所、校各自人员配备情况，校方在可能的条件下对所方研究生、科研人员的培训予以帮助。（略）

四、双方科研教学所需要高、精、尖仪器设备，在可能的条件下，予对方提供利用。（略）

五、加强图书资料和情报的交流。

以上各项，如蒙同意，建议互派科研主管人员就有关内容进一步磋商，达成协议，以利工作。特此函达，务希研究见复。

中国科学院 ×× 研究所（盖章）
二○○×年×月×日

主题词：建立　协作　函

落款　署名、时间、印章。

主题词

‹综合分析›

1.函的概念

函是"适用于不相隶属机关之间商洽工作、询问和答复问题、请求批准和答复审批事项"时使用的公文。

2.函的种类

按格式划分，函可分为公函和便函。

（1）公函用于内容比较重要的公务，属于正式公文，格式完整。

（2）便函用于一般性的事务，不属于正式公文，也不需要完整的格式。

按行文方向划分，函可以分为发函和复函两种。

（1）发函是主动提出公事事项的机关所发出的函。

（2）复函是为回复对方机关的发函而制发的函。

3.函的结构和写法

函的结构一般包括标题、主送机关、正文、落款四个部分。

（1）标题　公函的标题一般由发文机关、事由和文种构成。复函的标题中要写明"复函"字样。便函可以不写标题。

（2）主送机关　主送机关即受文并办理来函事项的机关单位。

（3）正文　正文结构一般由开头、主体、结语三部分组成。

开头。开头主要说明发函的缘由和目的。复函的缘由部分，一般首先引叙来文的标题、发文字号，然后再交代根据，以说明发文的缘由。

主体。这是函的核心内容，主要说明致函事项。对事项的表述要清楚具体，一函一事。如果属于复函，答复的事项要具有针对性和明确性。

结语。应根据函的不同类型，选择运用不同的结束语，如"特此函询（商）""请即复函""特此函告""特此函复"等。有的函也可以不用结束语，如属便函可以像普通信件一样，使用"此致""敬礼"。

（4）落款　落款一般包括署名和成文时间两项内容。

4.函的写作要求

（1）内容要单一、集中，一函一事，直陈其事。

（2）行文要简洁，开门见山，发函事项具体明确，复函行文具有针对性。

（3）措辞要得体、恳切，既有公文的庄重，又能体现出语气的委婉礼貌。

〈写作训练〉

某电器公司打算将5名销售人员送往某学院进修相关业务知识半年。请你代该公司拟一份联系干部进修的商洽函。

六、会议纪要

〈例文点评〉

××学院为了贯彻省教育厅领导讲话精神，进一步了解全院学生的思想状况，举行了一次全院性的座谈会，以下是该次会议纪要。

例文

教学座谈会纪要

××××年×期

时间：××××年×月×日下午

地点：本院小会议室

主持人：主管政治思想教育工作副院长××

出席者：各系党总支书记、政治辅导员、班主任、学生会委员。

现将座谈会情况纪要如下：

一、××副院长传达了省教育厅领导关于要切实加强学生政治思想工作，注重分析当前学生的思想状况的讲话精神，其后，××副院长对学生思想状况作了分析，认为当前学生的思想状况总体是健康的、向上的，但也存在一些较突出的问题，如……（略）

二、人文系党总支书记×××同志说：当前青年学生思想比较活跃，愿意思考问题，这确是学生的主流，但当前在部分学生中也存在比较严重的拜金主义、重技能轻理论、重实用轻人文的倾向。

三、××班党支部书记在汇报学生思想状况时，指出有些同学在思想上没有处理好学习与兼职的关系，严重影响了学习成绩。

四、经贸系政治辅导员×××同志谈到个别学生存在怕露贫而不愿申请经济困难补助的心理。

（略）

学院政治系

××××年×月×日

这是一则摘要式会议纪要，摘录了与会者的发言要点。

这种写法最大的特点是把具有典型性、代表性的言论加以提要整理，按一定的排列关系排列成文。这种写法能较真实地反映会议的讨论情况和与会人员的意见，适用于写座谈会、讨论会和研究性会议纪要。这种会议纪要的观点出自个人，具体而真实，具有较强的资料价值。

〈综合分析〉

1.会议纪要的含义和用途

会议纪要适用于记载、传达会议情况和议定事项，可以上行也可以下达。

会议纪要根据会议记录、会议文件、会议的其他有关资料整理而成。

会议纪要的作用是沟通情况，交流经验，统一认识，指导工作。

有些会议纪要可经上级领导机关或主管部门批转或被转发。

点评

标题　由会议名称、文种两要素组成。

期号

正文　会议概况会议时间、地点、出席人、主持人。采用条目式，明确主体，传达了上级领导会议的精神，分析了当前面临的形式和存在的问题；条理清晰，结构明了，内容集中明确，语言平实简洁，体现了纪要的特征。

落款　署名、日期。

2.会议纪要的特点

（1）内容的纪实性　在会议后期或者会后根据会议记录和各种会议材料整理而成。

（2）表述的纪要性　只是对会议结果的摘要归纳。

（3）作用的受限性　只对与会单位、与会人员有一定的约束力。要扩大读者范围和影响力，则需由上级机关将之作为"通知"的附件下发。

3.会议纪要的种类

按照会议内容的不同，会议纪要可以划分为以下几种类型。

（1）决议性会议纪要　主要记载和反映领导层制定的决策事项，作为传达和部署工作的依据，对今后的工作具有指导作用。

（2）研讨性会议纪要　主要记载和反映经验交流会议、专业会议、学术性会议的研讨情况，阐明各方的主要观点、意见或情况。

（3）协议性会议纪要　主要记载双边或多边会议达成的协议情况，以便作为各方执行公务和履行职责的依据。

根据写法的不同，会议纪要分为三种类型，即综述式、分项式、摘要式。

4.会议纪要的结构与写法

（1）标题　会议纪要的标题有两种写法：

① 由会议名称和文种"会议纪要"组成。

② 由说明会议意义或内容的正标题和说明会议名称及文种的副标题构成。

（2）正文

① 导言，即会议组成情况，简述会议时间、地点、出席人员、中心议题和议程等。

② 主体，即会议的主要精神。

各类会议纪要主体的写法：

综述式会议纪要。对会议的内容或议定事项进行综合概括，按性质分成若干部分，依据一定的逻辑顺序排列写出。议题比较重大，涉及面较广的会议纪要多属此类。

分项式会议纪要。把会议的内容或议定事项分条列项地写出。许多办公会议纪要或讨论解决较具体、较专门问题的会议纪要属于这一类。

摘要式会议纪要。将与会者的发言按中心议题的要求择其要点摘录出来，按内容性质归类后写出。对发言者要写出真实姓名和职务、职称。这种写法能客观地反映与会者的观点和主张，还能较大限度地保留谈话风格。

（3）结尾　一般写对与会者的希望和要求，也有的会议纪要不写专门的结尾。

5.注意事项

（1）会议纪要是对会议全部材料的概括、综合和提炼，必须广泛搜集会议材料，全面掌握会议情况，按照会议精神，对材料进行分类和筛选。

（2）抓住要点，突出会议主题。

（3）语言表达上，以叙述为主。语言需精练、通俗，篇幅不宜太长。

（4）根据会议的内容及规模，选用恰当的写作结构。

（5）注重使用会议纪要的习惯用语。会议纪要常常以"会议"为第三人称来记述会议内容。主体部分应注重使用下列层次或段落的开头语："会议认为""会议提出""与会者一致认为""会议决定""会议要求""会议希望""会议号召"等。

《写作训练》

就你参加学校召开的某次会议，写一份会议纪要。

第二节 事务文书写作

一、计划

《例文点评》

例文

××中学 ××年度工作计划

为了更好地开展下一年的工作，为学校全面发展宏图奠定基础，根据学校当前状况，特制定年度工作计划如下：

一、指导思想

以习近平新时代中国特色社会主义思想为指导，全面贯彻执行党和国家的教育方针；以提高学生整体素质为目的，落实学校常规管理规定，继续深化教育改革，全面推进素质教育；以"塑造名师，打造名校，锻造名生"为目标，努力创建一流学校。

二、目标任务

加强政治学习和思想教育，使教师的职业道德和学生的思想品德有质的提高，形成良好的教风和学风；加强教学研究、教学改革和教学管理，促进教学质量的提高，力争进入全区上游水平；加大校园建设资金投入，全面优化育人环境；积极开展丰富多彩的文体活动和心理教育活动，促进学生的全面发展；加强治安管理和安全教育，确保学校和师生的安全。

三、具体工作

（1）师德建设方面。通过加强教职工政治学习，倡导爱岗敬业，促进教师的职业道德有质的提高，主要工作有：

……（略）

（2）德育工作方面。进一步加强和改进学生德育工作，主要工作有：

……（略）

（3）学校管理工作。补充和完善学校各项管理规章制度化、科学化，减少个人主观意志；引进激励机制和竞争机制，积极推进人事制度改革。主要工作有：

▷点评

标题 公文式标题，由单位名称、计划期限、计划内容和文种名组成。

正文 前言部分概述制订计划的目的和方向，简洁概括。回答了"为什么做"。

目标任务部分，采用条文式结构，层次清楚，言简意赅，回答了"做什么"和"怎么做"。

这则计划的"指导思想"清晰明了，"具体工作"切实可行。从全文的结构上看，行文层次分明，条理清晰；从内容上看，表达清楚，目标明确。总之，本计划的制订，全面、详细，便于执行、便于检查。

……（略）

（4）教学工作方面。加强教学研究、教学改革和教学管理，促使教学质量有较大提高，力争进入全区上游水平。主要工作有：

……（略）

（5）校园建设方面。加大校园建设投入，努力改善办学条件，优化育人环境，为师生学习和生活提供最良好的环境。主要工作有：

……（略）

（6）文体活动方面。积极开展丰富多彩的文体活动和心理教育活动，促进学生的全面发展。主要工作有：

……（略）

（7）卫生安全工作。加强学校卫生安全工作，明确目标，落实责任，确保学校安全，为提高教学质量提供有力的保障。主要工作有：

……（略）

（8）社会活动。组织师生参加社会实践活动，促进学生全面发展，展示××中学师生的精神好风貌；协调学校与社会的各种关系，积极完成上级和当地政府布置的工作任务。

××中学

××××年×月×日

落款　单位名称、日期。

＜综合分析＞

（一）计划的概念和种类

1.概念

计划是党政机关、社会团体、企事业单位和个人，为了实现某项目标和完成某项任务而事先做的安排和打算。计划是计划类文书的统称。

2.种类

规划。是具有全局性的、较长时期的长远设想。

方案。是从目的、要求、工作方式方法到工作步骤一一对专项工作作出全面部署与安排的计划。

安排。是对短期内工作进行具体布置的计划。

设想。是初步的草案性的计划。

打算。是短期内工作的要点式计划。

要点。是列出工作主要目标的计划。

（二）计划的特点

计划具有预见性、针对性、可行性、约束性的特点。

（1）预见性　计划最明显的特点就是预见性。计划不是对已经形成的事实和状况的描述，而是在行动之前对行动的任务、目标、方法、措施所作出的预见性确认。但这种预见不是盲目的、空想的，而是以上级部门的规定和指示为指导，以本单位的实际条件为基础，以过去的成绩和问题为依据，对今后的发展趋势科学预测之后作出的。可以说，预见是否准确，决定了计划写作的成败。

（2）针对性　计划总是针对具体的工作制定的。计划的内容，一是要根据党和国家的方针政策、上级部门的工作安排和指示精神而确定，二是要针对本单位的工作任务、主客观条件和相应能力而确定。总之，从实际出发制定出来的计划，才是有意义、有价值的计划。

（3）可行性　一份计划是否具有可行性，也是衡量其成功失败的一个标准。可行性是和预见性、针对性紧密联系在一起的，预见准确、针对性强的计划，在现实中才真正可行。如果目标定得过高、措施无力实施，这个计划就是空中楼阁；反过来说，目标定得过低，措施方法都没有创见性，实现虽然很容易，并不能因而取得有价值的成就，那也算不上有可行性。

（4）约束性　计划一经通过、批准或认定，在其所指向的范围内就具有了约束作用，在这一范围内无论是集体还是个人都必须按计划的内容开展工作和活动，不得违背和拖延。

（三）计划的格式和写法

1.计划的格式

计划的格式一般包括标题、正文和落款事项。

（1）标题　一般有以下3种写法：

① 完整式标题。一般包含单位名称、时限、内容和文种。

② 省略时限的标题。

③ 公文式计划。

（2）正文　一般包括前言、主体和结尾3个部分。

① 前言。主要是对基本情况的分析，或对计划的概括说明，依据什么方针、政策以及上级的什么指示精神，完成任务的主客观条件怎么样，制订这个计划要达到什么目的，完成计划指标有什么意义。

② 主体。即计划的三要素：目标（做什么）、措施（怎么做）和步骤（分几步做完）。"计划三要素"繁简可以不同，但缺一不可。主体的表述方式常用的有综述式、条文式、表格式、交错式等几种。

③ 结尾。可以展望计划实现的情景给人以鼓舞，也可以提出总的希望或者号召。

2.计划的写法

（1）明确类别　必须分清计划的类别，适合用哪一个具体的计划种类来表达，从而确定具体文种。

（2）明确写法　根据具体内容和文种写作要求进行写作。

（四）计划写作的注意事项

不论哪种计划，写作中都必须注意掌握以下5条原则：

第一，对上负责的原则。要坚决贯彻执行党和国家的有关方针、政策和上级的指示精神，反对本位主义。

第二，切实可行的原则。要从实际情况出发定目标、定任务、定标准，既不要因循守旧，也不要盲目冒进。即使是做规划和设想，也应当保证可行，能基本做到，其目标要明确，其措施要可行，其要求也是可以达到的。

第三，集思广益的原则。要深入调查研究，广泛听取群众意见、博采众长，反对主观主义。

第四，突出重点的原则。要分清轻重缓急，突出重点，以点带面，不能眉毛胡子一把抓。

第五，防患未然的原则。要预先想到实行中可能发行的偏差，可能出现的故障，有必要的防范措施或补救办法。

＜写作训练＞

写一篇新学年学习计划。

 M3-3 工作简报

 M3-4 规划

二、总结

＜例文点评＞

例文

计划管理科工作总结

围绕着辽宁大学改革的进一步深化，后勤工作处为改善学校的办学环境和办学条件，做了大量艰苦的努力和工作。计划管理科也在学校的中心工作中付出了艰辛的劳动，作出了贡献，得到了锻炼。

一、深化后勤改革，加强规范化、科学化管理

这学期根据计划管理科的工作职能和学校及后勤工作处的中心工作，我们再一次强调了"深化改革、科学管理、优质服务、顾全大局、团结协作"的精神，认真执行科里的各项规章制度，人尽其责，加强了全科各项工作管理的规范化和科学化。在科里实现了办公现代化、管理科学化、工作程序化，将工作报告、报表、计划及一些基础数据和全年预、结算审核数据的统计资料输入了电脑，使工作效率得到了极大提高，为今后的工作打下了坚实的管理基础。同时我们以改革为契机，强调人员的一职多能，由于我科人员少、任务重，且涉及很多技术专业，要求每一个人都能跨专业去完成各项任务，因而在科里掀起了专业技术学习的热潮，除了学习本专业的技术知识外，还对其他专业的技术知识进行学习和了解，现在每位工作人员都掌握了两门或两门以上的专业技术知识，一人担任几项工作任务，都完成得很好。实践证明，计划科的每一项工作的顺利完成，都是科里的同志团结协

第三部分 应用文写作

作、互相补位的成果。通过以上强化管理、深化改革，调动了全科人员的积极性，使工作效率大大提高，消除了过去的人浮于事的现象，树立了后勤维修工作的新形象。

二、做好本年度采暖前的准备工作，保证今冬供暖

……（略）

三、科学地制定明年专项维修计划并报学校审批

……（略）

四、结合校园建设，顺利完成了今年专项及增项工程任务

……（略）

五、顾全大局，配合基建完成配套设计

……（略）

六、少花钱、多办事，严把预、结算审核关

由于学校经费紧张，我们本着少花钱、多办事的原则，在保证质量的前提下，能省则省，对每一项工程的结算进行认真的审核，每项工程施工记录完整，每项工程量笔笔有依据。同时积极配合审计处的审计工作，为审计处提供一切必需的资料，为审计处顺利完成审计工作奠定了坚实的基础。

综观全文，结构严谨，条理清晰，语言质朴。

虽然本学期我们在后勤处的领导下做了大量的工作，取得了一定的成绩，但下一步的工作更加繁重，我们决心努力工作、团结拼搏，扎扎实实做好每一项工作，为辽宁大学的繁荣发展再创佳绩。

结束全文，为下一步工作展开打下基础。

计划管理科

二〇〇〇年十二月十一日

落款　署名、日期。

〈综合分析〉

1.总结的概念和特点

（1）总结的概念　总结是事后对某一阶段的工作或某项工作的完成情况，包括取得的成绩、存在的问题及得到的经验和教训加以回顾和分析，为今后的工作提供帮助和借鉴的一种书面材料。

（2）总结的特点

① 理论性。总结是理论的升华，是对前一阶段工作经验、教训的分析研究，借此上升到理论的高度，并从中提炼出有规律性的东西，从而提高认识，以正确的认识来把握客观事物，更好地指导今后的实际工作。

② 客观性。总结的内容必须要完全忠于自身的客观实践，其材料必须以客观事实为依据，要真实、客观地分析情况、总结经验。

2.总结的种类

总结的种类较多，根据不同的标准，可以分为以下几种类别。

（1）按内容分，有生产总结、工作总结、学习总结、思想总结等。

（2）按时间分，有月度总结、季度总结、年度总结等。

（3）按范围分，有个人总结、部门总结、单位总结等。

（4）按性质分，有全面性总结、专题性总结等。

3.总结的结构和写法

总结一般由标题、正文和落款组成。

（1）标题　总结的标题一般有以下几种写法：

① 公文式标题，由单位名称、时限、内容、文种名称构成，如《××职业学院2004年工作总结》。

② 文章式标题，即用简练的语言概括总结的基本观点或主要内容，如《加强管理监督防范金融风险》。

③ 双标题，即采用正副标题的写法。正标题概括总结的内容，副标题补充说明单位名称、时限、工作内容和文种，如《严肃党纪国法，推进反腐倡廉——外经贸委党委专项整风总结》。

（2）正文　正文的结构由前言、主体、结尾三部分组成。

① 前言。这是即正文的开头，一般简明扼要地概述基本情况、交代背景、点明主旨或说明成绩，为主体内容的展开做必要的铺垫。

② 主体。这是总结的核心部分，其内容包括取得的成绩或存在的问题与经验教训。

这一部分在写法上要求在全面回顾工作情况的基础上，深刻、透彻地分析取得成绩的原因、条件、做法以及存在问题的根源和教训，揭示工作中带有规律性的东西。回顾要全面，分析要透彻，做到观点鲜明、材料典型、叙议结合。

主体部分的结构形式有以下几种：

纵式结构。按照时间顺序、工作进程或事情发展的逻辑顺序来安排内容。采用这种结构方式，可以使全文脉络清晰，给人以完整的印象。

横式结构。将总结的内容归纳出几个并列的方面，按照其内部的逻辑关系来安排内容和层次。这种结构方式，逻辑关系清晰，便于抓住要点。

纵横式结构。按照总结材料间的逻辑关系，将内容分成几个方面，每一方面按照时间顺序来写；或者是按照时间顺序将整个工作分成几个部分，每一个部分再分别归纳出一些经验和体会，加上小标题，用以概括本部分的内容。这种写法条理清晰，一目了然。

③ 结尾。总结的结尾多写今后设想、努力方向，也可以把存在的问题写在这一部分，然后写改进的意见。这部分内容可以视总结的具体情况而定。

（3）落款　落款包括单位名称（个人总结写个人姓名）和日期两项内容。单位名称如果在标题中已经出现，此处可以省略。

4.总结的写作要求

（1）要充分地占有材料，实事求是地反映情况　充分占有材料，全面掌握情况，是总结观点正确、内容充实的首要前提。实事求是则是尊重客观实际，成绩不夸大，缺点不缩小，注意选取典型的实例来说明问题，从而引出正确的结论。

（2）要善于总结出规律性的东西　总结的目的在于总结经验教训，即从分析研究事实入手，找出取得成绩的原因或存在问题的根源，从而归纳出规律性的东西，以求对今后的工作有更大的指导意义。

（3）文字简洁，表达准确　一篇好的总结能使人在短时间内就抓住要领，因此，总结的语言要求简明精练，通顺流畅；表达要做到清晰准确。

《写作训练》

就本学期的学习情况写一篇学习总结（不少于500字）。

M3-5 工作总结

三、调查报告

《综合分析》

1.调查报告的概念和特点

调查报告是对某一事物或问题进行实际调查、分析、研究后写成的反映调查研究成果的书面报告。它具有叙述的客观性、范围的广泛性、强烈的针对性、内容的典型性、问题的提示性、结构的完整性等特点。

2.调查报告的作用

（1）调查报告可为制定方针、政策及领导者的正确决策提供依据。它能通过真实地反映社会实际情况和问题，使政府各部门制定的方针政策更符合实际；同时，也为领导正确决策和执行政策提供参考和依据。

（2）调查报告可通过典型调查，宣传、介绍先进经验和先进人物事迹，借以指导全面工作。例如，《首都钢铁公司是怎样实行经济责任制的》。

（3）调查报告可通过典型调查，揭露社会问题，鞭挞不良倾向，改正工作中的失误，从而引起有关部门的注意和重视，起到解决问题、教育广大干部群众的作用。例如，《中国首例特大有害化工废料进境事件追踪调查》。

（4）调查报告可通过调查揭露事实真相，说明和回答社会问题。社会上和组织中往往会对某一事件、某一问题争论不休或众说纷纭，在真相不清，谣传离奇的情况下，就需要用调查报告来澄清事实真相，帮助群众分清是非真伪，比如《大邱庄事件的前前后后》。

3.调查报告的类型和基本内容

日常工作中，常见的调查报告主要有以下几种：

（1）典型经验性调查报告　这类调查报告主要是反映先进单位或先进个人的典型经验，具有较强的示范引领作用，如《关于任长霞同志先进事迹的调查报告》。这种调查报告的内容一般包括调查目的、情况和经验，及推广经验的意义。其中情况和经验为主要内容，可以分条论述。

（2）综合分析调查报告　这类报告是就一个单位的多方面情况进行较全面的调查，或围绕一个问题进行多方面的普遍调查，或就某个问题对许多单位进行广泛调查，然后加以综合分析的报告。综合分析调查报告的内容一般包括调查目的、概况，重点问题综合分析，提出建议等。如《一个办得较好的外向型工业区——蛇口经济发展调查》。

（3）揭露问题性调查报告　这类调查报告是对现实社会中某些丑恶现象、恶劣行径和社会弊端进行揭露，并分析和归纳出教训，以引起有关部门及社会的关注和重视。基本内容除分条列举事实外，还要分析原因、说明后果，如《关于劣质奶粉残害婴儿事件的调查报告》。

（4）探讨、研究性调查报告　这类调查报告主要是针对某一领域或某一方面工作中存在的带有普遍性影响的社会矛盾或问题的具体表现，透彻分析其产生的原因，提出解决这些矛盾和问题的意见、建议、设想、措施等，从而为各级领导机关或有关部门制定决策和加强管理提供依据和参考，如《农村劳动力的剩余及其出路调查》。

（5）介绍新生事物的调查报告　这类调查报告的主要内容是反映现实生活中涌现出来的新生事物，以及新生事物产生的背景、情况、特点和产生发展过程，并提示它成长的规律，阐明它的作用和意义，借以促进新生事物的成长和推广，比如《杭州万向节厂创办农业车间的调查》。

4.调查报告的格式

调查报告的格式一般由标题和正文两部分构成。

（1）标题　调查报告的标题有两种形式：单行标题、双行标题。

单行标题一般有两种写法：一种是公文式，通常由"事由＋文种"组成，如《关于××制药厂挖掘人才的调查报告》。另一种是文章式，通常由调查报告的基本内容概括而成，如《耕地减少，"经验"何在》。

双行标题由正题和副题组成，正题突出主题，副题标明调查对象和内容及文体名称，如《不要让子孙后代埋怨我们——关于北京河流污染情况的调查》。

（2）正文　调查报告的正文一般分为导语、主体和结尾三部分。

导语。导语的文字一定要高度概括，提纲挈领，简明扼要，紧扣主题。这部分侧重说明调查的目的、对象、经过、时间方法、范围、结果和意义等。其目的主要是便于读者了解整个调查报告的概况和基本内容。

主体。这是调查报告的核心部分。这部分的内容包括作者所要报告的调查事实、作者的观点或调查结论。

主体的结构形式多种多样，常见的有如下几种：

① 横式结构，也叫并列式，即按主要经验或问题及各部分之间的逻辑关系安排层次。总结经验和反映、分析情况的调查报告常常采用这种结构形式。

② 纵式结构，按事件、问题的发生、发展和结局的先后顺序进行叙述和议论。这种纵式结构较简单，内容单一、集中的调查报告常用这种形式。

③ 对比式，把两个不同对象对比来写，用对比的方式组织和安排材料。

④ 交叉式。这种结构形式兼有横式和纵式的优点，但较复杂。在叙述和议论事件的发展过程时采用纵式结构；谈经验教训、体会、收获时采用横式结构。它适用于涉及面较广、内容较复杂的调查报告。

结尾。调查报告的结尾多种多样，以自然结束为上，要求简明扼要、意尽即止。可以总结全文，得出结论；可以精辟议论，深化主题；可以展望未来，提出希望和建议等。也有些调查报告没有明显的结语，主体写完就自然收束。

5.调查报告的写作技巧

（1）深入实际，充分掌握真实材料　掌握真实材料，是写好调查报告的基础和前提。要有第一手真实的材料，就必须深入实际，开展调查研究。要深入了解和掌握群众普遍关心的、迫切需要解决的，并带有普遍性、倾向性、真实性的问题和材料。只有深入调查，掌握的材料才能真实可靠，确凿无误，写出来的调查报告才不会失去它的科学价值。

（2）精选典型材料　选定材料，是分析研究问题的依据，是调查报告写作的基础。要有目的地选择典型材料，紧紧围绕调查的目的、主题精选典型材料和典型事例。典型材料贵精不贵多，要选得精，用得好，发挥"以一当十"的作用。

（3）以叙述为主，叙议结合　调查报告主要以叙述、说明、议论为表达方式，且以叙述为主。介绍调查经过、基本情况、事实材料要用叙述，并辅以说明，同时对调查的事实加以分析综合，归纳结论，总结经验，因而以议为主、夹叙夹议、叙议结合是调查报告的主要写作特色。

（4）语言生动　调查报告是实用性很强的应用文体，容纳的事实材料很多，叙述要力求简洁、明了、具体、生动。同时，要注意使用活泼、生动的事例和富有表现力的语言加强文章的说服力。

〈写作训练〉

（1）写一篇关于大学生手机消费方面的调查报告。

（2）根据以下所给的材料，组织一篇调查报告的提纲。

副业收入高　种田负担重　影响种田户积极性
沔阳县四万多亩农田无人耕种
县领导机关正在着手解决这个问题

本报讯 湖北省沔阳县实行联产承包责任制以后，农业生产得到迅速发展。但去冬今春，各地相继出现一些农民退田的情况。据不完全统计，全县有4万多亩农田无人耕种。这个情况现在已经引起县领导机关的重视，正在积极着手解决。

据调查，不愿承包农田的农民有几种情况：一是工、副业专业户、重点户，他们收入比农业户高。二是"半边户"，即干属、工属户。这些户有的缺劳力无力耕种，有的改行经营别的去了，共退出责任田5000亩，占田面积10.3%。三是过去迁往湖区的农户。由于耕种条件差，部分搬迁，约退田4000亩，占8.2%。

农民退田还有一个原因是农田承包户负担过重，各级摊派负担过重。如县、社搞水利建设的亦工亦农人员的报酬由群众摊；管理区编外的林业员、广播员等人员的工资由群众摊；还有养路费、集资办学费等，都由农民负担。据统计，全县去年这类摊派款达230多万元，平均每户10元以上。同时，各项提留数额大。全县去年提取公粮、水电费、公积金、公益金等合计3659万元，平均每户160元。非生产性开支大。全县大队、生产队干部45000人，每队平均10个，一年补贴额达510万元；大队"几员"的工资也往下摊，全县达444万元；还有各种临时误工补贴，以及招待费开支。全县非生产性开支粗略统计为1378万元，平均每户60元以上。

此外，因为有些东西买也难、卖也难，农民种田的积极性也受到挫伤。比如去年秋收以后，农民卖粮排长队，许多农民挑出去又挑回来；生产需要的化肥、柴油等非常紧缺，到处涨价。加上粮棉生产周期长，受自然因素制约性强，不如工、副业生产保险。经营工、副业的纯收入比经营农田生产的社员高两倍多。群众说："种田人不如手艺人，手艺人不如做生意的人。"

四、述职报告

〈例文点评〉

例文

述职报告

各位领导、各位同志们：

我于 2003 年 1 月任 ××市 ××机床厂厂长，在市委、机械局党委的领导下，按照厂长岗位职责做了自己应该做的工作。现在向领导和同志们作如下汇报：

一、党、政、工、团齐抓共管，改变厂容厂貌

2003 年我上任后，首先提出：实行各级一把手责任制，把各单位工作的好坏与考核干部政绩直接挂钩。不能限期达标的，一把手就地免职。筹措经费 5 万元，用来改善环境、整顿厂容厂貌。广大职工利用业余时间，奋战 50 天，彻底改变了脏、乱、差的工厂面貌。……（略）

二、抓好职工的思想政治工作教育

在深化改革中，有些职工信心不足，有的干部有畏难情绪。我深入宿舍进行走访，先后与 12 名工程技术人员、老工人促膝谈心，引导职工树立竞争意识，用厂里先进人物的事例启发、引导干部克服畏难情绪，使广大职工树立起坚定的改革开放的信念。……（略）

三、注重现场生产管理

我厂从生产管理的高度，提出了"强化生产管理，创建文明生产"的奋斗目标。抓岗位工序控制，严格工艺纪律和质量管理，组建厂"文明生产""工艺纪律""产品质量"监督组，日检查、月评比、季总结。实施季度奖、考核奖等奖惩制度，调动了职工的积极性，各项经济技术指标创造了良好成绩。……（略）

四、改善职工的劳动条件

保护职工在劳动生产中的安全和健康，是我们党和国家的一贯方针政策。我厂为翻砂车间安装了通风排尘设备，各车间为女工设立了更衣室，在四个车间修建了男女浴池，为生产工人提供了较为全面的劳动保护条件。……（略）

五、建立健全质量管理机制，提高产品质量

设立质量监督站，坚持每批产品出厂前做抽检、抽检不合格则不予出厂。在抽检的 35 台机床中，34 台达到部颁标准。1 台部分指标未达到部颁标准，予以返工，确保了我厂在市场中的信誉。年终总结评比产品质量，与去年相比提高了 96%，产值、实现利税、出口创汇与去年相比，分别增长了 164%、182%、213%……（略）

点评

标题 由内容和文种组成，简洁明了。

称呼 照顾全面，语气亲切。

正文 导言简述了所任职务、任职时间及"做了自己应该做的工作"。

主体部分 分十四个方面介绍了自己的工作思路、工作内容、取得的成绩、存在的主要问题和下一步的工作设想。本文能很好地突出述职报告的自述性。报告目的明确，思路清晰。

第三部分 应用文写作

六、试行承包责任制

把现场管理纳入各单位承包责任制的考核内容。生产第一线工人的工时单价与现场管理好坏挂钩，浮动工资与总额奖金挂钩。2003年上半年，全厂因出现废品造成的损失，比我厂规定允许的考核指标减少2142万元。……（略）

七、开展新工艺、加速国产化

我厂以加速数控机床国产化为目标，注意横向联合，带动了一批协作配套厂的发展。……（略）

八、组织研制开发新产品

（略）

九、制定民主管理制度

（略）

十、关心职工生活福利

为缓解职工宿舍紧张的情况，8月份建成一栋职工住宅楼，解决了75户工人家属的住宿问题。……（略）

十一、解决职工子女的就业困难

（略）

（以下略去十二、十三、十四，其中第十四点为存在的主要问题）

任职一年来，我尽职尽责地做了一些应该做的工作，取得了一些成绩，这是在上级党委、厂党委领导的关心下、全厂职工的努力支持下共同取得的。我认为自己是称职的。

今后，我仍然要全心全意依靠广大职工、特别是技术人员，出主意想办法，大胆改革，锐意进取；继续提高产品质量；开发新产品，扩大产品销路，力争2004年创利税1000万元，以优异的成绩向同志们汇报。

××市××机床厂厂长：李明

二〇〇四年一月二十日

> 综观全文，结构严谨，条理清晰，语言质朴。

> 语言通俗，富于节奏感，适合口述。在写法上用了十四个小标题，将履行岗位职责的情况分门别类报告，层次分明，有利于给人留下清晰的印象。

> 落款 署名、日期。

‹综合分析›

1.述职报告的涵义

述职报告是各级机关、企事业单位、社会团体的各级领导干部及管理人员，向组织人事部门、上级主管机关或本单位的员工陈述自己在任职期间履行岗位职责情况的书面报告。述职报告有助于考核、评价干部，利于提高干部素质、能力。

2.述职报告的特点

（1）自述性 报告人自述履行岗位职责情况。

（2）自评性 依据岗位规范、职责，对自己作自我评价、鉴定、定性。自评内容包括任期内德、能、勤、绩、廉等情况。

（3）报告性 报告人是以被考核、接受评议的身份作履行职责的报告，因此要把握好角色分寸。

3.述职报告的种类

（1）从内容上划分：综合性述职报告、专题性述职报告。

（2）从时间上划分：任期述职报告、年度述职报告和临时性述职报告。

4.述职报告的结构和写法

（1）标题　标题通常有两种写法：一种由述职人和文种构成，如《我的述职报告》；另一种直接用文种做标题，即《述职报告》。

（2）称谓　称谓写面对的对象或呈报的部门，如"各位领导""董事会""组织人事部"等。

（3）正文

① 导言。概述现任职务、任职时间、岗位职责、工作目标及对自己工作的总体评价。

② 主体。说明履行岗位职责的情况。内容包括：工作思路、工作指导思想、工作成效、经验、存在的主要问题、失误、改正措施、努力方向。注重介绍典型工作实绩，并写明起止时间。

③ 结尾。通常写的话语有："以上报告，请领导和同志们指正""以上是我的述职报告，谢谢各位"等。

5.注意事项

（1）内容要客观　自评须实事求是，全面准确。处理好成绩与问题、个人与团队的关系。

（2）重点要突出　不能写成"流水账"，要写好典型实绩，突出自己的特点、独特贡献。

（3）注意述职报告与工作总结的区别。

① 工作总结：可以是单位的、集体的，也可以是个人的，写作角度是全方位的。突出的工作业绩、出现的问题、经验或教训、今后的工作设想都可以写，基本上是做了什么就总结什么，要上升到理论高度概括经验和体会。

② 述职报告：侧重展示个人履行岗位职责的思路、过程和自己的能力，重点回答称职与否，不重点表现本部门、本单位的总体业绩、问题。语言要诚恳、得体、简洁且一般口语化。

〈写作训练〉

请代学院学生会干部写一篇述职报告。

五、演讲稿

〈例文点评〉

例文

我有一个梦想

马丁·路德·金

我很高兴，今天能和大家一起参加这次示威游行。它必将作为美国有史以来为争取自由所举行的最伟大的示威游行而名垂青史。

▸点评

标题　文艺性标题，色彩生动，富有感染力。

100年前，一位伟大的美国人——今天我们就站在他象征性的身影下——签署了《解放宣言》。这项重要法令的颁布，对于千百万灼烤于非正义残焰中的黑奴，犹如带来希望之光的硕大灯塔，恰似结束漫漫长夜禁锢的欢畅黎明。

然而，100年后，黑人依然没有获得自由。100年后，黑人依然悲惨地蹒跚于种族隔离和种族歧视的枷锁之下。100年后，黑人依然生活在瀚海的物质繁荣的贫困孤岛上。100年后，黑人依然在美国社会中间向隅而泣，依然感到自己在国土家园中流离漂泊。所以，我们今天来到这里，要把这骇人听闻的情况公之于众。

从某种意义上说，我们来到国家的首都是为了兑现一张支票。我们共和国的缔造者在拟写宪法和独立宣言的辉煌篇章时，就签署了一张每一个美国人都能继承的期票。这张期票向所有人承诺——不论白人还是黑人——都享有不可让渡的生存权、自由权和追求幸福权。

然而，今天美国显然对她的有色公民拖欠着这张期票。美国没有承兑这笔神圣的债务，而是开始给黑人一张空头支票——一张盖着"资金不足"的印戳被退回的支票。但是，我们决不相信正义的银行会破产。我们决不相信这个国家巨大的机会宝库会资金不足。

因此，我们来兑现这张支票。这张支票将给我们以宝贵的自由和正义的保障。

我们来到这块圣地还为了提醒美国：现在正是万分紧急的时刻。现在不是从容不迫悠然行事或服用渐进主义镇静剂的时候。现在是实现民主诺言的时候。现在是走出幽暗荒凉的种族隔离深谷，踏上种族平等的阳关大道的时候。现在是使我们国家走出种族不平等的流沙，踏上充满手足之情的磐石的时候。现在是使上帝所有孩子真正享有公正的时候。

忽视这一时刻的紧迫性，对于国家将会是致命的。自由平等的朗朗秋日不到来，黑人顺情合理哀怨的酷暑就不会过去。1963年不是一个结束，而是一个开端。

如果国家依然我行我素，那些希望黑人只需出出气就会心满意足的人将大失所望。在黑人得到公民权之前，美国既不会安宁，也不会平静。反抗的旋风将继续震撼我们国家的基石，直至光辉灿烂的正义之日来临。

但是，对于站在通向正义之宫艰险门槛上的人们，有一些话我必须要说。在我们争取合法地位的过程中，切不要错误行事导致犯罪。我们切不要吞饮仇恨辛酸的苦酒，来解除对于自由的饥渴。

我们应该永远得体地、纪律严明地进行斗争。我们不能容许我们富有创造性的抗议沦为暴力行动。我们应该不断升华到用灵魂力量对付肉体力量的崇高境界。

席卷黑人社会的新的奇迹般的战斗精神，不应导致我们对所有白人的不信任——因为许多白人兄弟已经认识到：他们的命运同我们的

正文部分　这是一篇著名的演讲稿，文章开门见山，直接入题，紧紧围绕着争取黑人民权这一中心，先谈美国让人激动的历史，然后揭露百年后让人失望的现实，由现实中政府兑现诺言的紧迫性自然而然地引出自己的梦想。

命运紧密相连，他们的自由同我们的自由休戚相关。他们今天来到这里参加集会就是明证。

我们不能单独行动。当我们行动时，我们必须保证勇往直前。我们不能后退。有人问热心民权运动的人："你们什么时候会感到满意？"只要黑人依然是不堪形容的警察暴行恐怖的牺牲品，我们就决不会满意。只要我们在旅途劳顿后，却被公路旁汽车游客旅社和城市旅馆拒之门外，我们就决不会满意。只要黑人的基本活动范围只限于从狭小的黑人居住区到较大的黑人居住区，我们就决不会满意。只要我们的孩子被"仅供白人"的牌子剥夺个性，损毁尊严，我们就决不会满意。只要密西西比州的黑人不能参加选举，纽约州的黑人认为他们与选举毫不相干，我们就决不会满意。不，不，我们不会满意，直至公正似水奔流，正义如泉喷涌。

我并非没有注意到你们有些人历尽艰难困苦来到这里。你们有些人刚刚走出狭小的牢房。有些人来自因追求自由而遭受迫害风暴袭击和警察暴虐狂飙摧残的地区。你们饱经风霜，历尽苦难。继续努力吧，要相信：无辜受苦终得拯救。

回到密西西比去吧，回到亚拉巴马去吧，回到南卡罗来纳去吧，回到佐治亚去吧，回到路易斯安那去吧，回到我们北方城市中的贫民窟和黑人居住区去吧。要知道，这种情况能够而且将会改变。我们切不要在绝望的深渊里沉沦。

朋友们，今天我要对你们说，尽管眼下困难重重，但我依然怀有一个梦。这个梦深深植根于美国梦之中。

我梦想有一天，这个国家将会奋起，实现其立国信条的真谛："我们认为这些真理不言而喻：人人生而平等。"

我梦想有一天，在佐治亚州的红色山冈上，昔日奴隶的儿子能够同昔日奴隶主的儿子同席而坐，亲如手足。

我梦想有一天，甚至连密西西比州——一个非正义和压迫的热浪逼人的荒漠之州，也会改造成为自由和公正的青青绿洲。

我梦想有一天，我的四个小女儿将生活在一个不是以皮肤的颜色，而是以品格的优劣作为评判标准的国家里。

我今天怀有一个梦。

我梦想有一天，亚拉巴马州会有所改变——尽管该州州长现在仍滔滔不绝地说什么要对联邦法令提出异议和拒绝执行——在那里，黑人儿童能够和白人儿童兄弟姐妹般地携手并行。

我今天怀有一个梦。

我梦想有一天，深谷弥合，高山夷平，歧路化坦途，曲径成通衢，上帝的光华再现，普天下生灵共谒。

这是我们的希望。这是我将带回南方去的信念。有了这个信念，我们就能从绝望之山开采出希望之石。有了这个信念，我们就能把这个国家的嘈杂刺耳的争吵声，变为充满手足之情的悦耳交响曲。有了这个信念，我们就能一同工作，一同祈祷，一同斗争，一同入狱，一同维护自由，因为我们知道，我们终有一天会获得自由。

到了这一天，上帝的所有孩子都能以新的含义高唱这首歌：

我的祖国，

可爱的自由之邦，

我为您歌唱。

这是我祖先终老的地方，

这是早期移民自豪的地方，

让自由之声，

响彻每一座山冈。

如果美国要成为伟大的国家，这一点必须实现。因此，让自由之声响彻新罕布什尔州的巍峨高峰！

让自由之声响彻纽约州的崇山峻岭！

让自由之声响彻宾夕法尼亚州的阿勒格尼高峰！

让自由之声响彻科罗拉多州冰雪皑皑的洛基山！

让自由之声响彻加利福尼亚州的婀娜群峰！

不，不仅如此；让自由之声响彻佐治亚州的石山！

让自由之声响彻田纳西州的望山！

让自由之声响彻密西西比州的一座座山峰，一个个土丘！

让自由之声响彻每一个山冈！

当我们让自由之声轰响，当我们让自由之声响彻每一个大村小庄，每一个州府城镇，我们就能加速这一天的到来。那时，上帝的所有孩子，黑人和白人，犹太教徒和非犹太教徒，耶稣教徒和天主教徒，将能携手同唱那首古老的黑人灵歌："终于自由了！终于自由了！感谢全能的上帝，我们终于自由了！"

全文线索清晰，丝丝入扣，整体性强。其冷静深入的分析，稳健严谨的结构，使得文章逻辑严密，无懈可击。

《综合分析》

1. 演讲稿的概念

演讲稿也叫演说词、演讲词，它是演讲者在集会或某些公众场所发表的讲话文稿。演讲稿是进行演讲的依据，是对演讲内容和形式的规范和提示，它体现着演讲的目的和手段。

2. 演讲稿的特点

（1）针对性　演讲是一种社会活动，是演讲者和听众之间的思想感情、知识信息的交流过程。因此，演讲稿必须要针对不同的听众，在内容上、语言上、听众的需求上打动听众，征服听众，要根据不同场合和不同对象，为听众设计不同的演讲内容。

（2）口语性　演讲要诉诸口头，拟稿时必须以易说能讲为前提。一篇好的演讲稿对演讲者来说要可讲；对听讲者来说应好听。因此，演讲稿语言既要通俗易懂，又要风趣幽默；要少用书面语言，多用大众口语；少用复杂长句，多用精辟短句。

（3）鼓动性　演讲是一门艺术，演讲者要善于从心底去呼唤听众，用感情的火花去点燃听众的情感。好的演讲自有一种激发听众情绪、赢得好感的鼓动性。要做到这一点，必须要依靠演讲稿思想内容的丰富、深刻；见解的精辟、独到；语言表达的形象生动、富有感染力。

3.演讲稿的结构和写法

演讲稿的结构分为开头、主体、结尾三个部分，但是，由于演讲是具有时间性和空间性的活动，因而演讲稿的结构还具有其自身的特点，写作时有其特殊的要求。

（1）开头　演讲稿的开头具有非常重要的作用，精彩的开头能为后面的演讲奠定良好的基础。通常演讲稿开头的形式有：

① 直入式开头，即开门见山，直接提示演讲的主题。如宋庆龄《在接受加拿大维多利亚大学荣誉法学博士学位仪式上的讲话》的开头："我为接受加拿大维多利亚大学荣誉法学博士学位感到荣幸。"这种开头，使听众一听就知道讲的中心是什么，注意力马上集中起来。

② 提问式开头，即根据听众的特点和演讲的内容，提出一些激发听众思考的问题，以引起听众的注意。如张海迪《是颗流星，就要把光留给人间》的开头："几年来，不少人问我，海迪，你是怎样对待人生的呢？"一开头就唤起听众的积极思考，吸引听众。

③ 引用式开头，即引用深邃而新颖的格言隽语、名言警句等作为演讲的开头。如著名演说家戴尔·卡耐基曾说过："不要怕推销自己。只要你认为自己有才华，你就应该认为自己有资格担任这个或那个职务。"名人名言，既有说服力，更有吸引力。

④ 抒情式开头，即用对偶、排比、反复、衬托等修辞手法，直抒胸臆。如"人生的路，有坦途，也有坎坷；做过的岁月，有欢笑，也有苦涩，泪水告诉我一个跌倒的故事，汗水使我多了一份沉重，几多成熟"。巧妙的煽情，能在演讲的开头就引发听众的共鸣。

（2）主体　主体是演讲稿的主要部分。在行文的过程中，中心要突出，观点要鲜明；材料观点统一，论证有情有理；层层深入，环环相扣；水到渠成，推向高潮。

演讲稿主体的结构常见的有：

① 并列式，即围绕演讲稿的中心论点，从不同角度、不同侧面进行表现，而每一侧面都直接面向中心论点，证明中心论点。

② 递进式，即由小及大，由表及里，采取步步深入、层层推进的方法，造成波澜，最终揭示深刻的主题。

③ 抑扬式，即采用抑扬的手法，使演讲曲折变化。无论是"先抑后扬式"，还是"先扬后抑式"，都能使演讲跌宕起伏，变化多姿。

④ 对比式，即把两种不同的意见、不同的情况进行对比，从而使主题明确，达到演讲的效果。

（3）结尾　演讲稿的结尾没有固定的格式，但同开头一样需要具有鼓动性，或对全文进行简明扼要的小结。或以号召性、鼓动性的话结束；或以诗文名言以及祝愿的话结尾；或留下余味，引人深思。美国作家约翰·沃尔夫说："演讲最好在听众兴趣到高潮时果断结束，未尽时戛然而止。"这是演讲稿结尾最为有效的方法。

4.演讲稿的写作要求

（1）针对听众特点，有的放矢　写演讲稿时，首先要了解对象，了解他们的思想状况、文化程度、职业状况，心理需求等情况，有的放矢，有针对性地进行演讲。这样才能达到宣传、鼓动、教育的效果。

（2）主题鲜明，语言通俗　写演讲稿同写文章一样，要有鲜明的主题。主张什么、反对什么，清楚明确，这样才能使我们要讲的主题在听众的头脑里鲜活起来，从而留下深刻的印象。而鲜明的主题要靠通俗易懂的语言来表达。因此，演讲时应尽量使用生动流畅、朗朗上口的通俗词语，使听众能听得明白，听得投入。

（3）以情动人，富于鼓动　演讲只有具备深厚的感情，才能打动人、感染人，才能起到鼓动和教育的作用。在演讲稿的写作过程中，必须注意感情色彩的表达，必须注重说理和抒情的有机结合；注意调动一些积极的艺术手段，注重运用多样化的表现手法。热情的鼓动，感人的抒情，才能使听众与演讲者产生感情的互动，思想的沟通，才能营造出一种情感的氛围。

‹写作训练›

撰写一篇关于校园厉行节约的演讲稿。（不少于800字）

第三节　公共关系文书写作

一、条据

‹例文点评›

例文

借　条

今借到学校总务处红色布质条幅壹条，作班级"庆祝祖国60周年"主题班会使用。自借入一周后归还。
此据。

借入人：高一（1）班
（签名盖章）
2009年9月25日

收　条

今收到七（1）班壹佰陆拾捌圆整。系支援汶川赈灾捐款。
此据。

收款人：校团总支
（签名盖章）
2008年5月20日

点评

条据类标题要醒目，条款要俱全。

钱和物的数目字要大写，要与前面的字紧密相连，不能有空格，总数目如果在拾和贰拾之间，要写为壹拾元（个、件）、壹拾叁万元（个、件）等；"元""角"之后，应写"整"或"正"字，以防涂改，但在"分"后面切记不写"整"或"正"字；条据最好不要涂改，如果确实需要改动，必须在改正后的地方加盖当事人双方的图章或手印。

大学语文

代借条

张华同学：

　　我急需《研究型学习·综合主题》一书（上海科技教育出版社2000年出版），请代我向校图书馆借一本，并让王敏同学转带给我。谢谢！

陈　凯
2009 年 5 月 20 日

留言条

魏铭同学：

　　今天上午我来找你一起去世博园游玩，你不在家。我下午2点再来约你一起去，请在家等我。

李　鹏
2009 年 7 月 3 日

请假条

王老师：

　　昨天晚上我突然感冒发烧，今天不能到校上课，请准假一天。

　　此致

敬礼！

学生：张雨薇
2009 年 11 月 8 日

（附医院证明）

证明条

大众综合商店：

　　我厂于本月12日向贵店购买生活用品一批（品名及数量详见清单），货款已于当日付讫。今由我厂驾驶员 ××× 同志（车号：×× ××××）到贵店提取。

　　特此证明。

××××厂（公章）
2002 年 6 月 11 日

收　条

　　今收到4月份加班费贰佰柒拾肆圆整，奖金壹佰捌拾玖圆整，共计肆佰陆拾叁元整。

　　此据。

张　涛
2009 年 6 月 3 日

欠　条

今向贵店购买办公用品一批，因携款不足，现先付陆仟叁佰捌拾玖元整，尚欠壹仟柒佰零肆圆整，定于12月6日送到。

此据。

李　军

2010年9月1日

领　条

今领到材料仓库发给的工作服拾伍套，胶鞋肆双，铁镐贰拾陆把。

此据。

经手人：王刚

2009年4月2日

介绍条

兹介绍我村良种培育场 ×××同志，前去贵场咨询关于日本蓝花菜培育技术，请予接洽。

谢谢！

××市××乡××村委会（章）

2002年11月12日

‹综合分析›

条据包括借条、收条、便条、留言条、请假条等。

条据是我们日常生活中最为常见的应用文体之一，也是最为便捷的传达信息的有效方式。学会写条据对于我们高职学生来说是很有实际作用的。我们要学会根据不同种类的条据适当进行更改，以适应内容的需要。条据是私人常用的字条，因此格式上并没有过于严格的要求，除非以单位名义写条据，一般也不需要盖章。条据虽然简单，但在一定情况下却起着法律依据的作用。

简单条据一般是指作为某事的凭证或依据，是日常生活中经常使用到的一种应用文体。简单条据一般是由标题、正文和落款三部分组成，部分还需要称呼。根据条据陈述和使用范围不同，对其具体的要求也不尽相同。但是无论何种条据，语言都必须简洁明了，这也是所有应用文具备的特点之一。

常用的几种条据写作要求：

1.借条

"借条"二字居中书写。

正文开头空两格，写清向何人何部门借何物。借公家的钱、物，一般要写明用途、钱或物的数量（大写）。钱数末尾加"整"字。正文写完后，另起一行空两格书写"此据"字样。

在右下方写借入（款）人或单位名称，单位须加盖公章，写明年、月、日。公章须覆盖签名及年、月、日。

（备注：大写数字 壹、贰、叁、肆、伍、陆、柒、捌、玖、拾、佰、仟、万、亿）

2.收条

收条的书写格式、要求与借条相同。

在书写数目时，钱的单位也须大写，比如人民币单位"元"须写成"圆"，钱的数目哪怕有零数也必须加上"整"字。

3.便条

便条是一种简单书信。它一般不经过邮政部门传递，而是托别人代交，因此格式上没有信件那么严格。便条一般不在单位间使用，而是个人使用的一种极其方便的应用文体。和前面条据不同的是便条不需要添加标题。开头顶格书写收条人姓名，后面用冒号。转行书写正文，开头空两格。正文内容需要简洁、准确、具体地交代清楚事件。如需转告别人去某地做某事，一定要说明清楚时间、地点及相关内容。如需转借物品则需要交代清楚所借物品的型号、特征等信息。右下角署名并写上日期。

4.留言条

留言条和便条的不同点在于，便条是托别人转代，而留言条是收件人不在而又无法托人转带的情况下，留给收件人的一个字条。形式也非常简单，只属于私人信件，不做单位之间的交流。其格式和便条一样。在正文右下方同样要署名及写上日期。

5.请假条

请假条在便条中相对比较正式，也最接近私人信件。因为请假是向老师或者领导请假，格式和措辞也就应当规范，以表示诚意和对别人的尊重。

标题居中书写"请假条"字样。

转行顶格书写称呼，后面用冒号。

另起一行空两格书写正文。内容需写明请假原因及请假日限。正文书写完后另起一行空两格书写"此致"，再另起一行顶格书写"敬礼"，以示尊敬。

正文右下方署名并写上日期。

6.写条据注意事项

（1）内容清楚，做到一文一事。

（2）数字书写要规范。

（3）要使用法定的计量单位。

（4）字体要端正，字迹要清楚。

＜写作训练＞

（1）张澜打算请王华转交一张便条给李明，他打算向李明借一本中学语文《教材解析》，并请王华带给他。请你替张澜写一张便条。

（2）假如你今天因为家中有事，不能参加学校的运动会，请你写一张请假条给你的班主任老师，向他请假。

M3-6　借据应怎样写

二、申请书

‹例文点评›

例文

入团申请书

敬爱的团支部：

  我志愿加入中国共产主义青年团。

  我认识到中国共产主义青年团是青年群众的先进组织，是中国共产党的好助手和后备军，是一个有纪律的组织，因此我争取加入共青团。

  我向学校团委申请，加入共青团，请学校团委考验及批准。

  我在校成绩较好，表现良好，在加入共青团后，在学校团委的教导下一定会努力学习，严格要求自己，刻苦钻研，不断提高学习成绩和政治思想觉悟，提高自己的自制力，在课堂上遵守纪律，认真听老师讲课，遵守学校的规章制度，认真完成老师布置的作业和任务。在课余时间阅读一些有益身心的书刊，培养自己高尚的情操，做一个德、智、体、美、劳全面发展的社会主义新一代的接班人。我一定要拥护中国共产党，履行团员的义务，成为中国共产党的好助手和后备军。如果我未能入团，我会继续刻苦钻研，努力争取下一次入团。

  我热切盼望加入中国共产主义青年团，请学校团委批准。

  此致

敬礼！

申请人：×××
××××年×月×日

点评

标题　由内容和文种组成。

称呼　用敬称。

正文　谈对团组织性质的认识。

接着谈入团理想和自己要求加入组织的态度。

再一次表达决心，态度诚挚。

结尾　恭候语。

落款　署名、日期。

‹综合分析›

  申请书的写作格式如下。

  第一行正中书写"申请书"三个字，还可以在前面加上表明性质的字样，如"入党""入团"等。

  第二行顶格书写接受申请书的单位或领导同志姓名，后加冒号。

  第三行空两格书写正文。正文内容包括三个方面：第一，申请什么，要求有关部门批准什么；第二，提出申请的目的和理由；第三，表明自己的态度（或决心、愿望等）。正文表达要简明扼要。

  正文后，一般写上"请……批准""此致敬礼"等字样，以示尊敬。

  正文后一行右下角分两行书写申请人姓名或单位名称以及申请日期。

（1）大一学生刘晓家庭经济比较困难，请你代他向学校"爱心基金会"写一份生活费补助申请书。

（2）李梦同学非常盼望加入中国共产党，请你代他写一份入党申请书。

三、感谢信

〈例文点评〉

例文

感谢信

××部队全体指战员：

　　我县上月遇到了特大洪涝灾害，许多地区被淹，人民生命、国家财产受到了严重的威胁。在这危难之际，你部全体干部、战士连夜赶赴我县，投入到紧张的抗洪抢险之中。十几个日日夜夜，你们发扬"不怕牺牲，排除万难"的献身精神，始终冒雨战斗在抗洪抢险的第一线，谱写了许多可歌可泣的动人事迹。你们的奋力救援，有力地保住了我县人民的生命和财产，使我县上万亩良田和几百座房屋免于被洪水冲毁，使我县最后战胜了洪涝灾害，赢得了抗洪斗争的胜利。你们这种急他人所急、助人为乐、无私奉献的精神值得赞扬和学习。为此，特向你们表示衷心的感谢！

　　我们决心向你们学习，在党的领导下，积极恢复生产，重建家园，以实际行动报答你们的关怀和帮助。

　　此致

敬礼！

××县人民政府

××××年×月×日

点评

标题　文种名。

称呼　称呼对象明确。

正文　写明感谢事由。

最后　结束全文，揭示感谢意义。

结尾　恭候语。

落款　署名、日期。

〈综合分析〉

1.感谢信的含义

感谢信是在得到有关单位或个人给予的关心、支持或帮助后，向对方表示感谢的信函。

2.感谢信的特点

确指性。被感谢者是特定的单位或个人。

事实性。写感谢信缘由为已成事实。

感激性。包含对对方的感激之情。

3.感谢信的常见种类

普发性感谢信。对众多的单位或大众表示感谢。

第三部分 应用文写作

专指性感谢信。被感谢者为特定的单位或个人。

4.感谢信的结构和写法

（1）标题　标题一般有三种写法：第一种即写文种"感谢信"；第二种由受文单位和文种组成，如"致 ×××的感谢信"；第三种由发文机关、受文单位和文种组成，如"××总公司致 ×××商场的感谢信"。

（2）称谓　称谓写被感谢的单位名称或个人姓名，后缀"先生（女士）"或职务（职称）。

（3）正文　正文一般写两个方面的内容：

① 简述事迹，说明经对方帮助产生的效果。

② 对品德作评价和颂扬，表示感谢，表示向对方学习的态度和决心。

（4）敬语　按信函格式写上"致以最诚挚的敬礼"一类敬语。

（5）落款　在正文右下署上写感谢信的单位名称或个人姓名和时间。

5.感谢信写作注意事项

（1）叙事要简洁，内容要真实，有关人物、事件、时间、地点、原因等要交代清楚。

（2）评价和颂扬对方良好的行为及品德，既要有高度，又要适度。

（3）情感要真挚，文字要精练。

＜写作训练＞

3月5日下午，老王师傅在上班途中突然摔伤，石化学院人文系市场营销 091班的同学们及时把他送到医院治疗。这种助人为乐的精神令人敬佩，请你以老王师傅家属的名义给市场营销091班的同学们写一封感谢信。

四、自荐信

＜例文点评＞

例文

求 职 信

尊敬的 ××公司总经理先生：

首先，为我的冒昧打扰向您表示真诚的歉意。在即将毕业之际，我怀着对贵公司的无比信任与仰慕，斗胆投石问路，希望能成为贵公司的一员，为贵公司服务。

我是 ××职业技术学院计算机软件专业 2002级学生，将于今年7月毕业。在大学学习期间，我努力学习各门基础课及专业课，并取得了良好的成绩（见附表），英语已通过六级考试（见附件）。本人不仅能熟练掌握学校所教课程的有关知识 ——VB程序设计、AUTOCADR14、FRONTPAGE98、FOXPRO25、C语言等，而且还自学了PHOTOSHOP50、DMAX25、VISUALFOXPRO等，专业能力强，曾获学校计算机软件设计比赛一等奖。

▶点评

标题　文种名即可。
称呼　读信人职务，要用敬称。
正文　开头说明求职原因，突出个性。

接着交代自己的基本情况，重点介绍自己的专长、优点。

作为21世纪的大学生，我非常注意各方面能力的培养，积极参加社会实践，曾在平安保险做过业务员，在肯德基做过星级训练员，还在龙腾信息有限公司做过网络技师，爱好广泛，有责任感，能吃苦耐劳。

　　本人期盼能成为贵公司的一员，从事计算机服务等工作。诚然我尚缺乏丰富的工作经验，如果贵公司能给我机会，我会用我的热情、勤奋来弥补，用我的知识、能力来回报贵公司的赏识。

　　盼望您能给我一次面试的机会。随信附上简历、英语等级证书、获奖证书等。

　　此致
敬礼!

××敬上
二〇〇五年四月五日

联系地址：××学院计算机系软件专业2002级1班

　　　　　（邮编：××××××）

电话：×××××××

敬语

落款　自荐人姓名、日期、联系电话、联系地址、方式等。

〈综合分析〉

　1.求职信的概念

　　求职信又称自荐信，是求职者向用人单位介绍自己，为谋求工作或职务而写的专用书信。

　　求职信是一种专用书信，在我国已有悠久的历史。西汉东方朔的《上书自荐》可算是最早的求职信，而唐代大诗人李白的《与韩荆州书》堪称是古代自荐信的典范。

　2.求职信的特点

　　与一般书信相比，求职信有以下特点：

　　（1）文字简洁，要点突出　求职信不同于一般的书信，不可能面面俱到，相反，要能够引起用人单位的注意和好感，就必须在求职信中抓住重点，要言不烦，尽可能用有限的文字充分展示自己的才干和专长，力求文字简洁，要点突出。

　　（2）态度谦和，言辞恳切　求职信能多方面地反映出求职者的各项素质，假如给人的印象是高傲自大，必然会影响求职愿望的实现；但是过分谦恭谨慎，又会给人以信心不足的感觉。因此，求职者应该根据自身的实际情况，以充满自信、谦逊礼貌的态度，不卑不亢、大方得体的语言，展示自己的才华。

　　（3）目标明确，个性鲜明　求职信不像一般书信那样需要礼节性的寒暄客套，而是要针对求职目标，针对用人单位的需求，准确把握求职信的内容。求职信针对的工作目标，可能是很多人理想的工作目标，用人单位会在一段时间内收到大量的来信。因此，求职信无论从内容上还是形式上，都应该力避平庸，力争显示出与众不同的特色，从而提高求职成功的概率。

　3.求职信的结构和写法

　　求职信一般包括标题、称谓、问候语、正文、致敬语、落款、附件七部分内容。

　　（1）标题　在第一行居中的位置，直接写出"求职信"三个字。

　　（2）称谓　求职者应该根据收信人的身份、地位选择恰当的称谓，如"××经理"，也可以根据对方提供的线索，称"×××先生"或"××女士"。为礼貌起见，可以使用"尊敬的"等修饰语，如"尊敬的公司领导"。

（3）问候语　求职信的问候语要简明得体，不卑不亢，一般写"你们好"即可。

（4）正文　正文是求职信的核心。一般先介绍自己的年龄、性别、文化程度、政治面貌及其他与求职目标相关的个人基本情况。

这部分内容要重点介绍自己的主要成绩和优势，介绍自己的专业特长和取得的成绩，强调说明自己具备求职所需的条件，并表明自己有做好该项工作的信心和能力。

此外，求职者还可以就个人的身体状况、兴趣爱好、性格特点等可能引起对方兴趣的长处略作介绍。

如果需要，也可以讲一讲自己对对方单位的了解、认识和评价，或者表明自己的工作态度及就职后的打算。

总之，撰写正文时，一定要针对求职的目标，多角度、全方位地表现自己，突出个性，避免平庸。

（5）致敬语　致敬语的写法与一般书信的写法相同。

（6）落款　落款要写明求职人的姓名和写信的日期，写出求职者详细的联系方式、联系地址、联系电话和E-mail等内容。

（7）附件　有的求职信在写完上述内容后，根据需要会把有关的资料以"附件"的形式附在求职信的后面。

附件一般包括：学历证明、职称证明、奖励证明、科研学术成果的证明、各种资格考试的证明等项的复印件。

4. 求职信的写作要求

（1）态度真诚，语言得体　求职的目的是为了得到一份理想的工作，求职者充满自信地推销自己是必要的，但要注意态度真诚、语言得体，既要不卑不亢，又要使对方感到情真意切。只有那些既有真才实学，又态度真诚、言词得体的求职者才会受到用人单位的欢迎，才容易被录用。

（2）文字简洁，重点突出　求职者要根据用人单位的需求决定求职信的内容，不能没有重点地泛泛而谈，要注意文字的简洁。要突出自己的能力和专长，要根据用人单位的选拔条件，抓住重点，有的放矢，充分展现自己的实力。

（3）实事求是，独具个性　写作求职信必须实事求是，不能夸大其词，更不可虚构材料。要根据自己的基本情况，根据用人单位的需求，写出自己的特色，使自己的信件在众多的求职信件中显示出与众不同的特点，给用人单位留下深刻的印象。

〈写作训练〉

（1）某宾馆因工作需要，需招聘大堂经理、公关助理、餐饮、客房部领班、服务员、保安员数名。有一位35岁的下岗女工决定前往应聘保安员一职。她认为自己有如下优势：在原单位担任过保卫干事，熟悉保安工作的规律与特点；女性善于察言观色，非常细心；受过专门训练，学过擒拿格斗的基本技巧，利用业余时间学过柔道；体格健壮等。请据以上材料代她写一份求职信。

（2）某旅游文化发展公司因扩展业务，需要招聘文秘工作人员2名、财会人员2名、计算机操作员1名，请你以求职者的身份选择其中的一个岗位，写一封求职信。

五、个人简历

《例文分析》

例文

个人简历表

姓名	王丽萍	出生年月	1986年4月	
性别	女	政治面貌	党员	
籍贯	武汉	身高	160cm	照片
民族	汉	体重	48kg	
专业	录音艺术	健康状况	良好	
学历	本科	培养类型	统招	
意向	希望能够从事与影视相关的所有行业。			
专业技能	语言：英语CET4，口语流利。 熟练掌握nuendo，protools			
兴趣特长	创作，音乐。 钢琴，长笛（专业水平）			
教育背景	1995—2001 北京大学附属中学 2001—2005 北京电影学院			
获奖情况	××区中学生管乐比赛长笛一等奖，北京市中学生管乐比赛长笛二等奖。 所属管乐团多次在亚太地区管乐节获奖。			
实践经验	2004年6月至8月在中央电视台四套与其剧组成员多次出外景拍摄，并参与节目的后期制作。 在校期间，较好地完成了同期录音技巧后期录音制作、短片画面创作等课程的作业。 曾多次参加大学生管乐团的活动。			
性格特点	为人：诚实大方，热情开朗，爱好广泛，头脑灵活，生活态度积极乐观，心理素质好，有进取心，有毅力。 工作：勤奋认真，善于合作，作风严谨，责任心强，较强的适应能力和自学能力，较强的管理、组织能力。 联系电话：××××××××××× E-mail：××××××××××× 地址：北京市×××区×××号 邮编：×××××× 最后，感谢您在百忙之中阅读我的简历，热切希望我能成为你们之中的一位成员，祝您工作顺利！谢谢！			

点评

标题 公文式标题，由名称和文种组成。采用表格式的简历，简历的内容设计齐全，填写规范，文字表述简练，富有条理性。

按照时间顺序，说明自己的教育背景，清楚明了。

联系电话、联系地址等准确、完备。

＜综合分析＞

1.个人简历的概念和特点

个人简历就是对某个人的生活经历有重点的加以概述的一种应用文书。个人简历是对一个人生活经历的精要总结，在一定程度上是一个人的整体形象的缩影，因而是现代社会人事档案的一个重要组成部分，也是考察干部、选拔任用人才等必须具备的一份重要资料。个人简历和求职信同等重要，不能马虎了事。正因为这样，个人简历在写作上讲求真实性、正面性和精练性。真实性是指写简历时一定要客观理性地总结自己的经历，做到真实、准确、不夸大、不缩小、不编造，这样才能取信于人，具有保存的价值。正面性是指内容应当是正面性的材料，负面的内容要远离简历。精练性是指个人简历要越短越好，在大多数情况下，一两页就足够了。

个人简历可以采用第一人称，自己写自己，也可以采用第三人称，为他人而写。

个人简历有三种典型的形式，可以采用其中的任何一种，每一种都有它特定的目的和特有的说服力。

（1）年代顺序排列型个人简历　用这种形式写简历时，对个人经历、学习或社会实践活动中取得的成就，应按照时间先后顺序排列，重点应强调近几年的情况。它的优点是使简历看上去一目了然，容易看懂，这是普遍采用的形式。

（2）实用型个人简历　这种简历是把个人取得的成就分别列在不同的实践活动名称下，将具体日期写上，把它们作为辅助资料。也就是说，把你认为是最重要的成就排列在前面。这种简历可以掩饰你就业经历不足的劣势，可以针对你最感兴趣的职位目标组织个人经历背景。

（3）目标型个人简历　大多数个人简历着重于过去，目标型简历则着重于未来。在写明具体求职目标（意向）之后，第一项内容的标题应是"能力"，其中列举五至八种你所能做好的事情；也可以列举你认为可以胜任的、与你的求职目标相关的岗位，即使你过去从未实际做过的也可以。第二项内容的标题应是"成绩与才能"，应该从你过去非职业性的成就中选出具体事例，而且事例最好与"能力"一项遥相呼应。这种简历的优点是可以让你的未来上司去想象，你可能在哪个职位上取得好成绩，而这些工作你并未做过。

按年代顺序排列型和实用型简历也都需说明求职目标，留存的余地较大。目标型简历针对性强。采用何种简历，应视个人的需要和目标，看哪种形式最能表现你的优点和长处。

2.个人简历的基本内容

一般来讲，个人简历的内容应该包括"本人基本情况""个人履历""学习和工作经历""求职意向""联系方式"等基本要素。个人简历不管采用何种形式，其内容都万变不离其宗。

（1）"本人基本情况"部分　这部分包括姓名、年龄（出生年月）、性别、籍贯、民族、学历、学位、政治面貌、学校、专业、身高、毕业时间等。一般来说，本人基本情况的介绍越详细越好，但也没有必要画蛇添足，一个内容要素用一两个关键词简明扼要地概括说明一下就够了。

（2）"个人履历"部分　主要是个人从高中阶段至就业前所获最高学历阶段之间的经历，应该前后年月相接。

（3）"本人的学习经历"部分　主要列出大学阶段的主修、辅修与选修课科目及成绩，尤其是要体现与你所谋求的职位有关的教育科目、专业知识。不必面面俱到（如果用人单位对你的大学成绩感兴趣，可以提供给他全面的成绩单，而用不着在求职简历中过多描述这些东西），要突出重点，有针对性，使你的学历、知识结构让用人单位感到与其招聘条件相吻合。

（4）"本人的工作经历及特长"部分　这部分包括做过哪些社会实践工作，有什么建树或经验教训。作为应届毕业生则是主要突出大学阶段所担任的社会工作、职务，在各种实习机会当中担当的工作。对于参加过工作的人员，突出自己在原先岗位上的业绩也非常重要。

（5）"求职意向"（也称求职目标）部分　主要表明本人对哪些岗位、行业感兴趣及相关要求。要表明自己应征的职位，说明自己具备哪些资格和技能，想找什么样的工作。

（6）"联系方式"部分　同封面所要突出的内容一样，一定要清楚地表明怎样才能找到你，因此要写明区号、电话号码、手机号、E-mail 地址等。

（7）列举证明材料部分　简历的最后一部分一般是列举有关的证明人及有关附加性参考材料，附加性材料包括学历证明、获奖证书、专业技术职务证书、专家教授推荐信和所发表的论文著作等。证明人一般提供 3 ~ 5 个，是对你求职资格、工作能力和个人情况的保证人。因此一般选择在校期间或以前工作单位或所参加社团中比较熟悉且又知名的人。一般不要选择自己的父母或亲戚。让别人作证明人，事先应征得选取对象的同意。在证明人栏目中要详细说明证明人的姓名、职务、工作单位及联系方式。

总之，个人简历的写法没有必要千篇一律，形式也不是纸介质一种。采用哪种形式，要因人而异，要突出个性、富有创意，向用人单位展示自己，达到成功推销自己的目的。

‹写作训练›

（1）请结合实际，按照简历的写作要求，为自己设计一份求职简历。

（2）简评下面这篇简历。

我的简历

我 19×× 年出生于 ×× 省 ×× 市的一个工人家庭，19×× 年毕业于 ×× 小学，19×× 年毕业于 ×× 中学，19×× 年毕业于 ×× 大学中文系。现在省高教局工作，任科研成果处处长。

我在中学时期，任校宣传委员，工作出色，曾被市教委通报表扬，并光荣地加入了共青团组织。入大学后，曾历任班长、宣传委员、学生会主席，正式发表过散文 4 篇，论文 5 篇。

工作后，曾在 ×× 中学执教两年，对教材的研究多有见地，曾发表过 3 篇论文。19×× 年调到高教局科研处工作，19×× 年被提升为科研成果处处长，成绩突出，经济效益显著，在省级刊物上发表过 6 篇论文。

王 ××

×××× 年 × 月 × 日

M3-7　毕业生就业自荐书

M3-8　毕业生基本情况登记表

M3-9　毕业生技能及获奖证书影印件

第四节　经济文书写作

一、市场调查报告

《例文点评》

例文

人才市场IT仍占主导
——招聘市场的调查报告

频繁亮相的招聘会、熙熙攘攘的校园行以及热热闹闹的网络招聘都成为今冬IT界的新亮点。随着百度、Google、雅虎等企业引发的搜索大战逐渐升温，在另一个战场上，对搜索人才的争夺也达到了白热化。IT市场的逐渐回暖，人才需求的不断提升，直接引发了IT人才招聘市场的异常火爆。

IT职位仍唱"主角"

近年来，IT类企业一直是招聘会的"主角"，在近期对应届毕业生的需求中，计算机类职位占了大半。联想、方正、NEC、微软等一批IT公司频现招聘会，推出数十个乃至上百个职位，像软件工程师、硬件工程师、软件质量工程师等。

记者从前程无忧网看到，目前IT业招聘职位需求将近4万个，达到了网站招聘总职位的1/2。各大IT企业的职位需求显示，软件工程师、技术支持工程师、项目经理、系统工程师、硬件工程师、网页设计、软件测试工程师、网络工程师、兼职数据处理文员、网络管理十大职位排列需求前十位。与此同时，IT人才兼职市场今年尤其"火爆"，比去年同期增长了126%。

从职业需求来看，据中华英才网调查显示，目前发展IPTV（网络电视）的基础条件基本成熟，人才争夺战已拉开序幕。专家认为，这

点评

标题　采用双标题形式，正题揭示中心，副题为调查对象和文种名。
正文　前言用议论形式就调查报告的目的和现实状况进行概述。

主体部分，采用小标题方式，以翔实数据说明招聘市场的真实情况，证明报告的观点。

类人才既要有电信传输方面的经验积累，同时又要对DTV（数字电视）知根知底。一般这方面的人才，需有3年以上的工作经验。移动技术人才和搜索人才也同样热门。据前程无忧顾问王剑介绍："IT职位仍唱'主角'，随着3G通信等一系列新移动技术的发展，技术人员成为企业的核心力量。"IT企业青睐的人才一般在研发部门，需要结构开发工程师、软件开发工程师、手机MMI设计师等多方面技术人员。

互联网行业的再次崛起和新的网络商务模式的形成，为更多的IT人提供了良好的发展机会。新的商业模式必然会导致新工作岗位的产生，如游戏技术人员、支付平台产品策划、邮箱产品运营人员、竞价BD经理、即时通信产品技术人员、无线业务媒介策划人员等，这些新兴行业的岗位薪酬也水涨船高。

IT企业青睐应届生

近日，在一场大型招聘会上，记者看到，标明招聘应届毕业生的企业约有几十家。每隔几家企业，就会看到类似"特别招聘应届毕业生""欢迎优秀应届生加盟"的醒目招聘标语。

主办方告诉记者，应届毕业生机会增多的原因，一方面是从11月初开始，有跳槽打算的中低端职业人会等到熬过年关再跳槽，因此这期间跳槽者锐减；另一方面是由于明年的春节为1月29日，较往年稍早，因此很多企业相比起往年，更早做好了应届毕业生的招聘计划。在两方面原因的作用下，10月份企业还高挂"应届生不招"的广告牌，到了11月初，应届毕业生却变得"吃香"起来。预计这种情况将延续到明年1月初。

而应届大学生受垂青的另外的一个原因，则与IT公司特殊的成长历史与文化相关。在11月3日晚举行的北大百度校园宣讲会上，百度CEO李彦宏就表示，百度刚成立时，除了技术副总裁刘建国是北大副教授外，其他工程师基本上都是实习生，尚未毕业。而正是凭借他们在国内学到的专业知识功底和对搜索引擎的热爱，这批人已经成长为百度的技术骨干。阿里巴巴总裁马云也认为，应届生招聘就是一种投资，为此每年花几百万元值得，因为员工是公司最好的财富。

其实各大公司对应届生市场的跑马圈地，以及对高校的关注早在今年9月初就开始进行。这些大公司招聘应届生的名额一般从50～200名不等，并提供优厚的待遇和发展空间。Google、雅虎、百度等公司还纷纷推出一些以应届生为主的相关技能大赛。百度有从9月份开始的"程序之美"大赛，一等奖将获得价值1万元的笔记本电脑一台；雅虎为从11月19日开始的"应届生全国面试活动"中取得第1名的毕业生提供两万元现金；Google的"中国编程挑战赛"一等奖的奖品价值超过4万元人民币。

虽然今年410万的大学毕业生为IT企业提供了广泛的选择机会，但IT人才市场的冷热不均依然十分突出。麦肯锡10月份的一份报告称，尽管中国的毕业生人数很多，但只有不到10%拥有胜任外企工作的技能，报告指出，"高素质大学生短缺，将有碍经济增长"。

IT人才冷热不均

近日，中华英才网、前程无忧网发布了最新的IT职场调查。调查显示，IT"蓝领"仍告缺，继续成为职场供求的领头羊。据前程无忧的调查显示，1月份，51jobIT职位排行中软件工程师的需求很大。在人才需求结构上，中华英才网的调查则显示，有中端岗位求职意向者占绝大多数，高级IT人才相对缺乏，尤为缺乏的是一大批能从事基础性工作的"数字蓝领""软件蓝领"。

而最近出台的《2005中国网游原创力量调查报告》也显示，网络游戏产业虽然在迅速增长，但是人才却面临严重匮乏。调查数据表明，我国游戏策划人员2005年的增长量仅有14人。这份数据指出，虽然我国游戏学校如雨后春笋般涌现，但是游戏人才的供应却没有满足跟上产业的发展需求。此外，这些游戏学院的质量也参差不齐，其中滥竽充数者有之，浑水摸鱼者有之，真正为产业培养人才的并不多见。据了解，目前，游戏产业人才缺口高达60万，需求量最大的是设计、开发人才。据悉，某游戏公司市场经理的年薪已达到26万元，而一名优秀的游戏设计师的年薪在30万元左右，甚至出现有价无"货"的现象。

针对一方面大学生扎堆儿，另一方面IT企业又良才难觅的现象。中国科学院管理学院副院长吕本富认为，表面上看，投递到招聘公司的大学生简历很多，但由于受专业限制和大学生本身综合素质的影响，真正适合IT企业的人才还是很短缺。因此IT人才冷热不均的局面和价值还将维持下去。

> 全文观点明确，材料充实，观点和材料有机地统一。
>
> 结尾部分反映了问题，得出了结论，印证了该调查报告的意义。

‹综合分析›

1. 市场调查报告的特征

市场调查报告是经济调查报告的一个重要种类，它是以科学的方法对市场的供求关系、购销状况以及消费情况等进行深入细致地调查研究后所写成的书面报告。其作用在于帮助企业了解掌握市场的现状和趋势，增强企业在市场经济大潮中的应变能力和竞争能力，从而有效地促进经营管理水平的提高。

市场调查报告可以从不同角度进行分类。按其所涉及内容的多少，可以分为综合性市场调查报告和专题性市场调查报告；按调查对象的不同，可以分为有关于市场供求情况的市场调查报告、关于产品情况的市场调查报告、关于消费者情况的市场调查报告、关于销售情况的市场调查报告以及有关市场竞争情况的市场调查报告；按表述手法的不同，可以分为陈述型市场调查报告和分析型市场调查报告。

与普通调查报告相比，市场调查报告内容上更为集中，也更具专门性。

2. 市场调查报告的格式与写法

市场调查报告的内容结构一般由如下几部分组成。

（1）标题　标题是市场调查报告的题目，一般有两种构成形式：

公文式标题，即由调查对象和内容、文种名称组成，例如《关于2002年全省农村服装销售情况的调查报告》。值得注意的是，实践中常将市场调查报告简化为"调查"，也是可以的。

文章式标题，即用概括的语言形式直接交代调查的内容或主题，例如《全省城镇居民潜在购买力动向》。实践中，这种类型市场调查报告的标题多采用双题（正副题）的结构形式，更为引人注目，富有吸引力。例如《竞争在今天，希望在明天——全国洗衣机用户问卷调查分析报告》《市场在哪里——天津地区三峰轻型客车用户调查》等。

（2）引言　引言又称导语，是市场调查报告正文的前置部分，要写得简明扼要，精练概括。一般应交代出调查的目的、时间、地点、对象与范围、方法等与调查者自身相关的情况，也可概括市场调查报告的基本观点或结论，以便使读者对全文内容、意义等获得初步了解。然后用一过渡句承上启下，引出主体部分。例如一篇题为《关于全市2002年电暖器市场的调查》的市场调查报告，其引言部分写为："××市北方调查策划事务所受 ×× 委托，于2003年3月至4月在国内部分省市进行了一次电暖器市场调查。现将调查研究情况汇报如下："用简要文字交代出了调查的主体身份，调查的时间、对象和范围等要素，并用一过渡句开启下文，写得合乎规范。这部分文字务求精要，切忌啰唆繁杂；视具体情况，有时亦可省略这一部分，以使行文更趋简洁。

（3）主体　这部分是市场调查报告的核心，也是写作的重点和难点所在。它要完整、准确、具体地说明调查的基本情况，进行科学合理的分析预测，在此基础上提出有针对性的对策和建议。具体包括以下三方面内容：

情况介绍：市场调查报告的情况介绍，即对调查所获得的基本情况进行介绍，是全文的基础和主要内容，要用叙述和说明相结合的手法，将调查对象的历史和现实情况包括市场占有情况，生产与消费的关系，产品、产量及价格情况等表述清楚。在具体写法上，既可按问题的性质将其归纳为几类，采用设立小标题或者撮要显旨的形式；也可以时间为序，或者列示数字、图表或图像等加以说明。无论如何，都要力求做到准确和具体，富有条理性，以便为下文进行分析和提出建议提供坚实充分的依据。

分析预测：市场调查报告的分析预测，即在对调查所获基本情况进行分析的基础上对市场发展趋势作出预测，它直接影响有关部门和企业领导的决策行为，因而必须着力写好。要采用议论的手法，对调查所获得的资料条分缕析，进行科学的研究和推断，并据以形成符合事物发展变化规律的结论性意见。用语要富于论断性和针对性，做到析理入微，言简意明，切忌脱离调查所获资料随意发挥，不着实际。

营销建议：这层内容是市场调查报告写作目的和宗旨的体现，要在上文调查情况和分析预测的基础上，提出具体的建议和措施，供决策者参考。要注意建议的针对性和可行性，能够切实解决问题。

（4）结尾　结尾是市场调查报告的重要组成部分，要写得简明扼要，短小有力。一般是对全文内容进行总括，以突出观点，强调意义；或是展望未来，以充满希望的笔调作结。视实际情况，有时也可省略这部分，以使行文更趋简练。

3.市场调查报告的写作要点

（1）以科学的市场调查方法为基础　在市场经济中，参与市场经营的主体，其成败的关键就在于经营决策是否科学，而科学的决策又必须以科学的市场调查方法为基础。因此，要善于运用询问法、观察法、资料查阅法、实验法以及问卷调查法等方法，适时捕捉瞬息万变的市场变化情况，以获取真实、可靠、典型、富有说服力的商情材料。在此基础上所撰写出来的市场调查报告，就必然具有科学性和针对性。

（2）以真实准确的数据材料为依据　市场调查报告由于是对市场的供求关系、购销状况以及消费情况等所进行的调查行为的书面反映，因此它往往离不开各种各样的数据材料。这些数据材料是定性定量的依据，市场调查报告在撰写时要善于运用统计数据来说明问题，以增强市场调查报告的说服力。

（3）以充分有力地分析论证为杠杆　撰写市场调查报告，必须以大量的事实材料作基础，包括动态的、静态的、表象的、本质的、历史的、现实的等，可以说错综复杂，丰富充实，但写进市场调查报告中的内容绝不是这些事实材料的简单罗列和堆积，必须运用科学的方法对其进行充分有力的分析归纳，只有这样，市场调查报告所作的市场预测及所提出的对策与建议才会获得坚实的支撑。

‹写作训练›

根据下述材料，撰写一篇市场调查报告。

中国饮料工业协会统计报告显示，国内果汁及果汁饮料实际产量超过百万吨，同比增长33.1%，市场渗透率达36.5%，居饮料行业第四位，但国内果汁人均年消费量仅为1千克，为世界果汁平均消费水平的1/7，西欧国家平均消费量的1/4，市场需求潜力巨大。

我国水果资源丰富，其中，苹果产量是世界第一，柑橘产量世界第三，梨、桃等产量居世界前列。据权威机构预测，到2005年，我国预计果汁产量可达150万～160万吨，人均果汁年消费量达12千克左右。2015年，预计果汁产量达195万～240万吨，人均年消费量达15千克。

近日，我公司对××市果汁饮料市场进行了一次市场调查，根据统计数据，我们对调查结果进行了简要的分析。

追求绿色、天然、营养成为消费者消费果汁饮料的主要目的。品种多、口味多是果汁饮料的显著特点，据××市场调查显示，每家大型超市内，果汁饮料的品种都在120种左右，厂家达十几家，竞争十分激烈，果汁的品质及创新成为果汁企业获利的关键因素，品牌果汁饮料的淡旺季销量无明显区分。

目标消费群——调查显示，在选择果汁饮料的消费群中，15～24岁年龄段的占了34.3%，25～34岁年龄段的占了28.4%，其中，以女性消费者居多。

影响购买因素——口味：酸甜的味道销的最好，低糖营养型果汁饮品是市场需求的主流；包装：家庭消费首选750毫升和1升装的塑料瓶大包装；260毫升的小瓶装和利乐包为即买即饮或旅游时的首选；礼品装是家庭送礼时的选择；新颖别致的杯型饮料饮用后瓶子可当茶杯用，也影响了部分消费者的购买决定。

饮料种类选择习惯——71.2%的消费者表示不会仅限于一种，会喝多种饮料；有什么喝什么的占了20.5%；表示就喝一种的有8.3%。

品牌选择习惯——调查显示，习惯于多品牌选择的消费者有54.6%；习惯性单品牌选择的有13.1%；因品牌忠诚性做出单品牌选择的有14.3%；价格导向占据了2.5%；追求方便的比例为15.5%。

饮料品牌认知渠道——广告：75.4%；自己喝过才知道：5.8%；卖饮料的地方：2.5%；亲友介绍：16.3%。

购买渠道选择——在超市购买：61.2%；随时购买：2.5%；个体商店购买：28.4%；批发市场：2.5%；大中型商场：5.4%；酒店、快餐厅等餐饮场所也具有较大的购买潜力。

一次购买量——选择喝多少就买多少的有62.4%；选择一次性批发很多的有7.6%；会多买一点存着的有30%。

二、合同

‹例文分析›

例文

茶叶购销合同

供方：红叶茶场

需方：华盛茶叶公司　　合同编号：N 0001

　　　　　　　　　　签订地点：常清县工商行政管理所

　　　　　　　　　　签订时间：2008年3月10日

点评

标题　由合同性质和文种组成。

为了繁荣市场，活跃地方经济，供需双方经过平等协商，订立如下合同，以资共同遵守。

一、产品名称、品种、数量、金额

正文开头　交代签订合同的目的。

产品名称	品种	计量单位	数量	单价	总金额
红叶绿茶	特级	千克	500	6400	3200000

合计人民币金额（大写）叁佰贰拾万圆整

二、质量标准

红叶特级绿茶：特级质量，采用国家质量标准。

包装质量：用大塑料袋外包、纸袋内装，外用纸箱或麻包袋装。

三、交货时间、地点和验收

交货时间：2008年6月20日之前。

交货地点：华盛茶叶公司。

验收：由华盛茶叶公司茶叶质量检验员验收。

四、运输和费用负担

由供方负责运输并负担包装费和运费。

五、付款方式和时间

需方收货10天以内，通过银行托付货款。

六、违约责任

（1）合同签订后，在正常情况下，供方拒不交货或需方拒绝付款都须处以货款20%的罚金。

（2）供方迟交货或需方迟付款，则每天以货款的0.03%罚滞纳金。

（3）供方货物数量不足，扣除不足数量的货款后，按其不足部分的货款计，罚20%的赔偿金。

（4）供方货物质量验收不合格，则或由双方重新酌价，或由供方更换。

七、其他约定事项

如遇特殊情况，任何一方无法履约，则应提前20天通知对方，并赔偿损失费为约定货款的10%。

八、解决合同纠纷的方式

本合同一旦出现纠纷，采用仲裁方式解决。

九、其他说明

本合同一式叁份，供方和需方各壹份。本合同供需双方自愿由常清县工商行政管理所鉴证，并在该所存合同副本壹份。

正文主体　议定的主要条款，包括标的、数量和质量、价款酬金、履行期限、地点和方式、违约责任、解决争议的方法等，条款明白、准确，格式规范。

供方　　　　　　　　　　需方
单位名称：红叶茶场（章）　单位名称：华盛茶叶公司（章）
单位地址：××省常清县城北区　单位地址：海口市××路××号
法定代表人：蔡德熙　　　　法定代表人：王志勇
电话：2749883　　　　　　电话：××××
开户银行：常清县农业银行　开户银行：海口市工商银行
账号：0354　　　　　　　　账号：667806
合同签订日期：2008年3月10日　合同鉴证日期：2008年3月10日

鉴（公）证意见

合同有效。

经办人：××××××
常清县工商行政管理所（章）
鉴证意见日期：2008年3月10日

约尾部分　签约单位详细地址、电话、邮编、开户银行和账号以及合同签订日期、鉴证意见等，不可缺少。

＜综合分析＞

1.经济合同的概念和种类

（1）经济合同的概念　合同是平等主体的自然人、法人和其他组织之间设立、变更、终止民事权利义务关系的协议。

经济合同是合同的一个重要种类，指平等民事主体的法人、其他经济组织、个体工商户、农村承包经营户相互之间，为实现一定的经济目的，明确相互的权利和义务而订立的协议。

（2）经济合同的种类　经济合同的种类可以从不同的角度进行划分。

按内容分有：购销合同、建筑工程承包合同、加工承揽合同、货物运输合同、租赁合同、仓储保管合同、借款合同、供用电合同、财产保险合同、财产租赁合同等。

按形式分有：条款合同、表格合同、条款和表格相结合的合同。

按时间分有：长期合同、中期合同、短期合同和临时合同。

按范围分有：国内合同、涉外合同。

2.经济合同的作用

（1）保障作用　当事人签订经济合同，不仅是为了实现特定的经济目的，同时还是为了保证某一项经济活动的顺利完成，更是为了取得一定的经济效益。而合同所规定的内容，恰恰反映着双方当事人的权益，是为双方当事人的经济目的服务的。因此，市场经济条件下的经济合同对当事人实现经济目的起着保障的作用。

（2）凭证作用　依法成立的经济合同具有法律的约束力，如果当事人之间发生纠纷，为维护各自的合法权益，可把合同作为依据，对照条款进行交涉，甚至诉诸法律。

（3）维护作用　经济合同的签订、履行是促进社会主义市场经济的繁荣、维护社会经济秩序的重要措施。

通过经济合同制度的实施，能够促使双方当事人按照合同的规定履行义务，从而有效地组织生产经营，使市场经济活动处于有序的状态之下。

3.经济合同的特点

（1）内容的合法性　经济合同是具有法律效力的文书，其作用的发挥要以内容的合法为前提，内容不合法，合同就会被视为无效合同。经济合同的订立和履行、变更和解除、违约责任的约定等内容，国家都以法规的形式作出明确的规定，所以经济合同的内容具有强制合法性的特点。

（2）效力的约束性　经济合同是双方当事人为了实现一定的经济目的而签订的，双方的权利义务是明确的，合同一经签订，即具有了法律效力，任何一方不得违约，否则就要承担相应的法律责任。

（3）主体的平等性　经济合同的签订是双方当事人在平等、协商、一致的前提下签订的，任何一方不能以任何方式和手段把自己的意志强加给对方，合同双方的法律地位是平等的，双方必须遵循平等互利、协商一致的原则。

（4）措辞的严密性　为避免在经济合同的履行中产生不必要的争执，避免造成不必要的经济损失，经济合同的语言表达必须准确、严密，绝对不能有模棱两可或含糊不清的情况出现。

4.经济合同的内容和写法

（1）经济合同的内容　合同的内容是合同应该具备的基本条款，《中华人民共和国合同法》第十二条规定："合同的内容由当事人约定，一般包括以下条款：①当事人的名称或姓名和住所；②标的；③数量；④质量；⑤价款或者酬金；⑥履行的期限、地点和方式；⑦违约责任；⑧解决争议的方法。当事人可以参照各类合同的示范文本订立合同。"

（2）经济合同的写法　合同一般都有着固定的结构形式，就经济合同而言，一份完整的条款式经济合同应该包括标题、合同首部、正文、落款四项内容。

① 标题。标题即经济合同的名称，主要用以明确合同的性质，即写明这是哪一类合同，如"购销合同""借款合同"等。

② 合同首部。合同首部写明签订合同的双方当事人（也叫立合同人），签订合同的当事人的名称应写全称，不应写简称，更不能写别人不了解的代称、代号。

为了方便表述，一方简称"甲方"，另一方简称"乙方"，如果有第三方的，可以简称为"丙方"。在对外贸易合同中，有的称一方为"卖方"，另一方为"买方"，无论哪一类合同，都不能将当事人称"我方"和"你方"。

③ 正文。正文包括三个部分：

第一部分，开头。开头简要地说明签订合同的目的或依据。一般的内容和习惯用语为："为了……目的，根据……的规定，经过双方充分协商，特订立本合同，以便共同遵守"等。

第二部分，主体。主体是反映合同的正文内容的核心部分，是双方行使权利、履行义务的法律依据，所以要逐条写明双方议定的各项条款。经济合同应该具备的主要条款包括以下5项：

第一项，标的。标的是合同双方当事人权利和义务所共同指向的对象。它可以是某种实物或货币，也可以是工程项目、劳务、科技成果或专利权等。任何种类的经济合同都必须有明确的标的。标的不明确，合同双方的权利和义务就没有明确的指定对象，合同也就不能正常履行了。因此，经济合同在签订时，应该将合同的标的明确地加以说明，不能产生歧义或误解。如当商品货物作为标的时，就应该写明商品的准确名称、规格、型号或代号、商标等内容。

第二项，数量和质量。数量是衡量标的的尺度，是确定双方权利和义务大小的标准，是履行经济合同的具体条件之一，所以，标的的数量一定要标注明确、准确，而且一定要使用法定计量单位计量。质量是合同标的的内在和外在综合性指标，也是履行经济合同的具体条件之一。在签订合同时应该根据双方商定的具体情况，按照国家标准、专业标准、主管部门标准在合同中详细写明。合同中具体、规范地写明标的的质量，对于保证和检验标的的质量有着重要的意义。

第三项，价款或者酬金。价款是根据经济合同取得标的物的一方当事人向另一方当事人支付的代价。酬金是根据经济合同取得劳务的一方当事人向对方当事人支付的报酬。价款和酬金的标准，双方当事人应该协商确定，有政府定价的，应该执行政府定价。

第四项，履行的期限、地点和方式。履行的期限是当事人完成合同规定的义务的时间范围。履行地点是交付、提取合同标的物的具体地理位置。履行方式是当事人双方履行合同的方式。一般包括交付方式（自提、送货），验收方式（验收规范、验收标准、质量检验标准）、价款结算方式（采用何种银行转账结算方式）。履行的期限、地点和方式是保证经济合同的权利和义务准确享有和履行的必备条件，是关系到合同是否能够全面、准确履行的重要依据，签订合同时一定要把这三项内容写得具体明确。

第五项，违约责任和解决争议的方法。违约责任又称经济罚则，指当事人一方或双方在违反合同条款时应该承担的责任。对违约责任的追究，可以采用支付违约金、支付赔偿金、继续履行合同等方式解决。当合同因一方或双方违约产生争议时，"当事人可以通过和解或者调解解决合同争议。当事人不愿和解、调解或者和解、调解不成的，可以根据仲裁协议向仲裁机构申请仲裁。涉外合同的当事人可以根据仲裁协议向中国仲裁机构或者其他仲裁机构申请仲裁。当事人没有订立仲裁协议或者仲裁协议无效的，可以向人民法院起诉。当事人应当履行发生法律效力的判决、仲裁裁决、调解书；拒不履行的，对方可以请求人民法院执行"（《中华人民共和国合同法》第一百二十八条）。

第三部分，结尾。结尾主要写明合同的份数、保管人以及需报送的主管机关，有的还需说明合同的有效期限等问题。

　　④ 落款。落款应写明双方当事人的有关情况，包括双方当事人各自的名称，并加盖印章；双方的地址、电话号码、传真号码、邮政编号、Email、开户银行、银行账号等；签订合同的日期。如果合同请有关机构鉴证或公证的，要写明机构的名称，并加盖印章。

　　5.经济合同的写作要求

　　（1）熟悉有关的法律和法规　经济合同与其他的应用文书不同，经济合同的签订必须依据有关的法律法规，无论是在内容上，还是在签订的程序上，都不得与国家的法律和法规相违背。为了使合同的签订合法有效，要求合同的签订者在签订合同时，要熟悉有关的法律和法规。

　　（2）内容具体，格式规范　合同的内容是双方当事人履行合同的依据，为了使合同能够顺利地履行，签订合同时，一定要做到内容具体明确，切忌含糊不清、模棱两可。撰写时还需要采用规范格式，保证合同条款的齐全。

　　（3）语言准确，表述清晰　经济合同的语言要求严谨准确，表意明确，合乎语法规范，对合同内容的撰写要表述清晰，不能使人产生歧义，出现不必要的合同纠纷。

◀ 写作训练 ▶

　　（1）分析下列合同存在什么问题？

购销合同

　　签订日期：××××年×月××日
　　立合同单位：市××局机关（甲方）　　　　　　××家具厂（乙方）
　　兹由甲方向乙方定购下列货物，经双方协议，订立条款如下，以资共同遵守。

品名及规格	单价	数量	金额								备注
			十	万	千	百	十	元	角	分	
家具一批				2	5	0	0	0	0	0	品名、数量、单价 详见附件（清单）
总金额	（大写）贰万伍仟元整										

　　一、交货地点：甲方单位。
　　二、验收办法：以标准实样为依据。
　　三、结算方式：支票转账。5月25日付款壹万伍仟元整，货物交完后一周内全部付清。
　　四、交货期限：××××年×月××日。

五、包装方法及费用负担：甲乙方负担。

　　六、运输方法及费用负担：乙方送货，并负担费用。

　　七、违约责任：乙方每延期交货一天，应偿付延期交货部分货款总值万分之三的违约金给甲方。甲方每延期付款一天，应偿付延期付款总额万分之三的违约金给乙方。

　　八、特约事项：家具油漆品种为11号树脂漆。

　　九、本合同正本一式两份，双方各执一份，副本____份，分送_____单位及份数____。

　　（2）根据下面的材料，撰写一份经济合同。

　　浩田药品公司法人代表王成铭和青田园艺场法人代表卢永建于2005年3月10日签订了一份红枣购销合同，具体货物是山东乐亭一级金丝小枣，数量为200千克，每千克价格为8元，2005年6月10日之前由青田园艺场直接运往浩田药品公司，运费由青田园艺场负责，货品检验合格后，浩田药品公司于收货7天内通过银行托付货款。小枣必须用大塑料外包，纸袋内装，外用纸箱包装。包装费仍由青田园艺场负责。青田园艺场地址为：山东省××县，开户银行是××县农业银行，银行账号：420514，电话：××××。浩田药品公司地址为天津市××区××路××号，开户银行为天津市工商银行，账号8825431，电话××××。合同签订后，如双方不履行，在正常情况下拒不交货或拒付款都须处以货款20%的罚金，迟交货或迟付款，则每天罚万分之三的滞纳金，数量不足，按不足部分的货款计赔，仍按20%的比例赔偿。质量不合格，则重新酌价。如遇特殊情况，则提前30天通知对方，并赔偿损失费10%，本合同由山东省××县工商行政管理所鉴证。

第五节　大学生实用文书写作

一、实习报告

《例文点评》

例文

实习报告

实习时间：2010年7月19日—2010年8月5日

实习地点：辛集市"三年大变样"办公室

实习内容：应用写作实际训练

　　本人于2010年7月19日—2010年8月5日进行了为期两周的实习。在此期间，我根据指导老师的要求和自身实际制订了相应实习计划，并主动参与实践，积极将我所学到的知识运用到工作中，重视在实习阶段对所学的文秘理论知识进一步地巩固和提高，以期达到以理

》点评

标题　公文式标题，由内容和文种组成。

正文　第一部分　以实习时间、地点、任务作为引子，或把实习过程的感受、结果，用高度概括的语言表述出来以引出报告的内容。

论指导日常工作的目的。在实习期间我为实习单位减轻了一些工作负担，发挥了自身价值。现将实习情况和结果报告如下。

一、我的实习流程

第一阶段是办公室工作的训练。主要是熟悉工作环境、各部门的工作职责、本部门的工作任务、当前的工作重点。使自己尽快进入角色，融入工作。

第二阶段是为领导提供事务辅助。主要是文件的上传下达，整理文档，复印资料，做好保洁工作。

第三阶段是协助领导完成交办事项。主要是核对文稿，修改文件初稿，制作相关表格，联络各单位与会代表。

二、我完成的工作

我所在实习单位这个月的主要工作是安排各部门"三年大变样"工作的进度。而我负责录入并整理进度情况的资料。所以，我实习时也紧紧围绕这些工作重点进行，主要做了以下工作：

（1）文件校对，修改文件底稿，提出的合理修改意见被采纳。

（2）制作各单位联络方式表，该表打印后放在领导桌面以便使用。

（3）电话通知各单位代表准时与会。我注意了电话通知时要注意的问题（用语、语调等），文明礼貌地进行通知，完成了任务。

（4）按领导要求整理文件，归档。我认真仔细地整理文件，按领导平时的习惯进行归档，以便以后查阅。

（5）收发传真、电子邮件。使用现代化办公手段帮助领导快速传递文件，提高工作效率，减轻工作负担。

（6）复印各种会议资料，做好会前准备。对于资料的份数、不同会议应持有的资料进行仔细核对，确保资料准确无误发到各领导手中，保障会议顺利进行。

（7）准确做好文件的上传下达工作。对于要送往组织部和副部长办公室的文件准确快速地送到，起到良好的桥梁作用。

（8）做好清洁工作。好的办公环境使心情愉快，提高工作效率。我主动做好这一项工作，为大家创造舒适的工作环境。

三、实习心得

1.工作态度要积极端正

工作中一定要认真工作，多做事才能更好地了解工作情况，更加专心地投入到工作当中去，才能更好地完成工作任务，从而取得领导的信任。马虎了事是对他人的不尊重。少说话，就是少说无关紧要的话，不说不利团结影响安定的话，以谨慎负责的态度处理工作，这样才能够得到同事的信赖，为开展工作打下良好的基础。

秘书工作是以领导工作为核心的，要始终围绕这一核心，进行全方位的辅助工作。在工作中积极主动地为领导提供力所能及的服务和参谋辅助。这样才能够把工作做得更好，取得更好的成绩。但要注意，积极工作不等于擅作主张。遇事要向领导请示，经过批准才能执

第二部分　实习过程（实习内容、环节、做法等），杂而不乱，有条不紊。

观察体验在学校没有接触的东西，他们是以什么样的面目、方式方法，以怎样的形态或面貌出现的，增加了实践经验，做到了理论实践的结合。

第三部分　实习体会、经验教训，今后努力的方向等，脉络清晰。

第三部分　应用文写作

175

行。每一项任务完成后要向领导报告结果。

积极端正的态度决定一切，决定秘书工作的成败得失。在以后的学习和工作中我一定会吸取实习中得到的经验，更好地完成工作。

2.专业技能要熟练多样

应用写作同作者的职业、工作性质密不可分。在写作时，如果缺乏专业训练，不懂业务知识，就很难深入实际，写好一篇专业应用文。而好的工作方法和技能可以起到事半功倍的效果。把这种思想延伸到秘书工作中，就是要分清主次，分清轻重缓急，抓住主要矛盾和矛盾的主要方面。这样就可以做到目的明确，思路清晰，从而更好地开展工作，提高工作效率。

掌握现代化的办公设备，熟练运用办公软件是对现代秘书人员的基本技能要求。达到这个要求可以大大提高工作效率，提高办事能力。例如：日常工作中对于WORD中的表格进行自动填充、编号可以在格式中的下拉菜单"项目编号"中进行设置；通过边框设置可以在WORD中实现表格标题、表头在文档的各页重复出现；还可以在绘图中实现对斜线表头的个性化设置等。

随着时代的发展，办公自动化水平会越来越高，秘书工作的办公自动化技能要求也不会仅限于简单的打字复印和信息录入，更多的是熟练利用网络、利用OA系统完成日常工作。在今后的学习和工作中一定要注重办公自动化技能的提高。

3.综合素质要全面强化

秘书要有收集分析信息的能力。很多时候，秘书要做领导的眼睛和耳朵，获得的信息往往成为领导作出决策的依据。所以本着对工作负责的态度，秘书在工作中一定要认真对待信息的采集工作，保证信息的真实性和有效性。同时要定期整理文件，做好文件归档工作。

完成交办工作。对于领导交代的工作，秘书人员一定要想方设法地完成。这就要求秘书要有良好的应急能力、沟通协调能力。一个优秀的秘书，应该具备解决问题的能力，在工作中开动脑筋，不断尝试，创造条件，找到行之有效的解决问题的方法。拓展知识储备。秘书人员的工作以服务领导为中心，凡是领导需要的信息都要能够提供。在实习过程中，我向领导提出了关于会议组织、文档处理等方面的建议，领导认真听取了我的建议，并且采纳了符合单位实际的部分。这都是学习和积累的结果。秘书工作对于从业人员的综合素质有较高要求，除了以上涉及的获取分析信息的能力、完成领导交办事项的能力和拓展知识储备的能力外，还包括较强的语言沟通能力、应急反应能力等诸多能力。实习工作中，对这些能力的要求都有所体现，可见秘书的综合素质不局限于某个方面，今后应该做各方面的尝试，从而使自己的综合素质可以有较大程度地提高。

4.严守纪律，保守机密

文秘管理要制发文件、处理文件和管理文件。在各种文件中，大部分具有不同程度的保密性，而且各级秘书人员经常接近领导，看一些重要文件，参加一些重要会议，所以，秘书人员在公共场合活动时要注意内外有别，把握分寸，对什么应该说什么不应该说要心中有数。我国已经制定了《保密法》，秘书人员要认真学习，模范执行，切实做好保密工作。

四、结语

通过两个星期的实习，书本知识得以在实践中应用。同时，也在实践中获得了课堂上所不能学到的东西。两个星期的实习生活是我宝贵的财富，对以后的学习和工作将产生很大的影响。在两个星期看似简单重复的实习中，我对秘书工作有了更加深刻和理性的认识，自己将通过不断地学习和工作，在实践中尽快成长为一个合格的优秀的秘书人员。

〈综合分析〉

1. 实习报告的概念

对实习过程、结果以及体会用书面文字写出来的材料就是实习报告。

2. 实习报告的资料收集

从开始实习的那天起就要注意广泛收集资料，并以各种形式记录下来（如写工作日记等）。丰富的资料是写好实习报告的基础。主要收集这样一些资料：

（1）在社会实践工作中党的路线方针政策是如何在工作中贯彻执行的。比如单位组织学习，内容是什么、什么样的学习方式、学习后的效果如何、对自己和同志们的思想是否有提高。

（2）专业知识在工作中如何灵活运用。比如法律专业，注意法官或法律工作者在执法过程中是如何灵活运用法律条款的；深入了解优秀法官是如何运用法律以外的手段解决民事纠纷、提高结案率的。秘书专业的学生可以直接将秘书实务、应用写作等科目中的问题带到实践中去，在实践中寻求理论与实践的结合点。

（3）观察周围同事如何处理问题、解决矛盾。实习是观察体验社会生活，将学习到的理论转化为实践技能的过程，所以既要体验还要观察。从同事、前辈的言行中去学习，观察别人的成绩和优点，以此作为自己行为的参照。以观察别人来启发自己也是实习的一种收获。

（4）实习单位的工作作风如何。单位的工作作风对你将来开展工作、发展自己、提高自己有什么启发；某些同事的工作作风、办事效率哪些值得你学习，哪些要引以为戒，对工作、对事业会有怎样的影响。

（5）实习单位的部门职能发挥如何。对不同职能部门的工作作风、履行职能的情况有什么看法和认识。

3. 实习报告的写法

根据本专业特点，可以全面地写。如：文秘专业，作为一个办公室文员，实习中工作性质内容可能涉及所学大部分骨干课程，如会议之前的准备工作、会议过程中服务工作、会后的总结工作，整个会议涉及的文书、领导对这些会议文件的写作要求、写作者在准备过程中的成功做法或失败的教训，以及对文秘工作者的仪表礼仪有什么要求，等等。也可以根据实习的内容确定某一局部的工作、就一个专题作为重点描述对象。如文秘中的档案管理，单位对工作人员有什么要求、自己学的哪些知识在工作中运用上了、运用的方式方法是否符合工作需要、效果如何；同事是怎么对待档案管理工作的，他们有什么值得学习的地方，等等。

4.实习报告结构安排

第一部分：以实习时间、地点、任务作为引子，或把实习过程的感受、结果，用高度概括的语言概括出来以引出报告的内容。

第二部分：实习过程（实习内容、环节、做法）。

第三部分：实习体会、经验教训、今后努力的方向等。

5.实习报告写作要求

（1）报告必须写自己的实习经历，可参考别人的资料，但不能生搬硬套。

（2）如有引用或从别处摘录的内容要表明出处。参考文献的标注方法一律采用文后注释，书写顺序为著作类：著者、书名、出版地、出版者、出版年、起止页码；期刊类：作者、论文名、刊名、出版地、出版者、卷号或期号、起止页码。

（3）文章开头有内容摘要和关键词。

（4）语言要求简练，符合公务文书的要求。不要过多的说"我"如何如何，在第一段介绍了自己的实习时间地点和分配到的任务后，下面的文字尽量少出现人称。字数要在3000字以上。

‹写作训练›

以自己真实的实习经历，撰写一篇实习报告。

二、毕业论文

‹例文点评›

例文

毕业论文

题目：现代物流技术与装备在仓储管理中的应用

姓名：＿＿＿＿＿＿＿＿＿＿＿＿＿＿＿＿＿＿＿＿＿＿＿

学号：＿＿＿＿＿＿＿＿＿＿＿＿＿＿＿＿＿＿＿＿＿＿＿

专业：＿＿＿＿＿＿＿＿＿＿＿＿＿＿＿＿＿＿＿＿＿＿＿

入学时间：＿＿＿＿＿＿＿＿＿＿＿＿＿＿＿＿＿＿＿＿＿

指导教师及职称：＿＿＿＿＿＿＿＿＿＿＿＿＿＿＿＿＿

所在学校：＿＿＿＿＿＿＿＿＿＿＿＿＿＿＿＿＿＿＿＿＿

点评

标题　公文式标题，符合论文标题要求，简洁明了。

作者有关信息

目录

大学语文

内容摘要

近年来不论是生产型企业还是流通型企业，都存在库存，即都需要进行仓储管理。现在用地越来越紧张，厂房租金或者使用成本持续上涨，人工费用也逐年增加，相关费用（水电费、管理费等）升高。所有这些，都迫使企业对仓储物品管理方式进行调整，去适应现代经济的发展需求，运用现代化的物流装备及物流管理技术进行管理，去提高工作效率、工作数据准确率、信息传递速度，使企业物流活动能够做到标准化、信息化为一体，为企业后勤保障工作做好垫铺。

现代物流技术与装备的发展，虽然给企业的发展与提高竞争力带来了很大的促进作用，但企业类型不同、规模不同、发展的阶段不同，总之，每个企业的实际情况不尽相同，在运用现代物流管理技术与装备时，不能全盘照搬，而是要有选择性的吸收及运用，将企业的资源动作及利润最大化。因此，本文首先论述了在仓储物流管理中所需要的各类设备及器具的必要性，然后从过程改善及人员思想转变过程等方面，分析了目前开展工作中存在的主要问题，最后针对过程的问题提出了相应的改进计划。

【关键词】物流技术　物流设备　现代化仓库　标准化　托盘
货架

现代物流技术与装备在仓储管理中的应用
——以珠海华粤离合器有限公司为例

现代物流装备与物流管理技术，首先是在发达国家发展及壮大起来的，随着我国的改革开放，通过与发达国家的经济合作与交流，许多先进的物流管理技术、物流装备带到了中国。经过几十年的发展，我国的物流技术与装备发生了日新月异的变化，从直接堆放在地面上

内容摘要　对全篇内容
进行简要概括。

关键词　一般3~8个

标题　用了双标题的
形式，正标题揭示论文
主题，副标题说明研究
对象。

第三部分　应用文写作

或者简单的货架上，发展到今天的高层货架、自动机械化的综合管理货架。从人搬肩扛的手工搬运到现在的机械化操作（包括全自动化控制的仓储管理系统）。从靠一笔一笔的手工记账到现在的ERP管理，这些物流技术与装备的发展，给我国的企业的物流管理带来了革命，使许多企业的管理迈上了更高的一个台阶，提高了公司的竞争力，也使许多中国企业逐渐成为跨国型的大企业。

一、现代物流技术及物流装备基本情况介绍

（一）现代物流技术

1.仓储货物的集装单元化（物流标准化）技术

（1）物流标准化的内容。物流标准化是指物品包装尺寸和集装单元的尺寸要符合一定的标准。

（2）物流标准化的重点内容。货物的集装单位与物流过程中的固定设施、移动设备、专用工具的配合性。

（3）物流模数与物流标准化的方法。

2.仓储管理的信息技术

（1）条形码。

（2）电子标签。

（3）扫描、射频识别系统。

（二）现代物流装备

1.物流容器

（1）集装箱（俗称货柜）。按型号分有1A、1AA、1B、1BB、1C、1CC、1D等；按用途分，有普通型与专用型。

（2）托盘。按材料分，有铁托盘、塑料托盘、木托盘、纸托盘等；按进叉方向分，有单面双叉、单面四叉等样式；按形状分，有平托盘、柱式托盘、箱式托盘、轮式托盘、专用托盘等。

2.搬运设备

（1）普通手推车，一般来说，载重比较轻，运输距离短。

（2）手动托盘搬运车（一般叫手动叉车），载重一般在3吨以下，适用于室内短距离的重物运输。

（3）电动托盘搬运车（有半自动的，也有全自动的），作用与手动类似，但效率更高，操作人员更省力。

（4）叉车，有内燃机的，也有电动的，功能多种多样，承载从轻到几百千克到数吨。

（5）牵引车，此类搬运车辆一般用于现代化的仓储管理中。

3.货架

（1）固定货架：包括简易货架、组合式货格货架、重力式货架、贯通式货架、悬臂式货架、阁楼式货架及抽屉式货架等。

（2）移动货架：主要有水平移动式货架和自行式货架。

（3）旋转货架：有垂直旋转货架与水平旋转货架等。

前言　提出问题，指出现代物流装备与物流管理技术造就许多中国企业已经逐渐成为跨国型的大企业。

正文　引论部分对问题基本情况进行介绍，结构合理，思路明确。

二、珠海华粤公司仓储管理中物流技术及物流装备实际运用情况

（一）珠海华粤公司基本情况介绍

珠海华粤公司成立于1992年，是一家专业生产汽车离合器的外资企业，工厂坐落在珠海香洲科技工业园内（珠海保税区与洪湾发电厂中间），目前有员工400余人，产品品种近1500余种，80%销往世界五大洲，国内市场则与奇瑞、力帆、南京名爵、通用五菱等主机厂有直接供货。公司于1998年通过ISO9001质量体系认证，2004年通过德国TUV的TS169492002体系认证。是国内离合器行业中颇具竞争力的一家企业。

（二）仓储管理中运用到的物流技术

珠海华粤公司从2002年就开始考虑在仓储管理上进行改善，首先是公司引入深圳金蝶的K3管理软件，从2004年开始，则在仓储管理硬件上大笔投入，建立了同行业（除去国内几家外资或者几家大型国有企业）中相对比较先进的仓储管理系统。

（三）仓储管理中运用到的装备

（1）2004年购买了1台德国林德5米升程的电动叉车，另外购买1台合力3吨叉车。

（2）组建了原材料仓、半成品仓、成品仓在内的高架仓库（5米），合计仓位3000个（可存放3000个托盘）。

（3）结合公司产品的特点，自己设计制造了一大批用途不同的专用物流器具。

（四）物流装备在仓储管理中产生的作用

（1）充分利用了仓库空间，在没有建立高架仓库前，物料存放高度最多2米（放在简易货架上），大多数是用木托盘直接放在地面上，仓库的占地面积超过3000平方米，还经常感觉地方不够存放物料。

建立高架仓后，仓库所有物料都上了架，不再有无地方放的感觉，同时经过改善管理压缩库存，仓库的高架经过几次调整，将多出的仓位进行拆除，目前仓库的占地面积在2000平方米以内，节约近33%。

（2）建立高架仓后，仓库的物料在存放上得到了有效改善，以前因为仓位不够，物料存在乱放、混放的情况，经常出现物料找不到或者要花费很多时间去寻找的情况，而现在这样的情况则较少见。

（3）工作效率提升，仓库发放物料，在没有建立高架仓以前，仓管员每天要花三分之二的时间来发料，每天要加班近2个小时，现在发料每天只要4个小时，并且很少需要安排加班。

（五）仓储中存在的问题

在前面提到，华粤公司经过对仓储管理的硬件进行改善后，部门的工作得到有效改善，现场6S、整体的美观、工作效率等方面都有好的表现，但与具备现代化仓储管理技术与装备的企业相比，差距还是非常大的，公司还只是有了一个起步，特别是在管理方面，存在问题

或者有待改进的地方还非常多。

（1）物料进出仓还没有做到快速自动化，目前基本还是手工操作，效率还不高。

（2）管理上与ERP还没有完全接上，目前ERP在部门内的作用还仅仅是对物料的进出数据起到记录作用，同时反映库存，方便公司内部的数据查核。在网络化管理或者信息化管理方面还没有多少起色，许多信息还需要通过其他途径进行反馈或者传递，不能发挥ERP的基本管理性能。

（3）数据的准确性方面，目前还没有保证，虽然建立了相对先进的高架仓库，同时也运用了ERP系统管理，但在实际操作中，许多的基本工作还没有做到位，导致现在的结果，根本原因还是在人员上。

三、后续物流技术及设备应用改善方案与措施

（一）物流技术运用的计划

（1）在产品交付方面，目前主要是靠人工处理，现代管理技术运用不够，导致工作效率不高，同时出错的机会也比较高，导致客户不满意，甚至出现投诉、退货及提出赔偿的事件。在后续的工作中，我们将考虑运用已经成熟的条形码技术，在产品的识别、数据的确认、产品基本信息的收集与存储简化。这项工作将是2009年物控部门要大力推进的一项工作。

（2）ERP作用的发挥，ERP是一个非常有用的管理软件，但要发挥其作用，基础工作必须踏踏实实，如果工作中存在问题，则这个管理软件就不会发挥应有的作用。当今世界上的企业运用ERP的非常多，但真正成功的并不多，有些是只用到了其中的很少一部分功能。

华粤公司运用ERP管理已经有5年的时间，在作用的发挥上，还没有达到当初引入系统的目标，许多管理模块还没有开发使用，使用的效果还有所欠缺，这些都影响了日常工作的效率及效果，要想改变这样的局面，需要夯实基础工作，稳定工作流程。

（二）物流装备的进一步改善

（1）结合目前公司的情况（发展状况、工作要求等），考虑继续添置一些运输搬运方面的设备。随着产品的增加，销售量的提升，物料的周转频次越来越高，准备再增加1台叉车。另外，公司内部的物料运输距离较长，而配件又比较重，为了提高工作效率及进一步减少人的体力劳动，计划在2009年购买1～2台全自动电动托盘搬运车。

（2）公司根据自身的产品特点、加工流程特点，设计并制造了一大批适合自己使用的物流器具，这些物流器具在工作中，为内部物料的顺利周转、对产品及配件进行适当的防护，起到了较好的效果，但

结论部分，交代解决问题的方式、方法，回应前文。

同时我们也应该看到，在物流器具的标准化使用方面还存在不如意的地方，主要是在标准的建立及执行上，在这方面我们还需要深入现场，了解实际情况，对现有的物流器具及使用过程进行了解，该调整的进行调整，该修改的进行修改，目的就是要让现在的器具发挥它的作用。

（3）随着公司物流器具的不断推进，对目前还没有使用物流器具的物料考虑使用什么样的比较合适，是我们在后续工作中要考虑的，有几种配件，我们已经在考虑新的物流器具，并在试样中。

（三）总结

珠海华粤公司仓储管理，从开始最简单的手拉肩扛的管理，到现在的颇具现代化管理模式，可以说改变是巨大的，在现在这样一个日新月异的经济社会，要在竞争中获胜或者在现代的企业之林中站稳，就必须改善自己的管理，降低一切不必要的成本。物流管理，作为企业的第三利润源泉，许多企业经过实践，已经深深体会到了其中的奥秘。而当今中国的物流管理经验，多是从国外引入的，我们在吸收的过程中，一定要结合自己的实际情况，有所取舍。不同的国度、不同的企业，或多或少有自己的特点，因此我们要根据自己的财力、管理模式、企业性质等来决定自己的物流管理模式，如果照搬别人的，有时会适得其反。

四、参考文献

[1]《现代仓储物流技术与装备》，化学工业出版社，2003年9月第1版.

[2]《物流管理》，中国人民大学书报资料中心，2007年第9期.

[3]《物流管理》，中国人民大学书报资料中心，2007年第12期.

[4]《精益思想》，商务印书馆，2005年8月第6次印刷.

[5]《仓储物流机械与设备》，机械工业出版社，2008年1月第1版.

第三部分 应用文写作

‹综合分析›

1.毕业论文的特点

毕业论文是大学生综合运用已学专业的基础理论、基本知识和基本技能进行研究和探讨后写出的阐述解决某一问题、发表自己学术见解的文章。它是大学生完成学业的标志性作业，是对学习成果的综合性总结和检阅，是大学生从事科学研究的最初尝试，是在教师指导下所取得的科研成果的文字记录，也是检验学生掌握知识的程度、分析问题和解决问题基本能力的一份综合答卷。

毕业论文从文体上看，归属于议论文中的学术论文。毕业论文就其内容来讲，一种是解决学科中某一问题的，用自己的研究成果加以回答；另一种是只提出学科中某一问题，综合别人已有的结论，指明进一步探讨的方向；还有一种是对所提出的学科中某一问题，用自己的研究成果，给予部分的回答。

毕业论文本质上属于学术论文，其特殊之处有以下三点。

（1）综合考查已学知识的应用能力。

① 考查运用已学专业知识分析问题、解决问题的能力；

② 考查查询专业资料（中文资料和外文资料）的能力；

③ 考查运用计算机分析和处理数据的能力；

④ 考查语言（中文和外文）的表达能力和文章的撰写能力。

（2）培养科学工作的素质，要求详细阐述课题研究过程，体现该课题的科研方法。

（3）培养创新意识，要求学生的选题具有新颖性、实践性。

总之，毕业论文具有指导性，即毕业论文是在导师指导下独立完成的科学研究成果。具有习作性。即根据教学计划的规定，在大学阶段的前期，学生要集中精力学好本学科的基础理论、专门知识和基本技能；在大学的最后一个学期，学生要集中精力写好毕业论文。毕业论文还具有层次性，即毕业论文与学术论文相比要求比较低。

2.毕业论文的选题问题

毕业论文选题可从以下几个方面考虑：

（1）从业务强项或兴趣出发进行选题。

（2）从实习或实践中所发现的问题中进行选题。

（3）从有必要进行补充或纠正的课题中进行选题。

选题的方向不只有以上三种，从论文的价值来看，选题的理论意义和现实意义是首要的，在此前提下，可以发现生产或科研中亟待解决的问题、中外学术观点的异同问题、事关国计民生的问题、学科的现状与发展前沿性的问题。

无论怎样选题，都必须考虑毕业论文的时间要求和容量要求，以及自身的学术水平和研究条件，切不可脱离实际去选题，不能选择方向虽好但无法完成的课题。

3.资料的收集

资料可以用直接调查的形式获得，也可以通过图书馆或档案馆查阅获得。直接调查是获得资料的重要途径。调查形式是多样的，对于学生个人来说，主要还是通过直接观察、个别访谈、查阅有关档案、抽样发放问卷等方式进行。到图书馆或档案馆查阅资料，可以获得多方面的有用信息，如：课题的研究状况；二手基础资料；学习研究方法和论文的撰写方法。

4.毕业论文的标准格式

（1）论文题目。位置居中（下附署名），要求准确、简练、醒目、新颖。毕业论文的标题一般分为总标题、副标题、分标题几种。

（2）目录。目录是论文中主要段落的简表（短篇论文不必列目录）。一般说来，篇幅较长的毕业论文，都设有分标题。设置分标题的论文，因其内容的层次较多，整个理论体系较庞大、复杂，故通常设目录。

目录有两种基本类型：① 用文字表示的目录。② 用数码表示的目录。

（3）内容提要。内容提要是文章主要内容的摘录，要求短、精、完整。字数不超过三百字为宜。内容提要是全文内容的缩影。在这里，作者以极其经济的笔墨，勾画出全文的整体面目；提出主要论点、揭示论文的研究成果、简要叙述全文的框架结构。

内容提要是正文的附属部分，一般放置在论文的篇首。

（4）关键词。关键词是从论文的题名、提要和正文中选取出来的，是对表述论文的中心内容有实质意义的词汇。关键词是用作计算机系统标引论文内容特征的词语，便于信息系统汇集，以供读者检索。每篇论文一般选取 3～8 个词汇作为关键词，另起一行，排在"内容提要"的左下方。

主题词是经过规范化的词，在确定主题词时，要对论文进行主题分析，依照标引和组配规则转换成主题词表中的规范词语。

（5）论文正文。论文正文包括引言和正文两部分。

引言：引言又称前言、序言和导言，用在论文的开头。引言一般要概括地写出作者意图，说明选题的目的和意义，并指出论文写作的范围。引言要短小精悍、紧扣主题。

论文正文：正文是论文的主体，正文应包括论点、论据、论证过程和结论。主体部分包括以下内容：

① 提出问题——论点；

② 分析问题——论据和论证；

③ 解决问题——论证方法与步骤；

④ 结论。

（6）参考文献。一篇论文的参考文献是将论文在研究和写作中可参考或引证的主要文献资料，列于论文的末尾。参考文献应另起一页，参考文献的格式参考如下：

中文：标题、作者、出版物信息。

英文：作者、标题、出版物信息。

所列参考文献的要求是：① 所列参考文献应是正式出版物，以便读者考证。② 所列举的参考文献要标明序号、著作或文章的标题、作者、出版物信息。

5. 毕业论文写作的基本要求

（1）坚持理论联系实际的原则。撰写毕业论文必须坚持理论联系实际的原则。只有深入到实际中去，同客观事物广泛接触，获得大量的感性材料，然后运用科学的逻辑思维方法，对这些材料进行去粗取精、去伪存真、由此及彼、由表及里的加工制作，才能从中发现有现实意义而又适合自己研究的新课题。

（2）立论要科学，观点要创新。

① 立论要科学。文章的科学性通常取决于作者在观察、分析问题时能否坚持实事求是的科学态度。

② 观点要创新。毕业论文的创新是其价值所在。学术论文如果毫无创造性，就不成其为科学研究，因而也不能称之为学术论文。毕业论文虽然着眼于对学生科学研究能力的基本训练，但创造性仍是其着力强调的一项基本要求。

（3）论据要翔实，论证要严密。

① 论据要翔实。一篇优秀的毕业论文仅有一个好的主题和观点是不够的，它还必须要有充分、翔实的论据材料作为支持。旁征博引、多方佐证，是毕业论文有别于一般性议论文的明显特点。毕业论文的论据要充分，还须运用得当。一篇论文中不可能也没有必要把全部研究工作所得引用进来，而是要取其必要者，舍弃可有可无者。毕业论文中引用的材料和数据，必须正确可靠，经得起推敲和验证。

② 论证要严密、富有逻辑性，使文章具有说服力。从文章全局来说，作者提出问题、分析问题和解决问题，要符合客观事物的规律，符合人们对客观事物认识的程序，使人们的逻辑程序和认识程序统一起来，全篇形成一个逻辑整体。从局部来说，对于某一问题的分析、某一现象的解释，要体现出较为完整的概念、判断、推理的过程。

参考文献

［1］ 雷达，赵学勇，程金城.中国现当代文学通史（上、下册）.兰州：甘肃人民出版社，2007.

［2］ 钱理群.中国现代文学三十年（修订版）.北京：北京大学出版社，2005.

［3］ 袁行霈.中国文学史.北京：高等教育出版社，2005.

［4］ 陈思和.中国当代文学史.上海：复旦大学出版社，1999.

［5］ 陈志坚.历代古文精粹.北京：燕山出版社，2007.

［6］ 於可训.中国现当代小说名作导读.武汉：长江文艺出版社，2004.

［7］ 国家语委普通话培训测试中心，《语言文字应用》编辑部.普通话水平测试的理论与实践.北京：商务印书馆，1998.

［8］ 黄青喜.普通话理论与实践.郑州：河南教育出版社，2006.

［9］ 吴建国.文学名著精品赏析：中国古代文学卷.长沙：中南大学出版社，2006.

［10］ 徐中玉.大学语文.上海：华东师范大学出版社，1996.

［11］ 朱维之，赵澧.外国文学简编：欧美部分.北京：中国人民大学出版社，1994.

［12］ 朱维之，雷石榆，梁立基.外国文学简编：亚非部分.北京：中国人民大学出版社，1983.

［13］ 陈惇，刘象愚.外国文学作品选.北京：北京师范大学出版社，2008.

［14］ 陶德臻.世界文学名著选读.北京：高等教育出版社，2005.

［15］ 杨文丰.现代经济文书写作.北京：中国人民大学出版社，2002.

［16］ 朱悦雄.新应用写作.广州：广东高等教育出版社，2000.

［17］ 毕耕.现代应用文写作.武汉：武汉大学出版社，2003.

［18］ 王平.新编应用文写作.北京：中国石化出版社，2004.

［19］ 郑孝敏.新编经济应用文写作教程.上海：立信会计出版社，2005.

［20］ 张金英.应用文写作基础.北京：高等教育出版社，2002.

［21］ 唐国娟.应用文写作.北京：化学工业出版社，2008.